KB233581

보험범죄 감소방안에 관한 고찰

보험범죄 감소방안에 관한 고찰

박영수 · 박주석 · 황귀연 지음

한국학술정보㈜

머리말

　우리나라는 최근 산업사회의 발달로 보험 산업이 선진국형으로 급속도로 성장함에 따라 보험범죄도 꾸준히 증가해 왔다. 보험범죄는 갈수록 그 양상이 흉폭화·잔인화·지능화·조직화되어 가는 추세에 있으며, 최근에는 경기침체로 인한 생계형 보험범죄가 급증하는 등 보험범죄가 우리 사회의 전반에 걸쳐 확산되고 있어 심히 우려스러운 상황이 아니라고 할 수 없다.

　따라서 보험범죄와 관련된 연구도 함께 진행되고는 있으나, 아직까지는 범죄의 유형과 형태 그리고 문제점 등에 대한 연구와 보험회사의 경영 악화를 방지하겠다는 적발 위주의 연구가 대부분이었다. 그래서 국가적 차원의 제도적 장치를 강화시킴으로써 보험범죄를 사전에 예방하여 효과적으로 보험범죄를 감소시키는 방향으로의 연구 및 도서 발간에는 미진하였다고 볼 수 있다.

　특히, 보험범죄는 금전적인 이익을 취한다는 점에서 사기죄와 본질을 같이 하는 범죄라고 할 수 있지만, 그 피해가 단순히 피해자인 보험회사에 한정되는 것이 아니라 실질적으로는 보험회사에 보험을 계약하고 보험료를 지불한 모든 보험계약자에게 돌아간다는 점에서 피해의 범위가 매우 넓다고 할 수 있다. 따라서 지금과 같이 보험범죄가 단순히 사기죄로 분류되어 다루어지는 것은 고도의 지능화·교묘화·집단화되어 가는 보험범죄를 대처하는 데에 여러 가지 어려움이 있을 수 있다. 따라서 고도의 지능화된 경제범죄 중의 하나인 보험범죄에 대한 형사법적인 대책마련이 절실하다고 볼 수 있다. 현재 우리나라는 세계 제7위의 보험규모를 갖고 있다. 이제는 우리도 보다 강력한 형태의 새로운 법규를 특별법으로 제정하여 보험선진국에서 운영하는 형식으로의 적극적인 대처방안을 검토해야 할 필요가 있다.

본 저서의 목적은 보험범죄 감소를 위해 필요한 요소를 찾아보고, 가장 우선시되어야 하는 요건을 탐색하는 것이다. 이러한 실증 분석에 있어 보험범죄 감소방안을 정량적 혹은 유형적 기준(quantitative or tangible criteria)을 비율 척도로 측정할 수 있는 계층화분석법(Analytic Hierarchy Process)을 통해 보험범죄 감소에 필요한 요소의 우선순위와 보험범죄 감소방안을 모색하기 위하여 보험회사 특수조사요원과 보험범죄 전담경찰관 등을 대상으로 설문조사를 실시[1]하였다.[2]

분석결과 보험범죄 감소방안에 대한 응답자 전체의 1차 수준은 '법·제도적 정비'의 중요도가 가장 중요한 요인임을 알 수 있었다. 또한 '보험사의 자구노력'의 중요도는 두 번째로 높게 나타났으며, '수사력 강화'의 중요도는 가장 낮게 나타났다. 이러한 결과는 보험범죄의 발생이유가 법·제도의 불비(不備)에 의해 발생한다는 인식에서 비롯된 것으로 판단된다. 또한 경찰보다 보험회사의 '법·제도 정비'의 중요도가 더 높게 나타난 것은 보험범죄와 관

---

1) 보험범죄 감소를 위한 목적을 달성하기 위해 그에 따른 대안과 기준을 설정하고 척도는 1에서 9까지의 수와 이의 역수로써 각 평가요소의 상대적 중요도를 평가하기 위하여 AHP 구조도와 설문조사내용을 Excel 2007 프로그램을 사용·분석하였다.

2) 사실상 보험범죄를 연구하기 위해서는 범죄 혐의를 받고 복역 중인 보험관련 수형인 등을 대상으로 범죄요인을 밝혀 이를 분석해 보아야 하나 현실적인 어려움과 한계가 있었다.

련된 입법에 대한 기업의 불만이 반영된 것이라고 볼 수 있을 것이다.

이상의 보험범죄 감소방안에 관하여 경찰과 보험사의 AHP 분석결과를 종합하여 볼 때, 보험범죄 감소를 위해서는 보험범죄 감소관련 특별법, 정보제공·공유 관련법, 형법상 보험사기죄 신설 등 법·제도의 정비가 가장 중요한 방안임을 도출할 수 있었다. 또한 향후 보험범죄를 감소시키기 위한 방안으로써 형사특별법의 제정 등 제도적 장치가 완비되면 보험범죄에 대한 경각심 제고로 범죄예방이 용이하고 실질적이고 지속적인 수사로 보험범죄의 척결이 가능할 뿐 아니라 보험금 누수방지를 통해서 다수의 선량한 보험계약자들을 보호하고, 건전한 보험산업의 발전에도 도모할 수 있을 것이다.

본 저서는 부족함이 많음에도 불구하고 앞으로 보험범죄와 관련하여 심층적인 연구를 위한 토대를 제공하고자 출간하였다. 독자분들께서 이 저서의 보완점과 비판점을 저희 필자들에게 보내 주시면 앞으로 학문연구에 많은 도움이 될 것이라 생각한다.

아울러 본 저서가 발간될 수 있도록 자료제공 등 초석을 마련해주신 많은 분들께 깊이 감사드리며, 기회를 제공해 주신 한국학술정보(주)의 채종준 대표이사님과 권성용 선생님께 깊은 감사의 마음을 전한다.

2012년 7월

박영수·박주석·황귀연

CONTENTS

머리말 ·· 5

제1장 서론 ······································ 11

제2장 이론적 논의 ······························ 19

제1절 범죄의 개념과 범죄원인론 ···························· 21
1. 범죄의 개념 ··· 21
2. 범죄원인에 대한 제이론 ······························· 23
3. 범죄 방지를 위한 형벌제도 ··························· 26

제2절 보험범죄의 개념과 특징 ··························· 27
1. 보험범죄의 개념과 유래 ····························· 27
2. 보험범죄의 특징 ····································32
3. 보험범죄의 유형 ··································· 35
4. 보험범죄의 사회적 역기능 ························· 39

제3절 선행연구의 고찰 ································ 42

제3장 보험범죄의 현황 및 제도적 특징의 분석 45

제1절 한국의 보험범죄 실태 및 유형별 사례 ·············· 47
1. 국내 보험범죄 현황 ································ 47
2. 보험범죄의 유형별 사례 ····························· 57

제2절 한국의 교통사고 및 보험범죄 판례 분석 ·················· 78

　1. 교통수단별 교통사고의 추세 ························· 78
　2. 교통수요와 자동차 교통사고 ······················ 80
　3. 자동차 교통사고의 일반적 원인 ···················· 81
　4. 보험범죄 판례분석 ······························ 86

제3절 외국의 보험범죄 방지대책 ························· 91

　1. 미국과 영국의 보험범죄 방지대책 ··················· 93
　2. 프랑스와 독일의 보험범죄 방지대책 ················ 101
　3. 일본, 중국, 호주의 보험범죄 방지대책 ·············· 106
　4. 각국의 보험범죄 방지대책의 비교·분석에 따른 시사점 ········ 113

제4절 외국 보험회사 차원의 보험범죄 관리 대책 ············ 114

　1. 외국 보험회사 보험범죄 관리 실태 ················· 114
　2. 외국 보험사의 보험범죄 관리 실태의 시사점 ··········· 128

제5절 한국 보험범죄 대응 시스템의 문제점 ················ 131

　1. 법·제도상의 문제점 ························· 131
　2. 수사상의 문제점 ···························· 136
　3. 보험업계의 문제점 ·························· 138

제4장 보험범죄 감소를 위한 연구방법 ·············· 141

제1절 분석틀의 작성 ······························· 143

　1. 구조도 작성을 위한 분석항목(대응 방안)의 도출 ·········· 143
　2. AHP 구조도의 작성 ··························· 156

CONTENTS

제2절 분석방법 및 조사설계 ·········· 157

  1. AHP의 개념 및 방법 ·········· 157

  2. 조사설계 ·········· 159

제5장 보험범죄 감소를 위한 방안 ·········· 161

제1절 분석결과 ·········· 163

  1. 1차 수준의 분석결과 ·········· 163

  2. 2차 수준의 분석결과 ·········· 165

  3. 분석결과의 종합 ·········· 171

제2절 분석결과의 함의 ·········· 176

제6장 결론 ·········· 183

  1. 결과의 요약 ·········· 185

  2. 연구의 한계와 제언 ·········· 191

참고문헌 ·········· 192

부 록

AHP 설문작성 방법 ·········· 198

보험범죄감소방안에 관한 AHP 구조도 ·········· 200

보험업법 ·········· 205

교통사고처리특례법 ·········· 287

제1장 서론

보험범죄는 일반적으로 '희생자 없는 범죄(victimless crime)'로 불린다. 그러나 보험범죄는 궁극적으로 모든 가입자의 보험료 인상으로 귀착된다는 측면에서 보험범죄도 명백히 희생자가 있는 범죄라고 할 수 있다. 더욱이 오늘날 보험범죄의 영역이 건강보험, 산재보험 등 공영보험으로까지 확산되고 있는 상황에서 보험범죄는 사회구성원 모두를 희생자로 삼는 심각한 범죄행위라고 할 수 있을 것이다. 그리고 보험금을 목적으로 한 방화나 교통사고 유발 등의 보험범죄는 국가경제에 직접적인 손해를 야기할 수 있다. 이 책은 이러한 문제의식에 기반하여 날로 그 규모가 커지고 있는 우리나라 보험범죄의 감소방안을 모색하는 데 연구의 목적을 두고 있다.

오늘날 사람들은 새로운 질병이나 사망과 같은 생명의 위협과, 천재지변 기타 각종 사고와 재난의 위협에 대항하기 위하여 여러 가지 준비를 하여 왔다. 이러한 위험에 대항하기 위하여 인간이 창조한 제도 중 가장 우수한 제도가 "보험제도"라고 한다. 보험제도는 자본주의 경제사회에서 경제적 불안을 제거할 목적으로 동종의 위험에 놓여 있는 사람들이 일정한 기금을 갹출하여 공동 준비금을 마련하고 그로부터 우연한 사고를 당한 사이 일정한 금액을 지급받는 경제적인 제도이다. 즉 보험제도는 '일인은 만인을 위하여, 만인은 일인을 위하여'라는 정신을 기초로 하는 경제제도의 하나이다.[1] 이러

---

1) 보험은 동일한 우발적 사고의 발생이라는 위험하에 있는 다수인이 사고로 인하여 생기는 경제적 수요를 충족하기 위하여 일정한 과학적 기초에 의하여 산출된 금액을 미리 갹출하여 공동재산을 비축하고, 사고가 발생한 경우에 공동재산으로부터 일정한 금액의 급여를 하는 제도이다. 즉 보험은 불확실성을 확실성으로 전환시키는 것으로서, 우연적인 사고의 발생으로 실제적 손실을 다수위험의 결합으로부터 얻게 되는 평균손실로 대체할 수 있는 제도이다(최기원, 2003: 510).

한 보험제도는 위험의 요소가 보다 세분화되고 다양해지는 오늘날 인간의 경제적 생활을 안전하게 유지해 주고 정신적인 면에서나 심리적인 면에서 안도감을 갖도록 해 주는 합리적인 제도라 할 것이다.

그러나 이와 같은 보험제도의 순기능 이면에는 미래의 불확실한 사고를 대상으로 하고 있으며, 우연성과 사행성이라는 보험제도의 특성으로 인하여 필연적으로 보험범죄 내지는 보험사기가 발생할 수밖에 없다. 통상 보험범죄는 보험제도의 원리상으로는 얻을 수 없는 보험혜택을 부당하게 얻거나 보험제도를 역이용하여 고액의 보험금을 편취할 목적으로 고의적이며 악의적으로 행동하는 자의 인위적인 행위로 일컬어진다. 그래서 보험금을 목적으로 한 살인, 방화, 상해 등은 살인죄, 방화죄, 상해죄 등으로 처벌되고, 그 밖의 보험금 사취행위는 사기죄로 처리되는 등 보험범죄로 따로 분류되어 있지 않으며, 보험회사에서도 사고조사과정에서 위법행위가 적발되어도 기업의 이미지나 사후 청구포기 등의 사유로 강력한 처벌보다는 보험금 청구를 포기하고 면책처리한 후 보험범죄의 적용을 지양하는 경향이 있다.

우리나라의 보험산업은 그동안 산업사회의 발전과 더불어 보험산업도 함께 급성장하여 이제는 수입보험료 규모가 세계 7위의[2] 보험대국으로까지 성장하였다. 그러나 그 이면에는 보험제도를 악용하여 보험금을 부당하게 편취하는 보험사기가 해를 거듭할수록 증가하고 있으며, 그 유형이 조직화·지능화·전문화되고 있다. 금융감독원의 자료에 의하면 2011년 말 보험사기 혐의자가 무려 72,333명이었고, 적발금액도 4,236억 원이나 되었으며, 이는 전년 대비 4.5%, 13.1%가 각각 증가하였다고 한다. 이와 같은 보험사기 적발건수의 증가는 국가에서 '정직한 보험질서 확립대책('11.1.26.)을 마련하는 등 정부차원의 적극적 대응 및 수사기관과 연계한 지속적인 보험사기 특별단속에 의한 바도 있겠지만 보험범죄, 특히 보험사기를 노리는 범죄자가 그만큼

---

2) 세계 보험규모는 2007년 말 미국이 수입보험료 1조 2,297억 달러로 1위였으며, 그다음이 영국, 일본, 프랑스, 독일, 이탈리아 순이었다. 한국은 1,170억 달러로 세계 7위로 밝혀졌다 (보험개발원, 2008).

증가하고 있음을 증명한다. 이와 같이 '소리 없는 대재앙(Quiet Catastrophe)'으로까지 불리고 있는 보험범죄는 반사회적 범죄행위로서 보험산업 전체를 위축시키고 사회 전반적으로 도덕적 해이를 가져오는 등 그 폐해가 상상할 수 없을 정도이다.

그러므로 보험범죄로 인하여 부당하게 지급되는 보험금지급의 누수는 단순히 1개 보험회사의 경영상태 악화에만 영향을 미치는 것이 아니라 선량한 수많은 보험 계약자의 호주머니를 털어 악의적인 범죄자의 배를 불려 주는 사회적 모순을 초래하게 된다. 특히 최근에는 고의로 경미한 사고를 발생시켜 장기·위장입원 등을 통해 생활비를 조달하려는 생계형 범죄나 조직적인 보험사기단을 결성하여 직업적으로 위장사고를 일으켜 보험금을 편취하는 '전문범죄집단' 방식으로까지 변모되고 있으며 그 숫자는 해를 거듭할수록 계속 증가하는 추세이다.

따라서 본 저서는 비정상적으로 지출되는 보험금 누수를 차단하여 보험회사의 재무건전성을 도모하고, 보험범죄를 감소시키기 위하여, 보험범죄의 사례와 실태를 수사기관의 단속 사례와 손해보험협회 및 금융감독원에서 조사·분석한 통계자료 등을 통해 살펴보고, 최근의 사례를 통해 보험범죄가 계속 증가하는 원인을 분석한 후 이에 대한 감소방안을 고찰하며, 특히 전체 보험범죄 발생 건 중 75% 이상을 점하고 있는 자동차 관련 보험범죄를 통해 문제점을 도출하고 합리적인 감소방안을 제시하는 데 목적이 있다.

이러한 목적을 달성하기 위하여 보험범죄와 관련 있는 선행 연구들에 대한 문헌조사를 실시하여, 범죄율에 영향을 주는 변인이 무엇인가를 살펴보고, 최근 보험범죄 관련 적발 사례와 통계자료를 바탕으로 문제점을 진단하며, 우리나라의 형법상 사기죄와 보험범죄에 관한 법리적 고찰 그리고 최근의 수사와 재판기록(판례) 등을 분석한 후, 보험선진국인 미국, 영국, 독일 등 외국의 보험범죄 실태와 대응 방안에 대한 비교법적인 연구를 통해 우리 실정에 맞는 보다 효과적인 방안을 제시하고자 한다.

우리나라에서 보험사기와 관련된 연구가 본격적으로 시작된 것은 90년대 후반 IMF체제가 시작되면서였다. 그 후 2000년대에 들어 경기침체와 더불어 보험사기가 급격하게 증가하는 추세에 따라 보험에 관련된 많은 사람들의 관심이 고조되고 있다. 그 이유는 지금 우리나라는 보험산업이 선진국형으로 급속도로 성장하고 있으며, 이에 따라 보험범죄는 계속 증가하고 있다. 따라서 보험범죄와 관련된 연구도 함께 진행되고는 있으나, 아직까지 범죄 형태와 유형, 그리고 문제점 등에 대한 연구가 대부분 보험사의 경영 악화를 방지하겠다는 적발위주로의 연구가 대부분이었으며 국가적 차원의 제도적 장치를 강화시킴으로써 사전에 보험범죄를 예방하여 효과적으로 범죄를 감소시키는 방향으로의 연구는 미진하였다고 볼 수 있다.

특히 보험사기에 대한 법적 처벌 또한 명확한 형법적 이론이 뒷받침되어야 함에도 불구하고, 당국에서는 보험사의 보험사기 조사팀의 의뢰에 의하여 사기혐의에 대한 수사가 진행될 뿐이다.

따라서 본 저서는 보험선진국인 미국, 영국, 독일 등의 입법례와 외국 보험회사들의 대처 방안 등을 충실히 살펴보고, 우리나라의 실정에 맞는 보험범죄 관련 처벌법규 신설 등 대처 방안을 제시하고자 한다. 이를 위해 본 연구의 방법은 기존 선행연구들의 국내 문헌과 경찰의 수사사례와 범죄통계 그리고 대법원 판례를 검토하는 문헌연구의 방법을 사용하고자 하며, 동시에 선진 외국의 대응 방안과 입법례를 비교해 보는 방법을 병행하고자 한다.

이를 위해 제2장에서는 보험범죄의 이론적 논의를 통해 보험범죄의 개념과 보험범죄의 특징을 살펴보고, 제3장에서는 보험범죄의 실태와 최근의 사례, 그리고 선진 외국 및 외국 보험회사의 보험범죄 실태와 대응책을 비교·분석하면서 한국 보험범죄 대응 시스템의 문제점을 진단하고자 한다.

그리고 제4장에서는 구조도 작성을 위한 법·제도 정비, 수사력 강화, 보험사의 자구노력 등 분석항목에 따라 현실적인 보험범죄 감소방안을 제시하기 위해 AHP(계층화분석) 실증연구를 할 것이며, 제5장에서는 분석결과를 논의하고, 제6장에서는 결론을 맺고자 한다.

보험범죄 감소방안을 연구하는 방법에는 통계자료분석, 최근의 보험범죄 사례 및 선행연구의 고찰을 통한 문헌연구를 기초로 하여 이론적 측면과 AHP 분석을 통한 실증적 측면으로 나누어 보험범죄의 행위형태와 원인·대책 등을 귀납적 방법에 의하여 고찰하였다. 이상의 연구내용을 흐름도로 정리하면 <그림 1-1>과 같다.

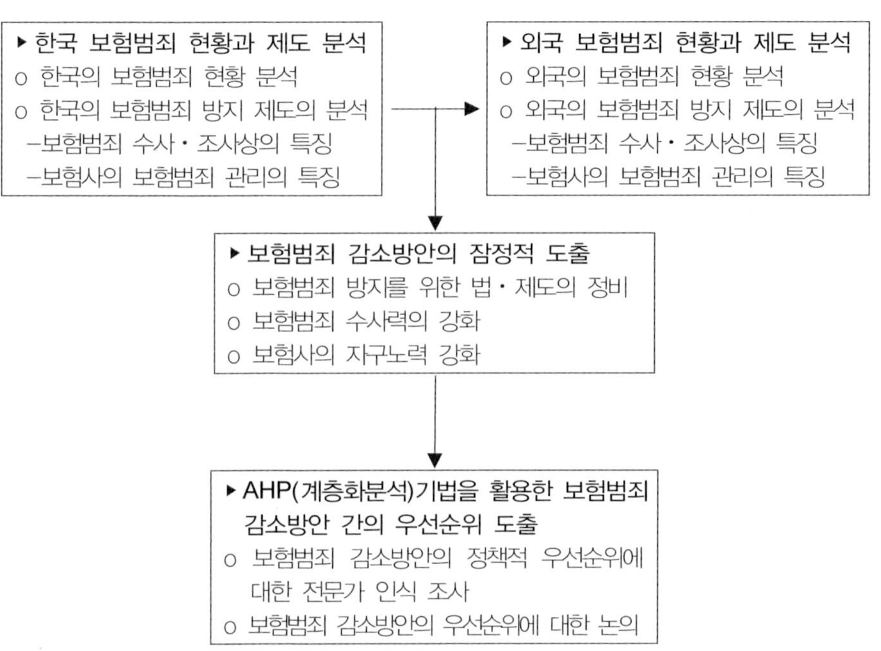

〈그림 1-1〉 연구의 흐름도

제2장 이론적 논의

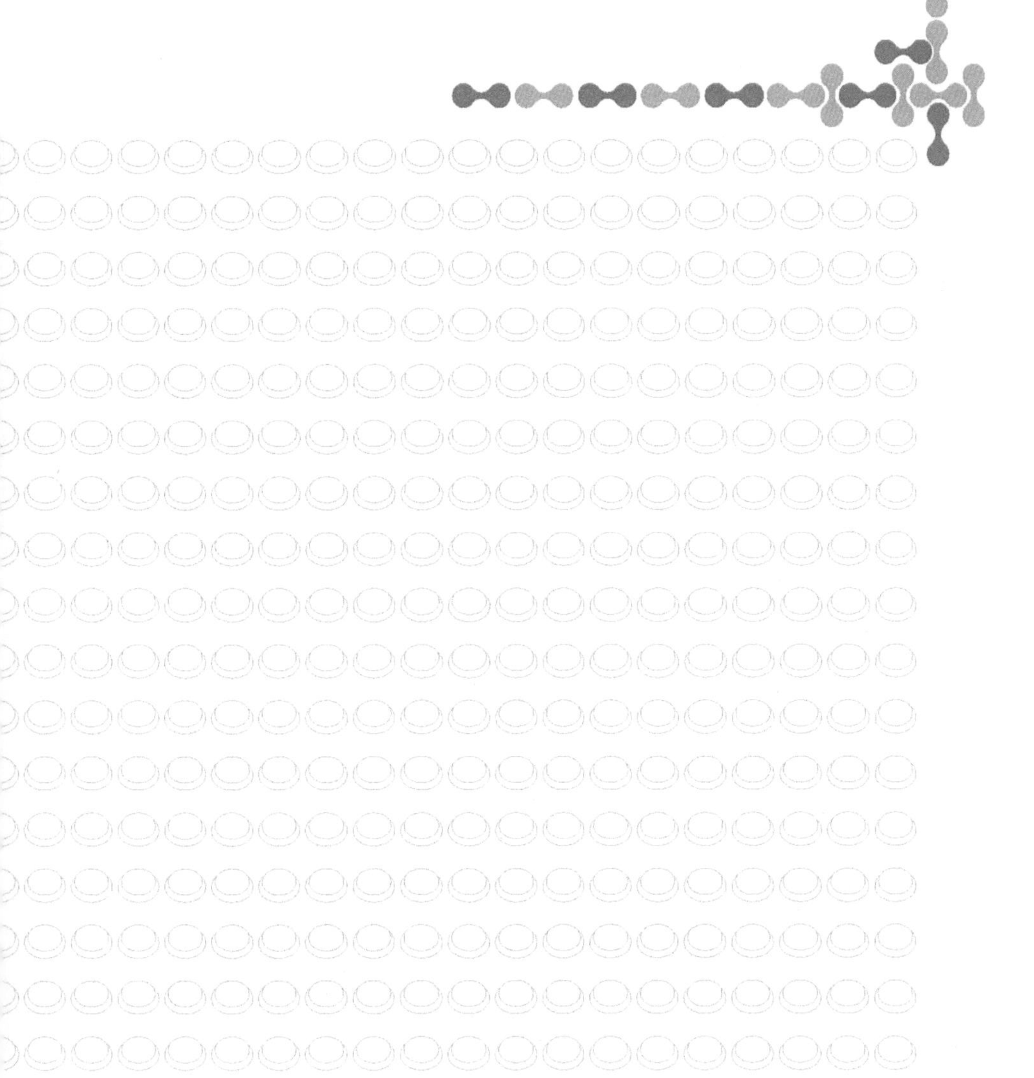

제1절 범죄의 개념과 범죄원인론

1. 범죄의 개념

　일반적으로 범죄란 사회에 유해한 것으로 평가되는 행위라고 할 수 있다. 그러나 이러한 행위규정만으로는 범죄의 정의가 불완전하다. 따라서 이는 '법규정상 의미의 범죄'와 '본질상 의미의 범죄'로 나누어 봄으로써 그 실체에 접근할 수 있다.

　우선 법규정상 의미의 범죄는 법률이 일정한 행위에 대하여 처벌을 규정함으로써 범죄가 되는 것을 말한다. 이렇게 개념정의를 하게 되면 실질적으로 위험성이 없다 할지라도 법률이 가벌적인 것으로 규정하면 범죄가 되며 반대로 도덕적으로 충분히 비난받을 만한(moral culpability) 행위일지라도 법규정상 가벌적으로 되어 있지 않으면 그것은 범죄의 범위에 포함되지 않을 것이다.

　한편 본질상 의미의 범죄는 사실상 공동생활을 침해하는 위험행위를 지칭한다. 이때 공동생활을 침해하는 구체적 대상이 무엇인가에 따라 '공중의 선', '구성원의 권리침해', '법익침해'라고 보기도 하나 대체로 형벌을 과할 필요가 있는(punitive sanction) 불법일 뿐 아니라 사회적 유해성(moral culpability) 및 법익을 침해하는 반사회적 행위로 보고 있다. 이를 좀 더 구체적으로 어떤 행위가 범죄로 규정되어 처벌되려면 범의의 존재, 사회적 유해성, 공적 처벌의 대상성, 증거자료의 엄격한 증거능력의 구비 등의 요건을 갖추어야 한다. 이렇게 볼 때 법규정상 의미의 범죄개념을 형법해석과 죄형법정주의에 의한 형법의 보장될 기능의 기준이 되는 범죄개념이 되나 이 기준에 의하면 어떤 행위를 범죄로 규정할 것인가에 대하여는 아무런 명확한 기준과 토대(solid base)를 제시하지 못한다는 결점이 있다. 반면에 형법이 단순한 도덕이나 윤리를 강제화해서는 안 된다는 규범을 제시하는 것이 본질적 의미의 범죄개념에서 비롯된 것이라 볼 수 있다. 그러나 이 개념은 입법자에게 어떤 행위를 범죄로 보아야 한다는 대상과 범위에 대한 규범적 기준을 제시할 뿐이며 형법의 규정화에는 간접적 의미를 지닐 뿐이다. 이런 의미에서 보면 범죄의 개념은 우선 본질적 의미(실질적 의미)에서 무엇이 범죄의 대상이 되는가를 먼저 보고 다음으로 법규정상 의미(형식적 의미)의 범죄개념을 법규정화할 것을 요청한다고 할 수 있다. 결국 범죄의 개념정의는 다음과 같이 형식적 개념과 실질적 개념으로 구분할 수 있다.

범죄에 대한 형식적 개념은 '구성요건에 해당하고 위법하며 유책한 행위'라고 정의한다. 이러한 형식적 범죄개념은 오래전 독일의 형법학자인 벨링(Beling)과 리스트(Liszt)의 고전적 범죄체계에서 확립된 이래 오늘날까지 형법이론학에서 널리 인정되고 있다.

실정형법을 초월하여 수긍할 수 있는 범죄화(犯罪化)와 비범죄화(非犯罪化)의 실질적 기준에 따른 개념이다. 범죄개념의 파악에 있어서 실질적 의미의 중요성은 범죄개념의 규범의존성을 탈피하여 몰가치적인 것으로 파악함으로써 학문적 연구범위의 협소성을 벗어나려는 시도라는 점에 있다. 결국 이에 따르면 범죄는 '사회적 행동 규범의 위반으로서 일반적으로 기대되는 행위와 모범적 행위에서 벗어나는 행위'라고 정리된다.

실질적 범죄개념은 직접 입법의 준거가 된다는 점에서 제정된 법률을 기준으로 하는 형식적 범죄개념과 구별된다. 범죄의 실질성에 대한 기준으로는 그 내용을 어떻게 인식할 수 있는가 하는 것이 문제이다. 법률상 보호되는 이익이라는 의미의 법익은 법률에 보호되어야 할 이익이라는 의미를 가지고 있다. 따라서 법익은 정당한 사회질서의 뿌리가 된다는 것을 의미한다. 이러한 실질적 의미에서 범죄란 '사회적 유해성' 내지 '법익을 침해하는 반사회적 행위'라고 정리할 수 있다.

2. 범죄원인에 대한 제이론

 범죄의 예방과 그 대책을 수립하기 위해서는 먼저 그 사회의 범죄현상을 정확히 파악하고 이를 기초로 그 원인이 무엇인가를 규명하지 않으면 안 된다. 그러나 범죄발생의 원인은 천차만별이며 하나의 범죄에 있어서도 많은 원인들이 서로 밀접하게 관련되어 있으므로 실제로 범죄의 원인을 해명하는 것은 매우 어려운 일이라고 보겠다. 그뿐만 아니라 그간 수많은 학자들의 연구결과도 서로 다르게 나타나고 있어 어떠한 연구결과를 받아들여야 하는지를 결정하는 것도 그리 쉽지 않다. 다만 그간의 연구 성과를 종합해 볼 때 범죄원인을 해명하기 위해서는 인간에 대한 자연과학적 연구와 사회현상에 대한 과학적 연구가 병행되어야 한다는 데는 거의 의견의 일치를 보이고 있다. 그간 여러 학자에 의해 연구 발표한 내용들을 중심으로 분류하면 다음과 같다.

 첫째, 깨진 유리창 이론은 1982년 미국의 범죄학자 제임스 윌슨(J. Q. Wilson)이 발표한 이론으로서 낙서나 유리창 파손 등 경미한 범죄를 방치하게 되면 결국 큰 범죄로 이어지게 된다는 범죄심리학 이론이다. 깨어진 유리창 법칙에 의하면 지역사회 내 쓰레기 투여, 노상방뇨, 거지, 창녀들의 활동 등과 같은 기초 질서위반행위가 계속 그냥 방치되면 지역사회를 통제하는 비공식적 통제능력이 약화되고 이로 인해 시민들의 범죄에 대한 두려움은 더욱 증가되게 된다는 것이다. 한마디로 우리의 일상생활에서 사소한 위반이나 침해행위가 발생했을 때 이것들을 제때에 제대로 처리하지 않으면 결국에는 더 큰 위법행위로 발전하게 된다는 것이 그 골자이다(Wilson and Kelling, 1982).

 둘째, 하인리히의 법칙은 사소한 것, 디테일한 것이 중요하다는 것을 나타내는 법칙으로 1931년에 미국의 여행보험회사에 다니고 있던 허버트 하인리히(H. W. Heinrich)가 실제 발생한 75,000여 건의 사고를 정밀 분석한 결과물을 정리하여 발표한 이론이다. 재해에 의한 피해 정도를 분석해 큰 재해(Major Industrial Accident)와 작은 재해(Light Industrial Accident) 그리고 사소한 아

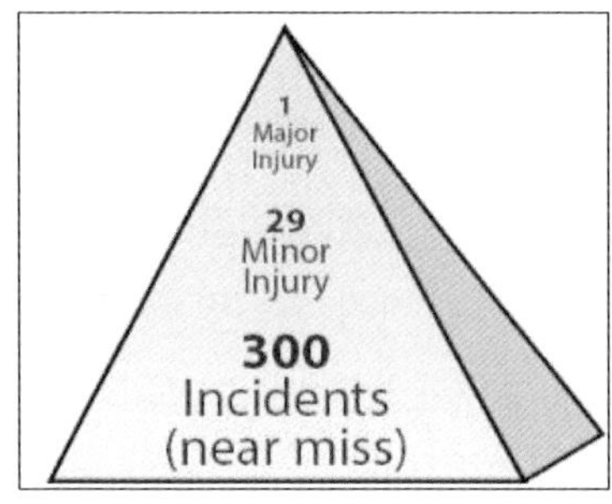

〈그림 2-1〉 하인리히의 법칙

차사고(Near miss)의 발생 비율이 어떠한지를 숫자상으로 명확히 밝혀냈는데 그 비율이 바로 <그림 2-1>에서 보는 바와 같이 1:29:300이었으며 오늘날 "1:29:300의 법칙", 즉 "하인리히의 법칙"으로 일컬어지게 된 것이다(Heinrich, 1980).

여기서 '아차사고'라 함은 당사자의 실수나 현장 자체의 결함 등에 의하여 재해가 일어날 수 있는 상황이 발생하였으나 다행히 직접적인 사고로 이어지지 않은 상황을 말하며, 경재해는 상해사고가 발생하거나 설비의 파손이 발생한 사고이며 중대사고는 인적 사망 및 공정에 큰 영향을 미치는 사고를 말한다. 이를 교통사고에 비유하면 대형사고 한 건이 발생하기 이전에 이와 관련 있는 소형사고가 29회 발생하고, 소형사고 이전에는 같은 원인에서 비롯된 사소한 징후들이 300회 나타난다는 것이다. 따라서 문제되는 현상이나 오류를 초기에 신속히 발견하여 대처하면 큰 재해를 방지할 수 있으나 초기에 적절히 대처하지 못할 경우에는 큰 문제로 번질 수 있음을 경고한 법칙이다.

셋째, 적수천석(滴水穿石)의 법칙이다. 우리 속담에 '낙숫물이 댓돌 뚫는다'는 말이 있다. 이는 작은 물방울이라도 끊임없이 떨어지면 결국엔 돌에 구멍을 뚫는다는 뜻이다. 이를 사자성어로 표현하면 '적수천석'이 된다(박병선, 2009). 이는 송나라 나대경의 '학림옥로'에 나오는 고사3)와 관련이 있다. 이 고사는 잘못된 행실이 쌓이면 큰 재앙을 부르게 되며, 이를 예방하기 위해서는 초기에 싹을 잘라 버려야 함을 웅변하고 있는 것이다.

---

3) 고사는 "북송 때 숭양 현령에 장괴애라는 사람이 있었다. 어느 날 그는 관아를 순찰하고 있었는데 한 관원이 창고에서 황급히 뛰어나왔다. 이를 수상쩍게 여겨 그를 잡아 조사하니 상투 속에서 엽전 한 푼이 나왔다. 엄히 추궁하자 창고에서 훔친 것이라고 했다. 즉시 형리(刑吏)에게 명하여 곤장을 치라고 했다. 그러자 그 관원은 엽전 한 푼에 너무한다며 항변을 했다. 이에 장괴애는 티끌 모아 태산이며, 하루 한 푼이지만 천 날이면 천 푼이요, 물방울도 끊임없이 떨어지면 돌에 구멍을 뚫는다고 크게 외치고는 죄인 곁으로 다가가 칼로 목을 베어 버렸다"는 내용이다.

넷째, 소질설과 환경설이다. '사회가 있는 곳에 범죄가 있다'고 말하는데 일찍이 어떠한 사회에도 범죄는 존재하였고 우리들의 인류가 범죄를 완전히 없앤다는 것은 불가능한 일이지만 어떤 방법으로든 범죄를 줄여 보려고 전력 투구하여 온 것만은 사실이다. 그 때문에 우리들은 범죄원인을 탐구하고 더 좋은 범죄방지를 위한 대책을 수립하려고 노력해 왔다.

범죄자의 소질을 범죄의 원인으로 중시하는 입장을 통상 「소질설」이라고 하는데 이것은 범죄의 발생요인으로서 범죄자 개인의 성격, 즉 범죄자의 생리적·정신적인 내부의 특징을 중시하는 입장이다. 소질설은 롬브로소의 '범죄자는 하나의 특별한 인종이다'고 하는 「생래범죄인설」에서 시작하여 1920년대에 있어서 급속한 발전을 보았으며, 범죄자와 엉키어 있는 환경을 범죄원인으로 중시하는 입장을 통상 「환경설」이라 부르지만 그것은 범죄의 발생원인이 범죄자의 개인적인 성격과 사정이 있다는 것이 아니라 사회적·물리적인 영향을 받고 있다는 입장이다. 범죄자의 소질보다 환경을 중시하는 입장은 1830년대에 있어서 프랑스의 게리(A. M. Guerry)와 벨기에의 퀘토래(Quetelt) 등에 의해 발전되었고, 롬브로소의 제자인 페리(E. Ferri)는 롬브로소의 인류학적인 범죄관의 영향을 받아 「범죄 포화의 법칙」의 개념을 주장하고 사회적 용인을 중시하는 입장을 취했는데 특히 페리의 경우 인류학적·개인적 요인 외에 기후, 계절, 습도라고 하는 물리적·풍토적·자연적 환경과 인구밀도, 가족관계, 교육제도, 공업생산, 종교, 경제, 정치 등의 사회적·문화적 요인을 중시하고 있다.

다섯째, 롬브로소(C. Lombroso)의 생래적 범죄인설이다(김용준, 2005: 42). 범죄자에 대한 정신의학적·생물학적 연구는 19세기 후반에 있어 이탈리아의 정신의학자 롬브로소에 의해서 시작되었다고 한다. 그는 우연한 기회에 범죄자의 두부에 현저한 원시인적 특징이 있는 것을 발견하게 되고 그것이 동기가 되어 그 후 383개의 두개골과 3,839인의 수형자에 대해서 상세히 측정한 결과 1876년에 이르러 범죄학사상의 『범죄인론』을 저술한 것이다. 롬브로소의 범죄연구의 출발점은 범죄생태의 사상인 것이다. 이 사상은 그의 독창적인 「生來的 犯罪人」의 이론이며 그 골자는 격세유전설과 범죄정형설로 되어 있는 것이다. 즉 범죄태생의 사상이라는 것은 범죄인은 모친의 태내(胎內)에 있어서 범죄인이 될 숙명성을 지니고 있다는 것이다.

여섯째, 사회학적 원인론이다. 롬브로소(C. Lombroso)로 하여금 인류학적 조사에 기한 범죄의 원인탐구에 노력을 기울이는 한편, 가로팔로(R. Garofalo)에 의해 도덕적 이상성이 강조된 범죄원인의 실증적 연구는 페리(E. Ferri)에 와서 사회학적 방법론의 채용과 이론의 체계화가 이루어졌다. 페리는 다윈의 진화론과 스펜서(Herbert Spencer)의 종합철학, 마르크스의 사회과학주의의 이론을 흡수하여 자기의 이론을 완성하였다는 점이다. 그는 범죄의 원인으로서 인류학적 요소, 물리학적 요소, 사회학적 요소의 3가지를 들고 이들 각 요소가 일정한 양으로 존재하는 사회에는 이에 상응하는 일정량의 범죄가 반드시 발생한다고 하는 '범죄포화의 법칙'을 주장하였다. 이 법칙은 '사회는 범죄를 예비하고 범죄자는 그것을 실천하는 수단에 불과하다'고 한 쾌토래의 주장과 함께 범죄자는 인류의 아종이라고 보았던 롬브로소의 생각과 이론적으로 상호 대립하게 되었다. 이와 같이 범죄에 관한 사회학적 연구는 범죄인류학과 사회학의 유기적 관련성이 있어서 '사회환경은 범죄의 배양액이다'라고 표현한 프랑스의 라카사뉴와 마르크스주의의 입장에서 범죄의 원인은 자본주의체제에 있어서 빈곤이 범죄의 원인이라고 한 봉거의 사상이 사회학적 원인론, 즉 범죄사회학은 범죄학상 중요한 위치를 점하게 되었다.

3. 범죄 방지를 위한 형벌제도

범죄 방지를 위한 형벌제도에는 첫째, 사형은 범죄자의 생명을 박탈하는 형벌이며 사회에 의해 위험한 범죄인을 영구 격리하려는 취지이다. 이는 응보적 방법으로는 가장 원시적이며 목적형으로서는 극단적인 방위조치라고 할 수 있다.

둘째, 징역형은 수형자의 신체적 자유를 박탈하는 형벌, 즉 자유형 또는 신체형으로서 근대적 형벌의 중심을 이루고 있다. 징역은 무기와 유기가 있으며 유기징역의 경우 원칙적으로 1개월 이상 15년 이하이며, 형을 가중하는 경우 25년까지로 하고 있다.

셋째, 집행유예란 일단 유죄를 인정하여 형을 선고하되 일정한 조건 아래 일정기간 동안 그 형의 집행을 유예하고 그것이 취소 또는 실효됨이 없이 유예기간을 경과하면 형의 선고의 효력을 상실하게 하는 제도이다. 이 제도는 단기자유형의 폐해를 제거하고 법조인의 자발적·능동적인 사회복귀를 도모하겠다는 형사정책적인 의지를 반영한 제도이다.

넷째, 벌금형은 본인에게 재산적인 고통을 주어 그것으로 범죄성을 진압하거나 또는 다음 범행을 불가능하게 하는 것을 목적으로 하는 형벌로서 일반적으로 비교적 경미한 범죄에 대하여 범죄자로부터 일정한 금액을 박탈하는 것으로서 규범적 의식을 각성시키는 것을 기대하여 가해지는 형벌이다.

제2절 보험범죄의 개념과 특징

1. 보험범죄의 개념과 유래

일반적으로 보험범죄라 함은 보험가입자 또는 제3자가 받을 수 없는 보험급부를 대가 없이 받거나 부당하게 낮은 보험료를 지불하거나 또는 부당하게 높은 보험금의 지급을 요구할 목적을 가지고 고의적이며 악의적으로 행동하는 것을 의미한다(조해균, 1990). 이 경우 보험범죄가 유사한 개념으로 사용되고 있는 보험사기와 다른 것인가가 문제될 수 있다. 즉 보험범죄가 구체적인 범법행위로 나타난 결과만을 지칭하는 반면에 보험사기는 보험 가입 시의 악의성을 포함하는 보다 광범위한 개념이라는 점에서 보험범죄보다 더 광의의 개념이라고 본다. 그러나 보험범죄자나 보험 사기자가 취하려고 하는 이익은 단순히 사기적인 계약의 형성에 있는 것이 아니라 궁극적으로 보험자에 의해 지불될 보험금에 있다는 점에서 볼 때 양자는 동일한 개념으로 파악하면서 보험사기란 용어를 보다 많이 사용하고 있다(황만성·신의기·탁희성, 2006). 이와 같이 보험범죄를 보험사기와 동의어로 이해하는 경우에 있어서는 도덕적 위험[4]을 광의의 개념으로 보게 되므로 보험범죄란 보험계약자, 피보험자 또는 수익자가 보험제도의 원리상으로는 취할 수 없는 보험혜택을 부당하게 얻거나 보험제도를 역이용하여 고액의 보험금을 수취할 목적으로 고의적이며 악의적으로 행동하는 자의 인위적인 행위를 말한다고 정의할 수 있다. 보험범죄의 본질은 보험계약을 사기로 성립시킬 뿐만 아니라 이 보험계약을 이용하여 보험회사로부터 보험금을 사취하는 데 있는 것으로 이해되어야 한다(이홍무·이미역, 1997).

보험범죄는 적극적 보험사기(경성 보험사기, hard fraud)와 소극적 보험사기(연성 보험사기, soft fraud)로 구분할 수 있는데 전자는 계획적으로 보험사기를 야기하여 보험금을 편취하는 것이라 할 수 있고, 후자는 합법적인 보험사고의 일부만이 조작되거나 이미 발생한 보험사고를 매개로 하여 보다 많은 보험금을 수령하기 위하여 보험사고를 과장하여 알리고 보험금을 청구하는 행위를 말한다. 소극적인 보험사기의 경우 많은 보험계약자는 자신이 사기행위를 하고 있다는 사실을 인식하지 않는 점에서 도덕적 해이가 크게 문제되고 있다(손광기, 1999). 예로서 소극적 보험사기인 연성사기는 신규 보험계약

---

4) 도덕적 위험이란 생명보험을 이용해서 부당한 이익을 얻으려는 불순한 신청동기 따위의 심리상태를 말하는 것이다. 보험계약·피보험자 또는 보험수익자의 성격에 따라 보험사고의 발생 가능성이 커지거나 손해가 확대될 수 있는데, 이들의 불성실·악의·고의성 등을 도덕적 위험이라 할 수 있다.

을 청약 또는 갱신하는 경우에 거짓정보를 제공하여 낮은 보험료를 낸다든지 또는 신체조건상 거절에 해당하는 사람이 보험인수가 될 가능성을 높이는 행위를 말한다.

보험범죄의 두 가지 사기유형에 대한 차이점을 정리하면 <표 2-1>과 같다.

〈표 2-1〉 보험범죄의 구분

경성사기	연성사기
• 의도성	• 우연성
• 지능적 범죄	• 생계형범죄
• 과대금액을 청구	• 소액청구
• 범죄전력 관련성 높음	• 범죄전력 관련성 낮음
• 공동범행의 가능성 높음	• 단독범행 가능성 높음
• 내부종사자 공모	• 내부종사자의 묵인, 방조
• 사회적 용인 불가	• 사회적 용인

자료: 김헌수(1999). "보험사기 조기적발모형에 관한 소고". 대한손해보험협회.

위 두 유형 중 경성사기는 보험사고 및 손실을 계획적·의도적으로 각색 또는 조작하는 범죄성이 강한 행위를 말하며, 연성사기는 정상적(우발적)인 보험사고 후 보험금을 과다 청구하는 등 기회주의적인 사기로서 그동안 보험사기와 관련된 사회적 관심, 학술적 논의 및 대응책 마련이 주로 경성사기 위주로 이루어져 온 경향이 있는데, 이는 일반적으로 경성사기가 연성사기에 비해 건당 금액이 클 뿐 아니라 범죄성이 강하여 사회적 파장이 크기 때문인 것으로 볼 수 있다.

그러나 현실적인 면에서 연성사기는 행위의 입증 및 적발이 쉽지 않은 데다, 그 폐해 및 부작용이 경성사기에 못지않게 심각하므로 보다 근본적이고 적극적인 대처가 필요하다고 볼 수 있으며 현실적인 측면에서 보면 다음과 같은 문제를 생각해 볼 수 있다.

첫째, 정상적인 보험사고에 대한 보험금 과다청구 등의 연성사기는 경성사기에 비해 행위의 입증 및 적발이 쉽지 않고, 자칫하면 선의의 사고피해자가

보험금지급을 지연·거절당하는 부작용이 발생하는 등 법과 제도적 수단에
한계가 있다.

둘째, 연성사기는 건당 관련금액이 단지 상대적으로 적을 뿐, 적발이 쉽지
않으며, 잠재 피해 규모가 오히려 경성사기보다 클 가능성이 있으며, 개인별
로 연성사기가 반복되는 과정에서 경성사기로 발전할 우려도 있다.

셋째, 연성사기는 법과 제도적인 수단을 강구하는 데는 한계가 있음에도
불구하고 도덕적 해이 등의 잠재적 폐해가 심각하므로 이에 대한 적극적인
대처가 요구되고 있다.

한편 보험범죄는 보험의 역사와 그 행로를 같이했다고 할 수 있다. 보험을
역선택 내지 악용하는 보험범죄는 보험이 시작된 시기부터 많이 발생했을 것
으로 추측은 할 수 있으나 언제가 최초인지는 정확하지는 않다. 보험사기의
역사는 중세 베니스 상인들에까지 거슬러 올라가는데, 그들은 손실된 적하물
에 대한 보상을 요구하는 일종의 사기극을 하였던 것으로 전하여진다. 16세
기 유럽에서는 도박과 보험과의 구별이 명확하지 않을 정도로 그 성격이 유
사하게 이해되었고, 특히 타인의 사망을 보험사고로 하는 보험계약에 많은
범죄가 발생하여 16세기 말에는 네덜란드와 프랑스를 제외한 북유럽에서는
생명보험이 전면 금지되기에 이르렀다. 근대적 생명보험의 효시는 1762년
설립된 에퀴터블 생명보험회사이다. 즉 1762년 영국에서 가입연령별 보험
요율표에 기초한 합리적인 생명보험을 채용한 근대적인 생명보험회사의 효시
인 에퀴터블 생명보험(Equitable Life Insurance Co)이 설립되면서 도박보험의
시대는 끝났다. 그러나 바로 그 해가 보험살인의 원년이 되기도 하였다. 근
대적 생명보험의 제1호 보험살인 범죄라고 할 수 있는 사건이 에퀴터블 생
명보험에 가입한 "이네스"라고 하는 남자로부터 발생하였다. 이네스는 양녀
로 하여금 에퀴터블 생명보험과 1,000파운드의 생명보험계약을 체결한 후,
이 양녀를 독살하고 이네스를 유산 상속인으로 한다는 내용이 적힌 양녀의
자필서명 유서를 제출해서 보험금을 청구한 사건이 발생하였다. 이 당시 에
퀴터블 생명은 이네스의 성격, 금전에 대한 집착, 사건을 둘러싼 수상한 점

등을 종합하여 유서가 가짜라고 판단해서 이네스를 고발했다. 이 소송에서 이네스가 유서의 작성에 관여했다고 내세운 증인 두 사람 중 한 명이 그 유서가 위조임을 폭로하였고 이네스는 사형에 처해졌다. 과거 유럽의 일부 국가에서는 타인의 사망을 보험사고로 하는 생명보험계약에 대한 다발적 범죄로 인해 생명보험 자체를 전면적으로 금지시킨 적도 있었다.

외국의 경우에는 보험범죄의 역사가 이백 년을 훨씬 넘어섰지만 우리나라에 있어서 보험범죄는 그 역사가 얼마 되지 않았다. 우리나라 최초의 보험살인범죄[5]는 1975년에 발생한 박분례 사건이었다. 범인 박분례는 1973년 11월부터 1976년 1월 사이에 3개의 생명보험회사의 친척 8명을 피보험자로 하는 보험계약을 체결하고 보험금 1억 7,000만 원을 노려 언니, 형부, 조카, 시동생 등 일가족을 두 차례에 걸쳐 방화와 독살로 죽게 했다. 이 사건은 언니가족 살인 사건이 일어났을 때 군 복무 중이던 조카가 제대한 후 어머니의 보험금을 이모인 박분례가 타 간 사실을 알아내고 추궁하던 중 1977년 9월 사건의 전모가 밝혀져 범인은 사형 집행을 받았다. 이와 같이 이미 백 년이 넘은 사건이나, 최근의 사건이나 상호 유사한 또는 동일한 형태의 특성과 유형을 나타내고 있음을 알 수 있다. 이는 지극히 적은 보험료를 들여 막대한 보험금을 손에 넣을 수 있는 보험제도 구조 자체가 근본적으로 범죄의 유혹을 부추기기 때문이다. 즉 보험은 본래 사행적 요소를 갖고 있기 때문에 보험료와 실제 보험금과의 균형이 무너지면 도박적 보험 범죄가 발생하는 것이다.

특히 재해 사망보장의 폭이 클수록 보험의 사행성에 관한 투기적 요소가 커져 범죄자에 의해 겨냥되기 쉬운 필연적 관계에 있다. 즉 국가나 시대를 불문하고 보험구조 자체의 취약점과 보험금이라고 하는 동일한 목적물을 불

---

5) 범인 박분례는 1974년 11월부터 1976년 1월 사이에 3개의 생명보험회사와 친척들을 피보험자로 하는 보험계약을 체결하고 보험금 1억 7,000만 원을 노려 언니, 형부, 조카 등 일가족을 1975년 1월에, 시동생을 1976년 5월에 두 차례에 걸쳐 방화와 독살로 죽였다. 이 사건은 언니가족 살인 사건이 일어났을 때 군 복무 중이던 조카가 제대한 후 어머니의 보험금을 이모인 박 여인이 타간 사실을 알아내고 추궁하던 중, 1977년 9월 사건의 전모가 밝혀져 범인은 사형이 집행되었다(대법원 1978.11.1. 선고 78도2081 판결).

법한 수단을 통하여 획득하려고 하는 행위와 불법의사의 유사성은 항상 유지, 존속되기 때문에 오늘날까지도 잔혹하고 간교한 보험범죄의 형태와 수법들이 그대로 답습되고 있는 것이 아닌가 생각된다.

2. 보험범죄의 특징

보험범죄의 특징은 6가지로 볼 수 있다. 첫째는 고도의 지능이 요구된다는 점이다. 일반적으로 보험범죄[6]는 단순범죄와는 달리 고도의 지능이 요구된다고 볼 수 있다. 그런 의미에서 볼 때 타인의 재산을 교묘한 방법으로 기망하여 편취하는 사기범과 매우 유사하다고 하겠다. 왜냐하면 보험을 악용, 남용하기 위해서는 복잡하고 이해하기 어려운 보험약관 내용이나 보험법을 비롯한 수많은 법률 규정들을 이해하고 이용하여야 하기 때문이다. 물론 범죄 심리학적 측면에서 볼 때 범죄가 인간의 범죄 성향과 이를 자극하는 환경, 범죄의 충동을 억제하려는 의식 등의 상호작용에 의하여 유발되기 때문에 보험범죄도 반드시 지능적인 것만은 아니라는 견해도 있으나 지금까지 발견된 보험범죄자들의 일반적인 범행 수법을 보면 이들이 매우 지능적이라는 사실을 알 수 있다.

둘째, 죄의식의 결여이다. 아무리 약한 심성을 가진 범죄자라 할지라도 범행 이후에는 심리적으로 죄의식을 느끼는 것이 보통이다. 그러나 보험범죄의 경우는 보험금을 사취하기 위하여 살인이나 방화 등과 같이 고의적으로 보험사고를 유발하는 범죄 행위자를 제외하고는 보험금 사취행위가 불법행위라는

---

[6] 보험범죄란 보험가입자 또는 제3자가 받을 수 없는 보험보호를 거저 얻거나, 부당하게 낮은 보험료를 지불하거나 또는 부당하게 높은 보험금액의 지급을 요구할 목적을 가지고 고의적이며 악의적으로 행동하는 것을 의미한다(조해균, "도덕적 위험과 보험범죄", 『보험조사월보』(141), 보험감독원, 1989.11, 7면). 또한 보험범죄란 범인이 보험계약을 이용하여 보험회사의 부담으로 자기 또는 제3자에게 보험금의 형식으로 위법적인 이익을 보게 하는 행위라 정의된다(문국진, "보험범죄의 특징", 손해보험, 대한손해보험협회, 1997.12, 108면).

사실을 인식하고 있지만 심리적으로 죄의식을 느끼지 않는 것이 일반적이라고 할 수 있다. 또한 사회가 보험범죄를 대체적으로 죄악시하지 않고 비도덕적 행위로 보지 않기 때문에 이것이 보험범죄자의 심리에도 영향을 주어 범죄 행위를 제어하고 반항하는 그러한 선한 인간의 심성을 약화시킴으로써 죄의식을 흐리게 한다고 할 수 있다.

셋째, 범죄행위에 대한 경제적 평가이다. 보험범죄자의 또 다른 특성은 범죄자가 범행을 위하여 지출하는 비용, 즉 보험료와 범행을 통하여 받을 수 있는 보험금액을 경제적으로 비교, 평가한 후에 범행을 행한다는 것이다. 이와 같은 불법행위의 경제적 가치에 대한 비교, 평가는 일부 경제 범죄를 제외하고는 대부분의 범죄에서는 발견하기 어려운 것이라고 할 수 있다.

넷째, 비도덕적 경향이다. 보험범죄의 또 하나의 특성을 살펴보면 범죄의 대상을 거의 가족이나 근친으로 하고 있다는 것이며, 이런 점에서 볼 때 그 행위의 잔악성이 그 어떤 범죄보다도 크고 비도덕적이라는 점이다. 그래서 비르겐은 "범인은 그의 처 또는 자식을 희생시켜 고액의 금전을 얻으려고 범행하며, 그에게 있어서 가족은 황금 이외의 아무 것도 아니다"라고 개탄해 마지않았다. 독일 학자 화니도 "보험범죄의 가해자는 희생자를 가족 중에서 물색하게 되는데 그 대상자로는 자신을 방어할 능력이 없는 자를 주로 하기 때문에 비열하고 잔악하기 그지없는 성격의 소유자"라고 비탄해 마지않았다.

다섯째, 고액보험금이다. 보험범죄는 보험가입자의 경제력에 비해 보험금액이 엄청나게 고액이거나 범죄자가 범행을 위하여 지출한 비용과 범행을 통하여 받을 수 있는 보험금액을 경제적으로 비교, 평가하여 보험자로부터 얼마만큼의 보험금을 받을 수 있는가를 계산한 후 행해진다. 보험금액이 적으면 범행 가치가 없기 때문에 보험범죄에 있어서 보험금액이 고액이라는 것은 아마도 논리적으로 당연한 특성이라고 할 것이다.

여섯째, 공범에 의한 범죄이다. 보험범죄는 단독으로 수행하지 않고 2인 이상이 공동으로[7] 수행하는 경우가 많다. 그것은 보험사고를 위장하거나 범인 자신을 범행 혐의로부터 벗어나게 하는 데 유리하기 때문이다. 그래서 범인은 자기 대신 하수인을 구하고 주범 자신은 사고현장에서 멀리 떨어져 있었던 것처럼 하여 알리바이를 조작, 명확하게 하는 수단을 강구한다. 더욱이 위장 촉탁 살인의 경우에 주범 자신이 피보험자가 되는 경우가 많기 때문에 보험사고 발생 후 자기 자신을 나타내지 않는다. 이때 대개의 경우 범행에 능숙한 공범이 보험사고의 위장을 주범의 지시대로 행하고 경찰이나 보험회사가 눈치 채지 못하도록 보험금 청구절차를 밟는 특징이 있다. 위와 같이 공범자들에 의해 자행되는 조직적인 보험범죄의 경우는 범죄 심리학적 측면에서 노동 없이 폭력으로, 또는 속임수로 다른 사람의 인명과 재산을 해치는 행위라는 점에서는 다른 조직범죄와 다르다고 볼 수 없다(이상현, 2002).

그 밖의 특징으로는 일반적으로 보험범죄자들은 계약심사업무나 위험선택업무 그리고 손해조사업무를 소홀히 하는 회사를 찾아서 계약을 하고 범행을 하는 경향이 있다. 만약 보험회사가 계약심사업무, 위험선택업무 그리고 손해사정업무를 까다롭고 엄격하게 하게 되면 그들의 범죄행위가 쉽게 발각될 위험이 있기 때문이다. 따라서 보험범죄자들은 신설보험회사나 소규모의 보험회사 등을 선택하는 경향이 있는데 그것은 이들 신설 또는 소규모 보험회사들은 영업실적만을 중요시하기 때문에 계약심사에 그다지 까다로운 조건들을 내세우지 않기 때문이다. 보험범죄는 보험과 관련한 그 자체의 행위들, 계약, 청구, 진단 등에서 비롯되는 경우도 있지만 대부분은 보험금을 편취하기 위하여 교통사고를 유발하거나 살인, 상해, 방화, 손괴, 절도 등 선행범죄 행위를 유발하는 것이다.

---

7) 형법 제30조(공범), 2인 이상이 공동하여 죄를 범한 때에는 각자를 그 죄의 정범으로 처벌한다.

3. 보험범죄의 유형

1) 보험의 종류에 따른 범죄유형

보험범죄는 보험의 종류와 범죄자의 행위양태에 따라 구분할 수 있다. 먼저 보험의 종류에 따라서는 첫째, 생명보험범죄가 있다. 생명보험범죄란 범인이 생명보험계약을 이용하여 보험자(보험회사)의 부담으로 자기 자신 또는 제3자가 보험금의 형태로 위법한 이득을 취하는 행위를 말한다. 생명보험범죄는 타인이 피보험자로 되어 있는 생명보험의 보험금을 편취하려는 경우와 자기가 피보험자로 되어 있는 생명보험의 보험금을 편취하려는 경우로 대별할 수 있다. 전자는 피보험자를 살해한 후 이를 자연스러운 사고사나 병사 또는 피보험자의 자살로 위장하는 경우 등을 들 수 있으며, 후자는 자살, 실종위장, 타인살해 후 자신의 사망으로 위장하는 경우 등을 들 수 있다. 생명보험계약은 법률의 규정이나 계약 시 선택사항의 제한 때문에 타인을 피보험자로 하는, 즉 '타인의 생명에 대한 보험계약'을 체결하는 것은 극히 어렵다. 따라서 생명보험금을 노리고 피보험자를 살해하려고 하는 경우, 주범과 피해자는 가족관계, 내연관계, 친구관계, 고용관계, 채권, 채무관계라고 하는 특수한 신분관계에 있는 경우에만 계약체결이 가능하기 때문에 주범과 피해자의 관계가 매우 한정되어 있고, 또한 매우 밀접한 관계에 있다는 것이 큰 특징이라고 할 수 있다. 결국 이와 같은 한정된 관계에 있는 사람에 대해서만 행해질 수 있는 범행이기 때문에 완전범죄를 계획할 수밖에 없고, 따라서 대단히 지능적이고, 보험사고의 확실성을 보장하기 위해 범행방법이 매우 냉혹하다는 특징이 있다.

둘째, 화재보험범죄가 있다. 화재보험범죄란 보험목적물에 방화하는 등 고의로 보험사고를 일으킨 후 이를 원인불명의 발화 또는 실화 등으로 가장하여 보험금을 청구하거나, 이미 발생한 보험사고에 기하여 보험금을 청구할

때 손해액을 과다하게 조작하여 실제 손해액보다 다액의 보험금을 취득하려
는 경우를 말한다. 보험금을 목적으로 하는 방화사범은 다액의 부채를 지고
있는 자가 변제자금 또는 새로운 사업자금을 마련하고자 하는 동기에서 행해
지는 경우가 많다. 화재범죄의 특징으로는 첫째 휘발유, 시너 등의 유류 화
약 등에 의하여 화재를 증가시키는 조치를 취하는 경우가 많고, 둘째 동일
범인이 동종의 보험금목적 방화를 감행하는 경우가 많으며, 셋째 화재보험금
목적 방화는 방화를 담당하는 자와 보험계약의 체결 보험금 청구 등의 보험
금 편취 행위를 담당하는 자 등을 구분하여 행해지는 것이 대부분이다. 방화
의 실행행위를 하는 것은 상당한 전문성을 요하기 때문에 실행행위의 분담이
필수적이라고 볼 수 있다(사법연수원, 1999).

셋째, 자동차보험범죄이다. 자동차보험사고는 고의로 교통사고를 일으키는
경우가 대부분이며, 그중에서도 차량 상호 간의 추돌 사고가 대부분이다. 그
외의 유형으로는 자동차보험사고가 없음에도 불구하고 발생한 것처럼 가장하
거나 이미 발생한 교통사고의 결과를 과대하게 위장하는 경우, 다른 원인에
의한 손해를 보험사고로 위장하는 경우, 피보험 차량 또는 피보험자에 의한
사고로 위장하는 경우, 계약체결 시기를 사고발생 전으로 소급 시키거나 사
고발생의 시기를 계약체결 후로 조작하는 경우 등이 있다(김용경, 1997). 자
동차보험범죄의 특징은 단순히 자동차보험에 한하여 범죄행위가 행해지기보
다는 상해보험, 생명보험(특약) 등의 청구에 수반하여 일어나는 경우가 많다
는 것이다. 특히 대인사고와 관련하여서는 뚜렷한 의학적·타각적 증상이 아
닌 자각증상을 호소하여 의사로부터 진단서를 발부받거나, 사고 당시에는 대
물사고[8]로 처리하였다가 나중에 상해를 입었다고 주장하는 수법 등이 자주
사용된다. 최근 들어 폭력배, 전과자 등을 중심으로 조직을 형성하여 전문적

---

8) 대물사고(對物事故)는 타인의 재물을 파손하거나 손괴한 사고로서 차내의 적재물(운송물)
   에 대한 손해와 자동차 등 기타 재물손해가 해당된다. 대물사고는 종합보험대물 대물배상
   에서 담보한다. 대물사고로 인한 타인의 재물손괴에 따른 직접 및 간접손해가 모두 보상된
   다.; 윤일현 외 1, 『현대생활과 보험』, 형설출판사, p.186.

으로 자동차사고를 조작하는 사례가 많이 발생함으로써 사회적으로 큰 문제로 지적되고 있다.

넷째, 상해·질병보험범죄이다. 상해·질병보험을 둘러싼 범죄는 크게 3가지로 분류할 수 있는 제1유형은 보험사고가 일어난 것처럼 조작하여 보험금을 청구하는 것이고, 제2유형은 보험사고의 결과를 과대하게 과장하여 보험금을 청구하는 것이고, 제3유형은 기왕증 및 지병을 은닉하고 보험계약을 체결한 후 부정하게 보험금을 청구하는 것이다. 상해·질병보험에 관한 보험범죄는 자동차사고 이외의 사고에 기인한 상해 또는 질병을 대상으로 하는 것이기 때문에 허위의 질병 또는 고의의 자상에 의한 경우가 중심이 되고 있다. 그리고 보험금 부정청구에 이용되는 상해·질병보험으로는 상해보험, 소득보상보험, 상해질병특약부 생명보험 등이고, 이때의 병명은 전도, 추락에 의한 자발통 또는 이에 기인한 보행곤란 등 의학적으로 타각증상은 없어도 자각증상에 의한 호소로 의사의 진단을 받고 입원 안정을 취하는 행위가 압도적으로 많다.

마지막으로 해상보험범죄이다. 해상보험범죄는 고의로 선박을 침몰, 또는 파괴하는 등으로 보험사고를 일으킨 다음 해난사고를 가장하여 당해 선박에 관하여 체결되어 있는 각종의 보험금을 편취하는 불법행위가 대부분이다. 그 외에 선박용 선계약상의 사기행위, 화물 도난사고를 가장한 사기행위, 무역관계자가 상품 또는 그 구입가격 관계서류를 위조하는 행위 등이 있다. 1970년대 중반까지는 해상보험의 사기범죄가 보험시장이나 해운시장에 큰 영향을 미치지 않는 지엽적 문제였으나 1970년대 발생한 다수의 사건으로 해상보험의 사기행위가 일시적이고 개인적인 현상이 아니라는 사실을 알게 되었다.

한편 보험범죄자의 행위양태에 따른 범죄유형은 첫째, 사기적으로 보험계약을 체결하려는 유형이 있다. 손해보험분야에서는 물론 생명보험분야에서도 흔히 발생하는 형태이다. 이러한 유형의 보험범죄자는 보험계약체결 시에 보험금액을 의도적으로 과도하게 높은 수준에서 책정하거나, 다수보험의 형태로 가입하거나, 고지의무 위반 등 사실을 은폐하는 방법을 사용한다. 사실을

은폐하는 이유는 1차적으로는 보험가입을 할 수 있는 자격을 획득하고자 하
는 의도이고, 아울러 보다 적은 보험료를 지불하기 위해 불리한 사실을 숨기
는 것이다.

둘째, 보험사고를 고의적으로 유발하는 유형이다. 가장 악의적인 보험범죄
의 유형으로서 보험금을 사취하기 위하여 고의적으로 보험사고를 유발한다.
방화행위, 살인행위, 자상행위, 자살행위, 자동차사고의 고의적 유발행위 등
이 이러한 범죄의 유형에 속한다. 이러한 유형의 범죄자들은 다양한 범죄 수
단과 방법을 사용하고 범행방법도 잔인하고 조직화되어 가고 있으며, 피보험
자가 고의적으로 보험사고를 유발하는 경우와 제3자에게 범행을 교사하여
보험사고를 유발하도록 하는 경우가 있다.

셋째, 보험사고를 위장·날조하는 유형이다. 보험사고를 위장·날조하는
보험범죄는 모든 보험분야에서 흔히 나타나는 전통적 보험사기라고 할 수 있
는데, 이러한 유형은 첫째, 보험사고가 발생하지 않았으나 발생한 것처럼 꾸
미기 위하여 보험사고를 위장·날조하는 유형과 둘째, 사고경위, 사고일자
등을 기만적으로 진술하는 유형으로 구분될 수 있다. 보험사고를 위장·날조
하는 유형은 보험분야별로 상이하다. 먼저 생명보험의 경우에는 보험사고를
위장·날조하기 위하여 실제로 사망하지 않은 피보험자를 사망한 것처럼 위
장하거나 이미 사망한 사람을 피보험자로 하여 보험에 가입하거나 또는 상해
급부금을 사취하기 위해 실제 발생하지 않은 상해사고를 발생한 것으로 위장
한다. 손해보험의 경우에는 자동차 소유주가 자신의 자동차를 매매한 후에
보험회사에 도난 신고하는 행위, 진열장에서 미리 상품을 치운 뒤 도난당했
다고 신고하는 행위 등이 보험사고의 위장·날조의 유형이라고 볼 수 있다.

넷째, 가입되지 않은 담보 손해를 가입한 것으로 변경시키는 유형이다. 이
러한 유형의 보험범죄 형태는 보험사고가 발생한 이후에 보험계약을 체결하
는 유형이다. 예를 들면 이미 사망한 사람을 피보험자로 하여 보험에 가입하
는 경우라든지, 자동차사고가 발생한 이후에 사고 일자 등을 조작, 변경하는
방법으로 보험에 가입하는 경우이다. 이러한 유형의 보험범죄는 최근 들어

자동차보험분야에서 빈번하게 발생하고 있다.

다섯째, 보험사고 발생 시에 사기하는 유형이다. 이러한 유형은 가능하면 보험금을 많이 지급받기 위하여 사기적으로 보험금을 허위, 과다 청구하는 경우이다. 이러한 유형의 보험범죄는 일반적으로 생명보험분야와 같은 정액 보험분야에서는 발생하지 않는다. 정액보험의 경우에는 실손 보상보험에서와는 달리 보험사고 발생으로 인한 실제의 손해액이 많고 적음에 관계없이 사전에 약정한 일정액을 지급하기 때문이다. 그러나 실손 보상보험분야에서는 보험사고 발생으로 인한 손해의 규모에 따라 그 전액을 보상하여 주기 때문에 보험 사기자들은 가능하면 많은 보험금을 지급받기 위하여 보험사고 발생으로 인한 손해가 매우 큰 것처럼 보험회사를 기망하는 것이다. 이러한 유형의 보험범죄는 특히 자동차보험분야와 상해보험분야에서 매우 빈번하게 발생하고 있는데 이러한 행동을 동조 모방하려는 행태가 나타남으로써 보험범죄를 확산, 촉진시키고 있어 심각한 사회문제로 대두되고 있다.

4. 보험범죄의 사회적 역기능

보험범죄는 사회의 경제질서를 왜곡할 뿐 아니라 윤리의식과 가치관에도 큰 폐해를 초래하는 범죄이다. 이를 구체적으로 구분해 보면 다음과 같다.

첫째, 인명경시 풍조를 조장한다. 보험범죄행위는 인간의 귀중한 생명과 재산을 고의적으로 살상하고 훼손함으로써 경제적 이익을 부당하게 취득하려는 것이다. 보험은 가입의 특성상 일면식도 없는 타인에 대해서 제3자가 계약을 임의로 체결하는 것은 불가능하다. 따라서 보험금을 목적으로 범행을 계획한 사람은 자신의 보험 가입에 순순히 동의해 주거나 보험가입에 이의를 제기할 수 없는 피보험자 또는 보험회사에서 해당계약에 대해 의심을 하지 않을 만한 피보험자를 찾을 수밖에 없게 된다. 이 경우 피보험 대상자는 보험범죄행위자의 주변에서 찾아질 개연성이 극히 높다고 할 것이다. 이는 부부관계, 연인관계, 친·인척관계, 부자, 모자관계, 친구관계, 양자관계 등에서 보험범죄가 행해질 수밖에 없음을 나타내는 것이다. 즉 보험금이라는 재산상의 이익을 얻어 내기 위하여 혈연, 지연 등의 인적 신뢰관계를 악용하여 귀중한 생명과 재산을 고의적으로 살상하고 훼손하는 것이 보험범죄인 것이다. 이는 단순히 범죄로 인한 인명 손실의 문제라기보다는 돈을 목적으로 인간관계를 악용하여 생명을 해할 수 있다는 불건전한 사고를 사회에 전염시킴으로써 인간 사회의 건전한 윤리의식과 생명존중의 가치관을 무너뜨릴 염려가 있다는 점에서 사회에 큰 폐해가 된다고 할 것이다.

둘째, 국가경제에 대한 손해를 발생시킨다. 보험금을 목적으로 한 방화나 교통사고 유발 등은 국가경제에 직접적인 손해를 야기할 수 있다. 즉 보험금을 목적으로 한 방화는 공장이나 창고에 보관 중인 제품을 멸실시킬 뿐만 아니라 화재의 확대로 이웃의 다른 시설물들까지 막대한 피해를 야기할 수 있다는 점에서 결코 개인적인 피해로 국한되는 것이 아니다. 또한 교통사고의 고의적 유발도 차량 소유자 개인의 인적·물적 피해에 제한되는 것이 아니라 당해 사고로 인한 처리비용의 증가, 파손된 도로설비복구 비용 등 국가적 비용의 손실도 초래하는 것이다.

셋째, 배금·기회주의자를 양산한다. 보험범죄는 인간으로 하여금 정당한 노력에 의하여 생활을 하거나 경제적 부를 축적하려고 하지 않고 부정한 방법에 의하여 경제적 횡재를 얻을 수 있게 하기 때문에 인간을 나태하게 하고 결국은 타락시키고 만다. 즉 재난에 대비하는 최소한의 안전장치로서의 보험제도를 도박화하고 범죄행위를 유발하는 제도로 악용하게 만드는 것이 보험범죄인 것이다. 행위자 스스로 신체의 일부를 훼손하여 상당한 액수의 보험금을 탄다고 하여도 그것으로 본인과 가족의 평생 생계비가 될 수도 없으며, 자신 소유의 건물에 방화를 하여 보험금을 타서 일시 자금 사정을 해결한다고 하더라도 이 역시 기업인으로서 자생력을 상실하는 것이 되기 때문에 이와 같은 풍조가 만연될 경우 사회가 얼마나 피폐해 질 것인가는 예측

할 수 있을 것이다.

넷째, 보험범죄는 보험요율의 인상을 초래하여 보험단체 구성원 전체의 부담을 가중시킨다. 보험료란 보험계약자 개별로 놓고 볼 때는 보험자가 위험을 부담한 대가이며, 보험 계약자가 지게 되는 부담으로서 위험단체 전체적으로는 일정기간 동안의 납입된 보험료와 지급된 보험금이 균형을 유지하지 않으면 안 된다. 그러나 인위적인 방법, 즉 보험범죄로 인하여 예정된 손해율 이상의 보험금을 지급하게 되는 경우 이와 같은 균형은 깨어지게 되고 이 균형을 회복하기 위해서는 보험료를 인상하지 않을 수 없으며, 이는 결국 보험 단체구성원인 보험계약자 전체의 추가부담으로 작용할 수밖에 없는 것이다.

다섯째, 보험무방비 상태를 초래할 수 있다. 보험범죄로 인하여 보험회사의 손해율이 증가하게 되는 경우에 보험자인 보험회사는 결국 보험판매를 제한하거나 중단할 수밖에 없게 되고 이는 정상적인 기업 경영이나 안정된 개인의 생활을 어렵게 함으로써 사회·경제적으로 불안정한 상황을 초래할 수 있다. 어떤 보험 상품에서 도덕적 위험의 의심이 짙어진 경우에는 우선 보험자는 그러한 도덕적 위험을 제거하는 데 최선을 다할 것이고, 그것만으로 수지가 개선되지 않을 경우에는 보험요율을 인상하는 것이 원칙이다. 그러나 현실적으로 보험요율 인상은 그리 용이한 것은 아니고 또 보험요율은 일단 정해 두면 그것은 상당히 경직성을 띠게 되며, 따라서 요율 인상에 의하여 수지개선을 도모하기란 퍽 어렵기 때문에 결국 보험자는 자위상 특정 계약자나 보험물건에 대하여 계약인수를 거부하거나 해당 보험 상품의 판매를 중단하게 될 수도 있다. 이는 일부 악의적인 사람들의 부도덕한 행위로 말미암아 대부분의 선의의 사람들로 하여금 보험에 의한 위험대비를 어렵게 하고 결국에는 위험을 무방비 상태로 노출시킬 수밖에 없게 되는 결과를 초래하게 되는 것이다.

제3절 선행연구의 고찰

본 연구에 대한 선행연구는 보험사기에 대한 연구와 보험사기 행위에 대한 심리학적 모형연구로 크게 나누어진다. 보험사기는 도덕적 해이라는 연구영역에서 출발했다고 볼 수 있지만 보험사기에 대한 이론연구의 출발은 범죄경제학이란 새로운 영역을 개척한 Becker(1974)라 볼 수 있다. Becker(1974)는 범죄에 대해서 무한 처벌보다는 적정 처벌이 효과적이라는 이론적 틀을 제시하였다. 그는 보험사기로 인한 총비용보다 보험사기 적발을 통한 총 이익이 크다면 보험사기 적발에 대한 투자는 증가한다는 것을 보였다. 보험사기 관련 연구로는 Doerpinhaus(1991)와 Cummins and Tennyson(1996)의 연구를 들 수 있다. 전자는 보험사에 제기된 소비자불만자료를 통해서 보험사 서비스의 질을 논하고 있는데 보상관련 불만이 소비자만족에 결정적인 역할을 한다는 것을 보여 주었고, 후자의 연구는 자동차보험의 도덕적 해이를 분석한 연구이다. 이 연구는 미국 각 주 소비자의 보험사기에 대한 용인 정도를 설문을 통해 수집하고, 이를 보험사기 관련 독립변수와 회귀분석을 시도하였다. 그 외 실무적 연구로는 Conning & Co.(1996, 1997)는 설문자료를 통해 보험사기에 대한 소비자의 용인 정도가 더 느슨해지고 있다는 사실을 밝혀 보험사기, 특히 연성 보험사기에 대응하는 것이 어려워지고 있다는 사실을 암시했다.

우리나라에서 보험사기와 관련한 연구는 조해균(1989, 1990, 1995) 등에 의해 1980년대 말부터 시작되었다. 그의 연구는 보험범죄의 발생원인, 효율적 관리방안 및 방지대책에 관한 포괄적 내용을 다루고 있다. 그 뒤를 이어 조수웅(1993), 박일용·안철경(1999) 등의 연구가 이어졌다. 이들은 구체적이고 실무적인 보험종목별 사례연구를 수행하였다.

김광용(1997)과 김헌수(2000, 2003)는 적용 가능한 보험사기 적발모형에 관한 다양한 방법을 제시하는 연구를 수행하였으며, 지홍민(2001)은 최적 보험계약 조건을 연구하였다. 이윤호(2002)는 보험사기에 대한 연구에서 보험범죄에 대응하기 위해서는 보험회사에 수사권이 부여되어야 한다고 주장하였다.

법학계에서는 이병희(1999), 탁희성(2000), 이병희·탁희성·박형민(2002) 등이 보험범죄 형사판례집을 발간하였으며, 또한 김광룡(1997), 김헌수(1999), 김광용(2001)은 보험사기 조기적발을 위한 예측모형 및 행동모형을 연구하였고, 장인권(2010)은 최근의 형사판례를 근거로 보험범죄 감소를 위한 대책안을 모색하였다.

국내 연구 가운데 대부분은 연성사기보다는 경성사기를 대상으로 하여 이루어지고 있다. 그 이유로는 살인사건 등을 동반하는 경성보험범죄는 겉으로 쉽게 표출되고 사회적인 파장이 크기 때문에 연성사기보다는 경성사기에 대한 관심이 많았기 때문이라고 볼 수 있다. 국내에서의 연성사기와 관련한 연구로는 김헌수(2005)의 '보험가입자의 연성 보험사기 행위에 대한 실험분석적 검토'에서 연성 보험사기 행위를 '보험료 사기 행위', '허위입원 사기 행위', '차량수리 과다청구 행위'로 세분하여 각각의 행위에 대해서 확정적 요인분석과 회귀분석을 통해서 분석하는 등 실험분석적인 방법으로 분석이 이루어졌으며 그 외의 국내 연구들은 대부분 경성사기에 관한 연구가 수행되었다.

우리나라에서는 특히 2000년대에 들어 경기침체와 더불어 보험사기가 급격하게 증가하는 추세에 따라 보험범죄와 관련된 연구도 함께 늘어나고 있다. 그러나 아직까지 범죄 형태와 유형, 그리고 문제점 등에 대한 연구가 주를 이루고 있는바, 국가적 차원의 제도적 장치 강화를 통한 효과적 보험범죄 감소방안에 관한 연구는 미진하다고 하겠다. 그 원인은 보험범죄가 대부분 암수범죄로서 겉으로 쉽게 표출되지 않으므로 국내의 연구들이 대부분 연성사기보다는 경성사기를 대상으로 하고 있다는 데서 찾을 수 있을 것이다.

제3장 보험범죄의 현황 및 제도적 특징의 분석

제1절 한국의 보험범죄 실태 및 유형별 사례

1. 국내 보험범죄 현황

1) 일반적 현황

세계시장에서 7위권의 시장점유율을 자랑하는 한국의 보험산업은 지난 사반세기 동안 많은 변화를 겪어 왔다. 1980년대 후반 생명보험 시장의 개방, 90년대 초·중반 우루과이라운드 협상의 타결과 OECD 가입, 그리고 FTA 확대 등으로 우리나라 보험시장의 개방화와 자유화 추세는 지속되고 있다. 외환위기로 인한 금융구조조정으로 대마불사의 개방화와 자유화 추세는 지속되고 있다. 외환위기로 인한 금융구조조정으로 대마불사의 신화가 사라지면서 보험사들의 경영패러다임도 외형위주에서 내실위주로 전환되어 왔다. 2003년 9월 도입된 방카슈랑스, 손·생보 교차판매 허용 등에서 보듯 금융 겸업화가 확산되고 있고, 자본시장통합법의 제정은 그 추세를 가속시키고 있다. 한편 정보통신기술의 발달은 온라인보험사, 홈쇼핑보험과 같은 신채널의 등장, 보상체제의 혁신 등 다양한 경영혁신을 불러오고 있다. 급속한 고령화 추세는 퇴직연금, 민영화의료보험 등과 같은 신규수요를 창출하고 있지만 경제성장률의 하락세가 고착화되고 있어 국내보험시장은 전반적으로 저성장 국면을 탈피하지 못하고 있다.

국내보험시장의 성장세가 둔화된 가운데 IMF 이후 계속 증가하고 있는 보험범죄는 보험시장을 더욱 어렵게 하고 있다. 보험제도는 원칙적으로 우연한 사고에 따른 손실을 보전하는 것을 목적으로 하는데 의도적으로 사고를 발생시켜 이익을 보려는 일부 계약자들이 최근 사회문제를 야기하고 있다. 이러한 보험범죄를 통한 이익의 추구를 가입단계에서부터 차단하는 데 언더라이팅(underwriting)[9]의 질적 수준을 향상시키기 위해 국내의 많은 보험사들이 노력하고 있는 현실이다.

그럼에도 불구하고 2012년 4월 금융감독원이 발표한 자료에 의하면, 2011년도 우리나라 보험사기 적발인원은 72,333명으로 전년(2010) 69,213명에 비해 4.5% 증가하였고, 관련금액은 4,236억 원으로 전년 3,746억 원 대비 13.1% 증가하였다(금융감독원, 2012). 보험사기 적발건수의 증가는 보험업계에서 보험사기 혐의정보의 실시간 분석 및 혐의 확인 등 시의성 있는 대응체계를 구축하고 수사기관과 연계한 지속적인 보험사기 특별단속 실시에 기인한 바도 있겠지만, 보험범죄 특히 보험사기를 노리는 범죄자가 그만큼 증가하고 있음을 반증한다. 이 같은 추세는 최근 몇 년 동안 계속되고 있으며, 겉으로 드러난 통계는 사실상 전체 보험범죄의 일부에 불과하다. 금융감독원에 따르면 2010년 기준 보험사기 총 규모는 약 3조 4,000억 원에 이를 것이라고 한다. 이는 전체 보험사의 연간 보험금 지급액 27조 4,000억 원의 12.4%에 해당될 정도로 엄청난 수준이다.[10] 보험료 누수는 보험사의 주요 수익원인 위험률차익을 나쁘게 만들고 결국에는 보험료 인상으로 이어지게 된다. 이렇게 보험사기로 빠져나가는 보험금 때문에 가구당 20만 원, 국민 1인당 7만 원의 보험료를 추가로 부담하는 결과를 낳고 있다. 따라서 보험료의 상당부분이 부당청구에 기인한 것이라고 볼 수 있다. 결국 보험범죄로 인한 보험금 누수는 수많은 보험가입자들이 낸 보험료가 부당하게 낭비되는 결과를 초래하므로 범정부차원의 대책이 필요하다.

---

9) 언더라이팅이란 보험자가 보험계약의 체결을 위하여 청약자로부터 제시된 리스크를 선택하고 분류하는 일련의 과정을 의미한다.
10) 금융감독원 정례 브리핑 자료, 2012년 4월 25일.

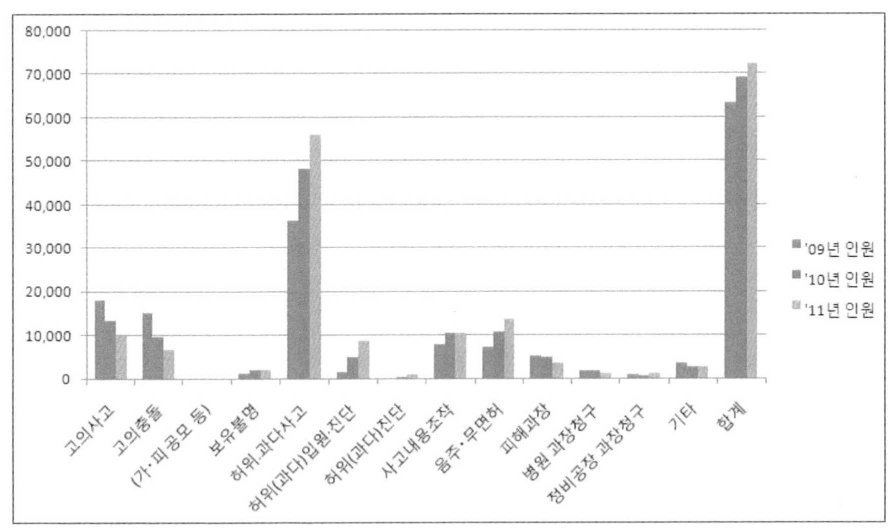

출처: 금융감독원(2012.4.24.).

〈그림 3-1〉 연도별 보험사기 적발인원

　　연도별 보험사기 적발인원은 매년 증가하고 있으며, 2011년에는 고의사고가 9,980명에 달하고, 허위사고는 56,180명에 달하였다.

〈표 3-1〉 보험사기 적발인원 현황

(단위: 명, %, %p)

구분	2009년		2010년		2011년		증감률	
	인원	구성비	인원	구성비	인원	구성비	인원	구성비
고의사고	17,998	28.4	13,395	19.4	9,980	13.8	−25.5	−5.6
고의충돌 (가·피 공모등)	15,290	24.1	9,713	14.0	6,616	9.2	−31.9	−4.8
보유불명	1,293	2.0	2,160	3.1	1,925	2.7	−10.9	−0.4
허위·과다사고	36,296	57.3	48,375	69.9	56,180	77.7	16.1	7.8
허위(과다)입원	1,463	2.3	4,664	6.7	7,821	10.8	67.7	4.1
허위(과다)진단	60	0.1	421	0.6	998	1.4	137.1	0.8
사고내용조작	7,885	12	10,578	15	10,336	14	−2.3	−1.0
음주·무면허	7,404	11.7	10,889	15.6	13,571	18.8	24.6	3.2

	5,428	8.6	4,924	7.1	3,559	4.9	−27.7	−2.2
피해 과장	5,428	8.6	4,924	7.1	3,559	4.9	−27.7	−2.2
병원 과장청구	1,673	2.6	1,842	2.7	1,286	1.8	−30.2	0.9
정비공장 과장청구	917	1.5	703	1.0	1,021	1.4	45.2	0.4
기타	3,638	5.7	2,519	3.6	2,614	3.6	3.8	−
합계	63,360	100	69,213	100	72,333	100	4.5	

출처: 금융감독원(2012.4.24.).

보험사기 적발인원은 2011년 통계에 의하면 72,333명에 달하며, 그 가운데 허위사고가 가장 많은 77.7%를 차지한다. 또한 고의사고가 13.8%, 병원 과장청구가 1.8% 등 여러 가지 수법을 통해 보험사기를 저지르는 것으로 나타났다.

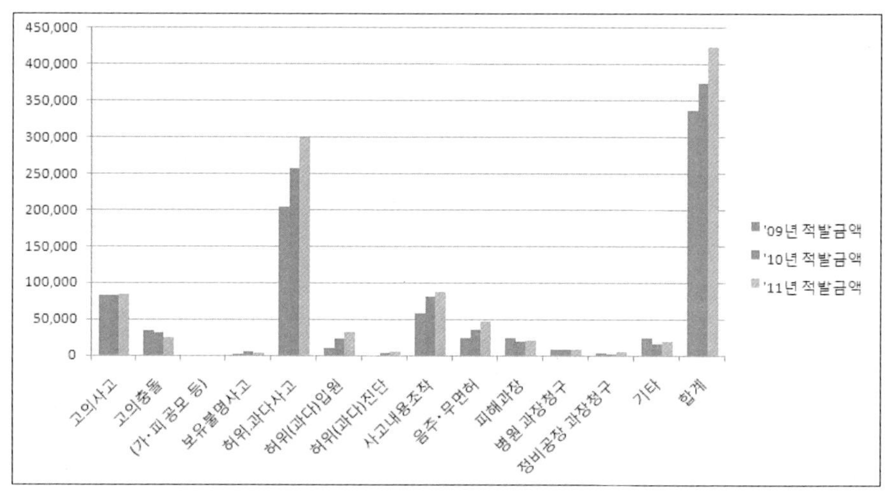

출처: 금융감독원(2012.4.24.).

〈그림 3-2〉 연도별 보험사기 적발금액

〈표 3-2〉 보험사기 적발금액 현황

(단위: 백만 원, %, %p)

구분	2009년		2010년		2011년		증감률	
	적발금액	구성비	석발금액	구성비	적발금액	구성비	적발금액	구성비
고의사고	82,487	24.5	82,529	22.0	84,144	19.9	1.9	−2.1
고의충돌 (가·피 공모등)	34,694	10.3	29,957	8.0	34,474	5.8	−18.3	−2.2
보유불명사고	3,104	0.9	5,596	1.5	3,466	0.8	−38.1	−0.7
허위·과다사고	204,055	60.6	257,016	68.6	298,805	70.5	16.3	1.9
허위(과다)입원	9,804	2.9	22,613	6.0	32,256	7.6	42.6	1.6
허위(과다)진단	826	0.3	3,203	0.9	4,204	1.0	31.2	0.1
사고내용조작	59,327	17.6	81,322	21.7	86,642	20.4	6.5	−1.3
음주·무면허	24,928	7.4	36,324	9.7	47,373	11.2	30.4	1.5
피해 과장	25,448	7.6	19,300	5.2	20,507	4.6	6.2	−0.4
병원 과장 청구	9,636	2.5	7,525	2.0	7,697	1.8	2.3	−0.2
정비공장 과장청구	3,316	1.0	2,000	0.5	4,067	0.9	103.4	0.4
기타	24,731	7.3	15,805	4.2	20,198	4.8	27.8	0.6
합계	336,720	(100)	374,650	(100)	432,654	(100)	13.1	

출처: 금융감독원(2012.4.24.).

2) 보험종류별 현황

생·손보사별 보험사기 적발금액은 손해보험이 3,586억 원(84.7%), 생명보험은 649억 원(15.3%)으로 손해보험이 보험사기의 대부분을 차지하였다. 손해보험은 차량 등을 이용한 고의 보험사고 유발 등 다양한 범행이 용이할 뿐만 아니라, 사고발생 초기에 신속하게 조사가 이루어지므로 보험사기 혐의 확인이 상대적으로 용이한 반면, 생명보험은 사고일로부터 장기간 경과 후 보험금을 청구하기 때문에 보험사기를 구증하기가 용이하지 않기 때문에 적발실적이 부진하다고 볼 수 있다.

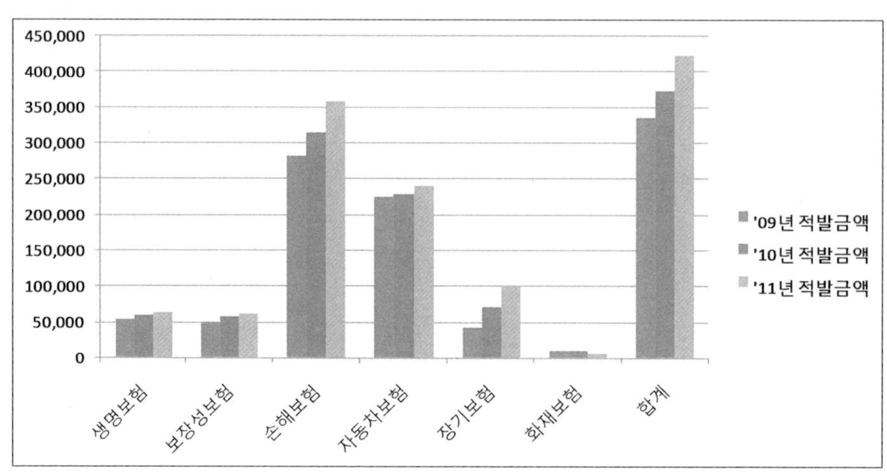

출처: 금융감독원(2012.4.24.).

〈그림 3-3〉 보험종류별 적발금액

적발금액 기준으로는 자동차보험 56.9%(2,408억 원), 생명보험의 보장성보험 14.9%(629억 원), 손해보험의 장기보험 24.3%(1,028억 원) 순이고, 적발인원 기준으로는 자동차보험 74.9%(54,144명), 장기보험 18.8%(13,584명), 보장성보험 5.7%(4,152명) 순으로 적발되었으며, 자동차를 이용한 보험사기는 일상생활에서 발생 가능한 다양한 형태의 사고로 위장하는 것이 용이하여 매년 높은 비중을 차지하고 있음을 알 수 있다.

또한 질병과 상해를 담보로 하는 장기보험과 보장성보험의 비중은 2010년 대비 2.3%P, 1.1%P가 각각 증가하였다.

<표 3-3> 보험종류별 적발금액 현황

(단위: 백만 원, %, %p)

보험종목	2009년		2010년		2011년		증감률	
	적발금액	구성비	적발금액	구성비	적발금액	구성비	적발금액	구성비
생명보험	54,551	16.2	60,109	16.1	64,958	15.3	8.1	−0.8
보장성보험	50,197	14.9	57,949	15.5	62,905	14.9	8.6	−0.6
손해보험	282,169	83.8	314,541	84.0	358,696	84.7	14.0	0.7
자동차보험	226,086	67.1	229,076	61.1	240,835	56.9	5.1	−4.2
장기보험	44,349	13.2	72,945	19.5	102,893	24.3	41.0	4.8
화재보험	10,703	3.2	11,327	3.0	7,481	1.8	−34.0	−1.2
합계	336,720	100	374,650	100	423,654	100	13.1	

출처: 금융감독원(2012.4.24.).

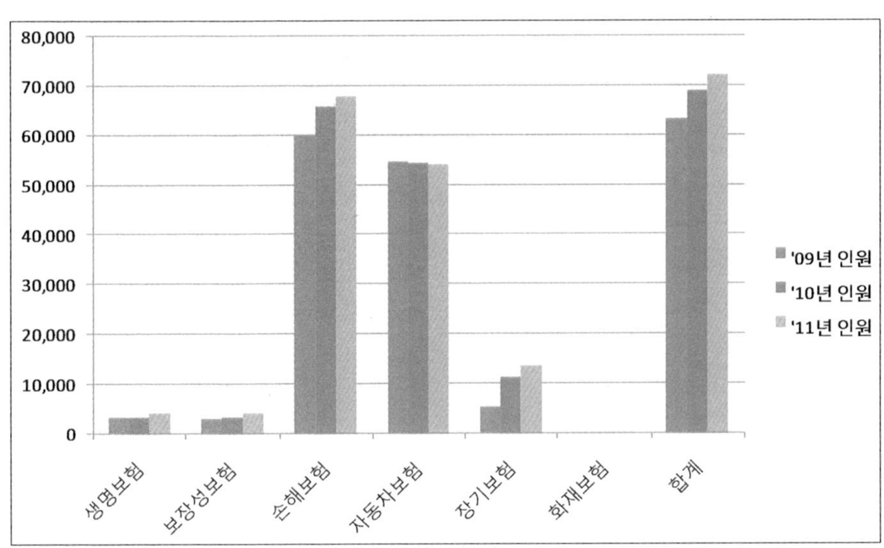

출처: 금융감독원(2012.4.24.).

<그림 3-4> 보험종류별 적발인원

〈표 3-4〉 보험종류별 관련자 현황

보험종목	2009년		2010년		2011년		증감률	
	인원	구성비	인원	구성비	인원	구성비	인원	구성비
생명보험	3,219	5.1	3,290	4.8	4,266	5.9	29.7	1.1
보장성보험	3,109	4.9	3,202	4.6	4,152	5.7	29.7	1.1
손해보험	60,141	94.9	65,923	95.2	68,067	94.1	3.3.	−1.1
자동차보험	54,764	88.4	54,322	78.4	54,144	74.9	−0.3	−3.5
장기보험	5,181	8.2	11,364	16.5	13,584	18.8	19.5	2.3
화재보험	136	0.2	144	0.2	172	0.2	19.4	0.0
합계	63,360	100	69,213	100	72,333	100	4.5	

출처: 금융감독원(2012.4.24.).

3) 적발자별 현황

사기유형별로는 허위·과다 입원 등 허위사고 2,988억 원(70.5%), 가해자 피해자 간 자동차 공모사고 등 고의사고 841억 원(19.9%) 등의 순이었다.

연령별로는 40대가 28.2%(20,374명)로 가장 높고, 30대 25.8%(18,634명), 20대 15.4%(11,166명), 50대 22.3%(16,092명) 순으로 적발되었으며, 특히 10대의 경우 비중은 낮지만 '09년 508명, '10년 586명, '11년 952명으로 10대의 보험사기 비중은 '09년(0.8%) 이후 지속적으로 증가하는 현상을 보이고 있다.

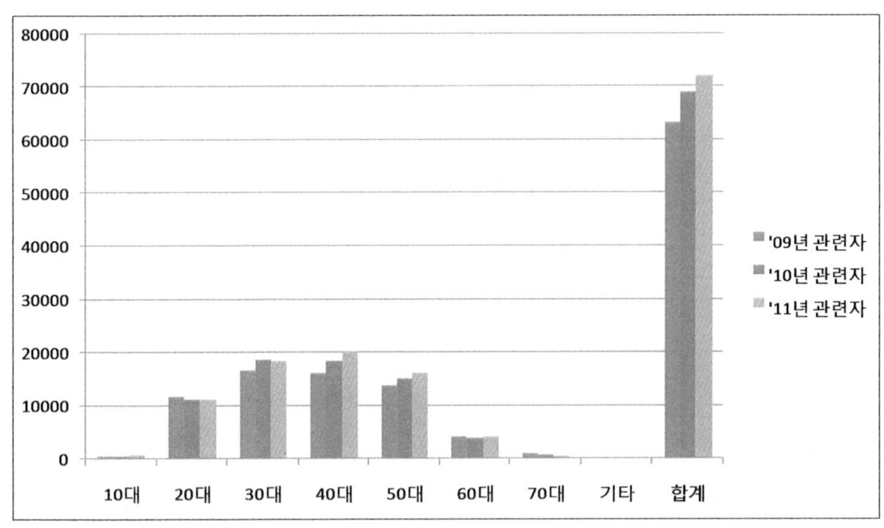

출처: 금융감독원(2012.4.24.).

〈그림 3-5〉 연령별 현황

〈표 3-5〉 연령별 관련자 현황

구분	2009년		2010년		2011년		증감률	
	관련자	구성비	관련자	구성비	관련자	구성비	관련자	구성비
10대	508	0.8	586	0.9	952	1.3	62.5	0.4
20대	11,568	18.3	11,180	16.1	11,166	15.4	−0.1	−0.7
30대	16,628	26.2	18,878	27.2	18,634	25.8	−1.3	−1.4
40대	15,975	25.2	18,505	26.7	20,374	28.2	10.1	1.5
50대	13,590	21.5	15,095	21.8	16,092	22.3	6.6	0.5
60대	4,072	6.4	4,118	5.9	4,332	6.0	5.2	0.1
70대	873	1.4	750	1.1	695	1.0	−7.3	−0.1
기타	146	0.2	101	0.1	88	0.1	−12.9	−
합계	63,360	100	69,213	100	72,333	100	4.5	

출처: 금융감독원(2012.4.24.).

보험사기 관련자를 직업별로 보면 회사원이 전체의 21.2%(15,357명), 무직·일용직이 20.4%(14,746명), 자영업자 10.9%(7,848명) 순으로 나타났다.

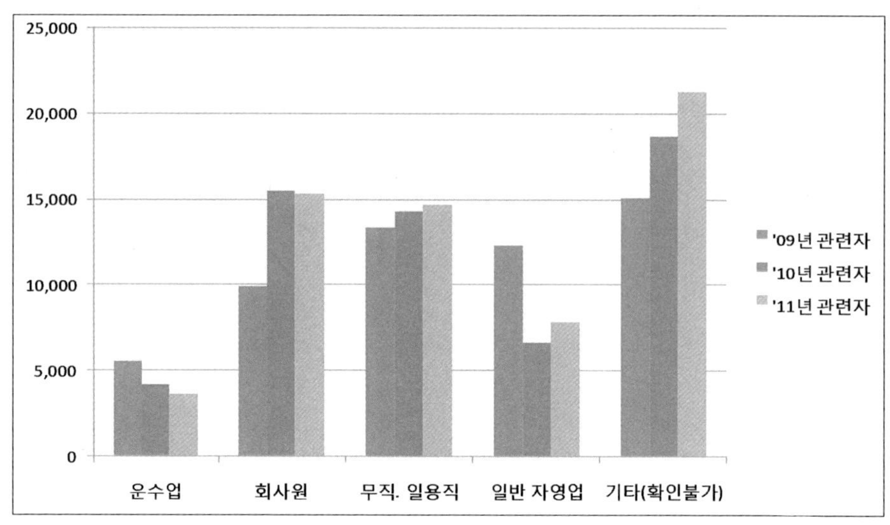

출처: 금융감독원(2012.4.24.).

〈그림 3-6〉 보험사기 관련자 직업별 분포

〈표 3-6〉 보험사기 관련자 직업별 현황

구분	2009년		2010년		2011년		증감률	
	관련자	구성비	관련자	구성비	관련자	구성비	관련자	구성비
운수업	5,554	8.8	4,189	6.1	3,683	5.1	−12.1	−1.0
회사원	9,968	15.7	15,563	22.5	15,357	21.2	−1.3	−1.2
무직·일용직	13,357	21.1	14,360	20.8	14,746	20.4	2.7	−0.4
일반 자영업	12,376	19.5	6,672	9.6	7,848	10.9	17.6	1.2
기타(확인불가)	15,114	23.9	18,745	27.1	21,330	29.5	13.8	2.4

출처: 금융감독원(2012.4.24.).

　다수가 개입된 조직형 보험사기의 적발금액은 2011년도에 426억 원으로 2010년도(427억 원)와 유사한 수준이지만 강원도 태백지역 사례와 같이 다수보험 가입 후 사고발생 빈도, 보험가입 후 사고율, 원격지 입원율 등을 지표화하여 동 지표가 급등하는 등의 이상 징후를 조기에 인지할 수 있도록 지원해 주는 형태의 의사·사무장 등 병원관계자가 보험설계사와 공모하여 다수 피보험자를 연루시키는 사건 유형이 매년 큰 폭으로 증가하는 추세에 있다.

2. 보험범죄의 유형별 사례[11)

1) 일반 보험범죄

(1) 고의 살해사건

〈사례 1〉 보험금 노리고 캄보디아 처 방화살해사건

A씨(당시 45세)는 2010년 3월 18일 오후 9시 30분께 춘천시 ○○동 모 아파트 안방에서 캄보디아 국적의 아내 B씨(당시 23세)에게 수면제를 먹인 뒤 전기히터에 이불 등을 밀착시켜 화재를 유발, 질식사하게 한 혐의를 받고 있다. A씨는 이 사건 직후 아내의 사망보험금 명목으로 1억 2,000만 원을 받았고, 나머지 10억 9,000만 원도 편취하려다 미수에 그쳤다.

2008년 3월 중순경 B씨와 결혼한 A씨는 2009년 4월 말부터 B씨와 한국 에 함께 살면서 그해 9월부터 12월까지 B씨 명의로 6개 보험사의 생명보험 (총 사망보험금 12억 원)을 집중적으로 가입한 것으로 드러났다.

당시 화재사고로 안방에 있던 B씨가 숨지고 내부 16.5㎡가 불에 탔으나 현장 감식결과 직접적인 방화 혐의를 찾지 못해 단순화재로 인한 변사로 종 결 처리되었다.

그러나 부검결과 숨진 B씨의 몸에서 소량의 수면제 성분이 발견되고 6개 보험사들의 문제 제기와 20여 차례에 걸친 화재 재연 시뮬레이션, 보험서류 분석 등 끈질긴 재수사로 1년 만에 덜미가 잡혔다.

---

11) 보험범죄사례 일부는 그간 국내 일간지 등에 게재된 기사내용을 중심으로 재편집하였다.

〈사례 2〉 타인을 살해한 후 자기의 시체로 위장한 사건

피의자 정 씨(당시 41세)는 사업상 1억 원의 채무로 고민하던 중 자신의 명의로 사망 시 2억 5,000만 원의 보험금을 수령할 수 있는 보험에 가입하고 술에 취한 행인을 동승케 하여 자신의 옷, 결혼반지 등으로 동승자를 자신으로 위장한 다음 1995년 10월 충북 청원군 소재 피반령 고개에서 교통사고를 가장하여 차량을 고개 밑으로 추락시키고 차량에 불을 질러 소사케 한 후 자신의 처로 하여금 사망신고를 하여 고액의 보험금을 수령하였다. 2000년 5월에 사망으로 처리된 피보험자가 생존한 사실이 경찰의 불심검문으로 적발되어 구속되었다.

1999년 1월 인천에서 L씨(52세)는 한 달 전 2건의 보험에 가입한 상태에서 술에 취해 공사장에서 잠들어 있던 노숙자를 목 졸라 살해하였다. 그는 사체를 자신의 명의로 빌린 렌터카에 싣고 서울을 빠져나가 원주의 한적한 곳에 도착하여 차에 불을 지르고 다리 아래로 떨어뜨렸다. 차는 전소되고 노숙자의 사체도 알아볼 수 없을 정도로 타 버렸다. 그러나 보험금 4억 원을 지급받기 전에 보험회사의 조사가 시작되고 경찰의 유전자검사 등 사체에 대한 검사가 진행되자 양심의 가책을 느낀 L씨가 경찰에 자진출석하여 자수하였다.

대부분 보험범죄가 모방범죄로서 일찍이 서독에서도 상인 Tetzner가 타인을 살해한 후에 그의 차 속에 넣고 불을 지른 후 사망한 것으로 위장하고 그 부인으로 하여금 보험금을 수취하려다 발각되었고, Saffrau와 그의 공모자 Kipnick은 타인을 살해한 후에 그 사체를 자기 사무실로 가져와 자기의 옷과 장식품을 착용시킨 후 사무실에 방화하여 Saffrau가 사망한 것처럼 위장하려다 적발되었다(도해균, 1999).

〈사례 3〉 여러 생명보험에 가입시킨 후 살해한 사건

2000년 피의자 강 씨(당시 29세)는 거액의 보험금(교통상해보험)을 타 내기 위해 범행대상으로 삼은 옛 직장 동료 김(당시 34세)에게 자신의 애인 김

양(당시 23세)을 소개하여 결혼시킨 후 애인으로 하여금 남편 앞으로 5억 7,000만 원을 수령할 수 있는 5개 회사의 생명보험에 가입케 한 후 애인과 공모하여 살해하였으나, 보험금 수령에 실패하자 범행이 발각될 것을 우려해 애인도 살해한 혐의로 구속되었다.

〈사례 4〉 청부 살해사건

피의자 강 씨는 부인명의로 3억 원 상당의 보상금이 지급되는 보험계약을 체결하고 한 씨(당시 33세)와 김 씨(당시 34세)를 사주하여 아내를 교통사고로 위장하여 살해하려 시도했으나 전치 16주의 중상에 그쳤다.

1997년 인천에서 교통사고를 위장하기 위해 택시운전사에게 부인을 청부 살해하여 보험금으로 2억 6,000만 원을 수령하였다가 적발되었다.

2000년 익산에서 보험설계사로 근무하는 어머니를 통해 2개 사에 교통사고 사망 시 5억 원을 수령하는 보험에 가입, 친구를 시켜 아내를 살해한 후 교통사고로 위장 3억 7,000만 원을 수령하였다가 적발되었다.

〈사례 5〉 가족 살해사건

1998년 부산에서 잠든 여동생의 목에 220V 전류가 흐르는 전기코드를 연결하여 감전사시켰다가(11개 보험회사 수령 시 30~40억 원) 적발되었고, 2000년 완도에서 7개의 상해보험(2억 7,000만 원)에 가입한 후 딸이 수면제를 탄 양주를 아버지에게 마시게 하여 살해한 사건이 발생하였다.

2000년 서산에서는 딸 자매를 피보험자로 6개 보험회사에 교통사고 사망 시 9,500만 원을 수령할 수 있는 보험에 가입 후 딸 자매와 조카 2명을 자신의 승용차에 태운 채 저수지에 고의로 추락시켜 4명을 살해하였다.

(2) 자해사건

〈사례 1〉 마산동부경찰서

무속인인 강 씨가 초등학생 아들의 손가락을 가위로 절단한 후 강도사건
으로 위장하였다가 경찰에 적발되어 구속됨.

〈사례 2〉 서울구로경찰서

슈퍼마켓 주인 정 씨는 20건의 보험에 가입, 1급 장애 판정 시 20억 원
(월 보험료 130여만 원)을 타기 위해 택시기사와 공모하여 자신의 양 발목을
절단(5,000만 원 대가로)하여 강도사건으로 위장하였으나 보험금을 노린 자
작극으로 확인됨.

〈사례 3〉 서울지방검찰청 북부지청

충남 천안에서 정육점을 운영하는 황 씨는 2차례에 걸쳐 고의로 자신의
손가락 4개를 절단한 뒤 사고로 위장 보험금을 청구하여 3억 8,000만 원의
보험금을 수령하였다가 적발됨.

〈사례 4〉 부산동래경찰서

생활고에 시달려 5개 사의 보험에 가입하고 택시기사인 손 씨는 자신의
왼쪽 발목과 왼쪽 손가락을 철로에 묶고 절단 후 강도사건으로 위장하였으나
보험금(일시금 1억 5,900만 원 및 60세까지 연금 지급)을 노린 자작극으로
확인됨.

〈사례 5〉 충북옥천경찰서

10억 원대의 5개의 상해보험에 가입한 김 씨는 보험설계사와 공모하여 자
신이 운영하는 정육점에서 전기톱으로 왼쪽 손가락 4개를 잘라 강도사건으
로 위장하여 보험금 3억 8,000만 원을 수령하였다가 적발됨.

(3) 허위입원으로 보험금 및 요양급여비 편취 보험사기

〈사례 1〉 허위 입·퇴원확인서를 발급받아 보험금 부당 지급받는 등 보험
사기사건

지역인구 감소와 시설·장비 노후 등으로 환자가 줄어들자 병원의 경영악화로 인한 타계책의 일환으로 소위 차트환자를 유치하거나 통원치료 가능환자를 허위로 입원시켜 건강보험공단에 부당 청구하는 방법으로 요양급여비 17억 1,000만 원을 편취한 A지역 3개 병원 원장 및 사무장 등 7명과 '07년 1월부터 '11년 3월까지 경기 침체에 따른 가정경제의 어려움 등으로 보험금을 노리고 전·현직 보험설계사 주도하에 대부분 일상생활에서 일어나는 단순 염좌상 등으로 충분히 통원치료 가능함에도 형식적 입원치료 후 실제 장기 입원치료를 받은 것처럼 허위의 입·퇴원확인서를 발급받아 보험금 140억 원을 부당 지급받은 전·현직 보험설계사 72명을 포함 403명 등 총 410명을 보험사기 혐의로 검거했다.

〈사례 2〉 사무장병원의 사무장, 의사, 브로커 등이 연루된 조직적 보험사
기사건

손 씨는 보험에 집중 가입 후 2007년 2월부터 지난해 5월까지 허위 또는 과다 입원치료를 받고 148회에 걸쳐 1억 3,000여만 원의 보험금을 타 낸 혐의를 받고 있다.

나 씨는 지난 2010년 5월 의료기관 개설자격 없이 위장 의료법인을 설립한 후 병원을 개설한 혐의다. 또 2010년 6월부터 지난해 11월까지 5,740만 원의 병원 수익금을 횡령한 혐의도 받고 있다.

사무장이 고용의사로부터 면허를 대여받아 의사 명의로 병원을 개설하는 방식을 썼다. 또 위장 의료법인(기본재산 등을 사채업자로부터 빌려 허가요건 충족 후 즉시인출, 사채업자에게 갚음)을 설립해 그 의료법인 명의로 병원 개설 후 의사들을 고용하는 방식을 사용하였다.

이 사건은 비의료인이 의사, 보험설계사와 짜고 허위 입원환자를 대거 입원치료한 것처럼 꾸며 보험금, 요양급여를 청구한 사실을 밝혀낸 최초의 사례이다.

〈사례 3〉 한방병원과 공모, 보험금을 편취한 허위 입원환자 등 보험사기사건

경미한 환자를 병원에 가짜로 입원시키는 방법으로 민영보험금 14억 원과 건강보험금 3억 원가량을 편취한 혐의로 B한방병원 김 모 원장과 핵심 브로커 2명을 구속하고 허위 입원환자 홍 모 씨 등 73명을 불구속했다. 김 원장은 브로커로부터 소개받은 환자의 휴대폰을 병원에 보관하면서 외부에 있는 환자의 가족이나 지인들과 통화해 환자의 알리바이를 조작해 주고 허위 입원확인서를 발급해 줬다.

병·의원이 직간접적으로 개입된 보험사기가 확산되는 추세다. 금융감독원이 발표한 상반기 보험사기 적발현황에 따르면, 올 상반기에 보험사기로 적발된 사람이 3만 529명으로 지난해 동기 대비 31.5% 증가했다. 이들이 타 낸 보험금은 1,844억 원으로 전년보다 249억 원 늘었다.

사기 유형별로는 사고를 조작한 허위사고가 1만 106명(642억 원)으로 가장 많았지만, 상해나 질병담보 보험가입자가 가벼운 피해를 부풀려 타 낸 보험금도 223억 원으로 1년 전보다 92.4%나 증가했다. 또 병원이나 정비업체 등과 공모해 치료비와 수리비를 허위·과장 청구한 금액도 44억 원으로 109.5% 늘었다. 보험종목별로는 자동차보험 피해금액이 1,082억 원으로 지난해 같은 기간보다 19.3% 증가했다. 이는 전체 피해금액의 58.7%나 됐다.

자동차보험이 그만큼 보험사기에 무방비로 노출돼 있다는 의미이다. 특히 경미한 피해를 과장해 보험금을 타 내거나 치료비를 허위·과장 청구한 금액이 대폭 증가하고 있다는 것은 여전히 과잉진료가 많다는 반증이다.

(4) 허위 분실스마트폰 해외 밀수출한 보험사기사건

스마트폰을 분실했다고 허위 신고한 뒤 보상은 보상대로 받고, 단말기는 해외로 빼돌린 전문 폰테크 일당이 경찰에 붙잡혔다. 스마트폰 분실보험을 악용해 100대가 넘는 단말기를 보상받아 내다 판 혐의(사기)로 강 모 씨(32)와 휴대전화 대리점 주인 이 모 씨(44) 등 8명을 경찰이 불구속 입건하였다.

또한 경찰은 허위로 분실신고를 하고 새로 받은 스마트폰을 이들에게 넘긴 정 모 씨(32) 등 66명도 같은 혐의로 입건하고 장물업자인 홍콩인 J씨 등 6명을 지명수배하였다.

스마트폰 보험사기 총책인 강 씨 등은 지난 5월부터 8월까지 돈이 궁한 대학생이나 중국인 유학생 등의 명의로 스마트폰을 개통한 뒤, 이를 분실했다고 허위 신고하고 보험회사에 분실보험에 따른 보상을 청구하는 수법으로 새 단말기 128대(시가 약 1억 원 상당)를 빼돌린 혐의를 받고 있다.

강 씨 등은 스마트폰 명의자에게 20만~50만 원을 주고 보상 단말기를 사들인 뒤, 홍콩인 J씨 등에게 100만 원 넘게 되팔아 차익을 챙긴 것으로 밝혀졌다. J씨 등 해외 장물업자를 통해 외국으로 밀수출된 단말기는 국내에서는 분실신고 된 스마트폰이지만, 중국에서는 유심칩만 바꿔 끼운 채 사용되었다. 또한 이들은 국내 체류 중인 중국유학생들을 상대로 스마트폰을 개통시키고, 이들이 보상받은 새 스마트폰은 대당 20~30만 원에 재매입해 국내 체류 파키스탄 무역업자에게 판매하기도 하였다.

이들은 스마트폰을 한 번에 두 대씩 개통하고 거의 사용하지 않은 채 2~3일 만에 분실신고를 한 점을 수상히 여긴 보험회사의 수사 의뢰로 결국 덜미가 잡혔다. 특히 이들은 가입자 1인당 1년에 스마트폰을 2대까지 개통할 수 있고 분실신고도 2회까지 할 수 있어 결국 1인당 최대 6대까지 확보할 수 있다는 현행 업계 정책을 악용한 것으로 조사됐다.

'폰테크'라는 이름으로 스마트폰 보험사기가 널리 퍼지면서 보험료와 자기부담금이 1년 사이에 배 이상 올랐으며 분실이나 도난 신고가 진짜인지 확인하기 위해 보험사와 통신사가 대책을 마련할 필요가 있다.

(5) 브로커 개입된 대규모 새터민(북한이탈주민) 보험사기사건

새터민 출신 보험설계사가 생활 형편이 어려운 새터민들과 짜고 거액의 보험금을 편취한 사례로 탈북 당시의 질병을 숨기고 브로커(보험설계사)를 통해 다수의 보험에 가입한 다음, 병원에 허위 입원하는 방법으로 32개 보험사로부터 보험금 30억 원을 편취한 새터민 230명을 적발하고, 핵심브로커 2명을 포함해서 고액의 보험금을 편취한 11명이 구속되었다.

새터민 출신 보험설계사들은 한국국적 취득 이전의 병력이 조회가 어려운 점을 이용해 생활여건이 어려운 새터민에게 접근, 보험가입을 권유하고 입원보험금이 지급될 때까지의 보험료를 대납해 주었다.

피보험자인 새터민들은 1종 의료급여 수급자로, 대부분의 병원 진료를 무료로 받을 수 있기 때문에 치료비·입원비 보장을 위한 보험상품에 가입할 필요가 없다. 게다가 정부지원금 외에는 일정한 수입이 없어 대부분 보험료 납입 능력이 없는데도, 여러 개의 보험 계약에 집중적으로 가입(평균 5건)해 최대 90만 원의 월 보험료를 납입한 것으로 나타났다.

이 과정에서 생활여건이 어려운 새터민들은 '보험을 통해 쉽게 돈을 벌 수 있다'며 접근한 브로커의 권유를 받고 별다른 죄의식 없이 보험사기에 가담하였다.

(6) 외국인 가족단위 보험사기사건

보험 가입자들을 가족단위로 병원에 허위 입원시킨 보험설계사 및 보험금을 챙긴 중국동포, 이들을 허위 입원시키고 요양급여비를 챙긴 의사 등이 무더기로 적발되었다.

보험설계사 김 씨는 지난 2009년 3월부터 2011년 3월까지 권 씨 등에게 "입원 일비·간병비 등 보장성이 좋다"며 다수의 보험상품에 가입시키고는 평소 알고 지내던 병원 관계자들과 공모, 이들을 가족 단위로 허위 입원시켜 보험금 3억여 원을 지급받게 한 혐의다. 김 씨는 허위 입원한 보험가입자들에게 보험금을 받도록 한 뒤 이들로부터 다른 보험고객들을 소개받아 보험에 가입시킨 뒤 보험수당을 챙긴 것으로 조사되었다.

의사 김 씨와 간호사 등은 진료기록부 및 간호일지 등을 허위로 기재, 권 씨 등이 정상적으로 입원 치료한 것처럼 꾸며 보험공단으로부터 요양급여비 등 3,200여만 원을 받은 것으로 조사되었다.

경제적으로 어려운 중국 동포들이 허위 입원 등으로 손쉽게 보험금을 지급받기 위해 가족 단위로 보험에 가입 및 입원해 보험금을 허위로 수령하였고 병원 측에서 허위 입원 등을 막을 수 있지만 병원 사정이 어려워지면 이 같은 유혹에 쉽게 넘어갈 수 있으며, 의사들이 진료기록부를 허위 기재하더라도 자격정지 1개월의 행정처분 외 형사처벌의 법적 근거가 없어 이에 대한 대책마련이 필요하다.

2) 자동차 관련 보험범죄

(1) 교통사고 시 관련 없는 자를 끼워 넣어 보험금 부당청구 행위

혐의자 김○○는 부동산업체에 종사하는 자로, 2004년 8월 1일 경기 파주시 광탄면 도로에서 경기58마6×××호 포텐샤를 운행 중 교통사고가 발생하자 사실은 사고당시 차에 없었던 조○○을 차에 타고 있었던 것처럼 끼워 넣어 문산 ○○정형외과에서 치료를 받게 한 후 허위진단서를 발급받아 삼성화재보험사로부터 18,102,650원을 부당 편취한 사실이 확인되었다. 또한, 이들은 '02년 12월부터 '04년 8월까지 같은 방법으로 수차례에 걸쳐서 총

93,702,570원의 보험금을 부당하게 편취한 사실로 적발되었다.

(2) 교통사고 위장 보험대리점, 설계사의 공모 고의사고

〈사례 1〉

혐의자 홍○○ 등 32명은 같은 보험회사의 보험대리점 및 설계사, 계약자 및 이들이 진료받은 병원관계자 등 지인관계인 자들로서 교통사고를 위장하여 보험금을 편취하기로 공모한 후, 특정설계사에게 총 56개의 상해보험 등에 가입하여 총 13회의 고의교통사고를 유발, 총 1억 7,500만 원의 보험금을 부당하게 편취하였고, 이 중 홍 모 씨 등은 교통사고 당시 탑승하지 아니한 공범 2명을 마치 동승한 것처럼 허위 신고하여 보험사로부터 합의금 등을 청구하는 수법으로 총 6회에 걸쳐 5,000만 원의 보험금을 편취한 뒤 병원장 박○○ 등은 이들과 짜고 허위 입원시킨 뒤 진료기록을 허위로 작성하거나 허위진단서 등을 발급하여 보험금 편취를 도와주고 진료비 명목으로 총 2,500만 원 상당의 보험금을 편취하였다.

〈사례 2〉

혐의자 김○○ 등은 대부분 서울 ○○동 소재 고등학교를 졸업한 선후배 및 동창인 자들로서, 교통사고를 위장하여 보험금을 편취하기로 공모한 후, 외국계 보험회사의 경우 가입이 쉽고 교통사고 시 정확한 조사 없이 보험금을 지급해 준다는 약점을 이용, '07년 1월경부터 '08년 3월경까지 일방통행로, 편도 1차로 등에서 고의 또는 허위로 교통사고를 내고, 보험사로부터 입원치료비 등의 명목으로 보험금을 타 내는 수법으로 총 100여 회에 걸쳐 총 4억 원 상당의 보험금을 편취하였다.

〈사례 3〉

서울 방배경찰서는 최근 외제차 동호회 회원들끼리 짜고 고의로 교통사고를 낸 뒤 수억 원대의 보험금을 가로챈 혐의(보험사기 등)로 동호회 전 회장 이 모 씨(38) 등 23명을 불구속 입건하였다.

이 씨 등은 2007년부터 2012경까지 외제차 동호회 회원들과 공모해 교통 사고를 낸 뒤 허위로 신고하는 등의 수법으로 35회에 걸쳐 3억 5,000만 원 상당의 보험금을 가로챈 혐의다. 이들은 동호회 회원들끼리 가해자와 피해자 역할 분담을 하고 법규위반 차량에 사고를 내는 등의 치밀함을 보인 것으로 드러났다. 이 씨 등은 사고를 낸 뒤 도주차량으로 신고, 상대 운전자를 협박 하는 대범함도 보인 것으로 조사되었다. 이 씨 등과 짜고 차를 빌려준 뒤 대 여기간을 조작하는 등의 수법으로 2억 1,000만 원 상당의 보험금을 받아 챙 긴 외제차 렌트 업주 20명도 불구속 입건됐다. 이들은 이 씨 등에 빌려준 차 량의 대여기간과 차종을 조작, 보험사에 허위로 렌트비를 청구한 것으로 확 인되었다.

한편 이 씨 등과 공모해 허위로 차량 견적서 등을 작성해 준 자동차 공업 사 직원 2명과 렌터카 업체에 사고운전자들을 소개해 주고 대가로 2,000만 원을 받아 챙긴 모 공제조합 직원 8명도 불구속 입건되었다.

〈사례 4〉

서울강동경찰서는 '99년 8월부터 '11년 8월까지 서울시내 전역에서 고급승 용차(오피러스)를 이용 신호위반, 중앙선침범 등 법규위반차량을 고의 교통사 고를 내고 이들에게 경찰서에 신호위반 등으로 신고하겠다고 협박하여 합의 금 및 보험처리를 요구하는 수법으로 총 98회에 걸쳐 S손해보험 등 16개 보 험사로부터 3억 원 상당의 보험금을 상습적으로 편취한 정 모 씨(36세) 형제 를 검거하였다.

이번 사건은 고의 교통사고 후 차량 내 설치된 블랙박스(운전석, 조수석, 후방) 동영상을 이용, 교통법규위반 운전자의 형사처벌 등 불안심리를 악용 하여 주로 보험사에만 사고를 접수토록 유도하였고, 보험사에서 보험지급을 미루거나 거절 시 블랙박스를 활용, 금융감독위원회에 민원을 제기하는 방법

으로 보험금을 쉽게 수령하였으며, 개인의 단독범행이 아닌 가족들도 보험범
죄에 동원된 사실이 확인되는 등 범죄수법이 갈수록 조직화·지능화되는 보
험범죄의 실상을 잘 보여 주고 있다.

〈사례 5〉

46살 박 모 씨는 지난 1996년부터 자신의 가족을 무참히 살해해 교통사고
로 위장해 보험금을 타 낸 범죄를 저지른 장본인이다.

첫 범행 대상자는 자신의 아내로 1996년 10월 6일 밤 10시쯤, 경주도 양
주시의 한 주차장에 박 씨의 세이블 승용차가 서 있었다. 이 승용차 안에서
살인이 일어났다. 박 씨가 주변을 살피는 동안 박 씨의 후배인 전 모 씨가
조수석에 앉아 있던 당시 박 씨의 아내였던 김 모 씨의 목을 졸라 살해하였
다. 박 씨는 죽은 아내를 그대로 조수석에 태우고 세이블 승용차를 몰기 시
작했다. 그리고 박 씨의 후배인 전 씨는 자신의 승용차를 타고 이동했다. 이
두 승용차는 인근에 있는 봉양삼거리에서 서로 충돌하는 교통사고를 고의로
일으켰고, 박 씨가 사주해 후배의 손에 살해된 박 씨의 아내는 교통사고로
사망한 것으로 처리되었다. 이 사고의 가해자는 전 씨. 전 씨가 가입한 자동
차보험에서 사망 합의금과 상해 의료비 명목으로 1억 4,500만 원 상당의 보
험금이 박 씨에게 지급되었고, 남편에게 법적 상속권이 있기 때문에 박 씨가
이 보험금을 수령한 것이다.

두 번째 대상은 자신의 친동생이었다. 박 씨는 1998년, 당시 28살이었던
자신의 친동생을 죽여 보험금을 타기로 마음을 먹었다. 1998년 7월 15일, 박
씨 자신을 보험금 수익자로 한 동생 명의의 생명보험 3개를 가입했다. 1998
년 9월 8일, 동생이 타고 다니던 고급 대형차를 오래된 중고 중형차로 바꿔
주었는데, 그 대형차에는 에어백이 장치돼 있었기 때문이었다.

열흘쯤 지난 1998년 9월 19일, 박 씨는 자신이 바꿔 준 중고 중형차 안에
서 동생을 살해한다. 그리고 죽은 동생을 옆에 태운 채 중앙선을 침범해 건
너편 차로에 있는 프라이드를 들이받아 결국 형의 손에 죽은 동생은 또 이

교통사고로 사망한 것으로 처리된다. 그래서 동생을 죽이기 전에 가입해 놓은 생명보험 3개에서 모두 6억 원의 보험금을 받아 낸다. 보험료를 낸 사람도 차를 산 사람도 박 씨였다.

세 번째 대상은 재혼한 아내의 동생이었다. 2006년 2월에서 3월 사이 박 씨는 처남 이름의 생명보험 3개를 또 가입했다. 그리고 손아래 동서인 41살 신 모 씨를 끌어들였다. 2006년 4월 13일, 아파트 상가 앞에서 처남에게 수면제를 탄 음료수를 먹인 후, 둔기로 내리쳐 살해한 후 처남을 태우고 박 씨의 승용차로 다리 교각을 들이받는다. 살해된 박 씨의 처남은 교통사고 사망자로 처리됐고, 박 씨는 처남이 든 보험에서 나온 보험금 12억 5,000만 원을 받아 챙겼다.

처남을 살해하기 1년 전, 미수에 그친 경우도 있었다. 인터넷 게임을 통해 만난 내연녀의 남편을 범행대상으로 삼았다가 미수에 그쳤다. 내연녀의 남편에게 수면제를 먹인 이후, 내연녀의 남편을 차로 치어 살해할 계획이었는데 당시 박 씨와 공모한 동서인 신 씨가 범행 직전 심적 동요를 일으켜 핸들을 꺾으면서 내연녀의 남편은 목숨을 잃지는 않았다. 하지만, 사고 이후 2년 동안 병원에서 치료를 받아야 했고 5급 장애 판정까지 받았다.

그런데 이상한 점이 있다. 먼저, 보험금 지급 문제다. 3건의 교통사고로 위장한 살인사건 모두 박 씨가 운전을 했는데 박 씨는 멀쩡하고 박 씨의 동승자들만 사망한 것이다. 그리고 동승자들은 목이 졸렸고 둔기로 맞아 사망했다. 조금만 의심해 보고 사인을 조사했다면 충분히 보험금 지급이 이뤄지지 않고 미리 박 씨의 극악무도한 행위도 막을 수 있었을 것이다.

(3) 차대번호 각 변조 후 매각 또는 밀수출 사례

'05년 7월 조사대상차량을 현장 조사 중 차대번호가 변조된 차량을 추적 조사한 결과, '02년 3월 경기도 의정부시에서 도난된 차량으로 ○○손해보험사에서 피보험자에게 2,000만 원이 지급되었던 차량임이 확인되었다. 그러나 동 차량에 부착된 차량번호는 '02년 1월 전손사고로 ○○손해보험사에서 모 공업사에 잔존물로 매각된 차량인 사실이 확인되었고, 변조과정을 추적한 결과, 차대번호 각자를 변조한 공업사 및 절도책 등 관련자를 적발하여 수사를 의뢰하였으며 수사결과, 이들은 도난차량에 다른 차대번호를 각인하거나, 지인명의로 신조차를 구입한 뒤 도난차량으로 '쌍둥이차량'을 만들어 수출까지 하였던 것으로 확인되었다.

(4) 자동차 정비업소의 차량수리비 부당청구 사례

〈사례 1〉

혐의자 김○○ 등은 각각 자동차공업사 및 부품상을 운영하는 자들로 차량 수리 시 재생, 위조부품으로 차량을 수리한 후 정품부품을 사용한 것처럼 속여 보험회사로부터 부품대금을 편취하는 수법으로 손해보험사들로부터 총 6억 7,000만 원 상당의 보험금을 수령하여 정비공장, 부품상 각각 8:2의 비율로 나누어 편취하였다. 또한, 이들은 '06년 1월부터 '06년 9월까지 1,374회에 걸쳐 3,669개의 부품을 실제 교환하지 않았음에도 이를 교환한 것처럼 허위로 청구하거나, 못 등으로 차량을 긁은 후 가해자 불명의 사고로 가장하여 전체 도색을 하도록 하는 수법 등으로 총 2억 9,500만 원의 보험금을 부당하게 편취한 사실이 확인되었다.

〈사례 2〉

불도저 차주 A씨(49)는 지난 2008년 9월경 900만 원에 달하는 불도저 부품이 파손되는 사고를 겪었다. 운전기사가 충남 서산의 공사 현장에서 암석을 밀어내는 공사를 하던 중 발생한 일이었다. 다행히 4개월 전에 모 보험사에 중장비안전보험에 가입한 터라 수리비는 보험료로 대체할 수 있었다.

하지만 A씨의 계산은 여기서 끝나지 않았다. 매년 최대 1,000만 원씩 납입하는 중장비안전보험료가 아깝다고 느꼈던 그는 사고를 기회 삼아 수리비를 부풀려 청구하기로 한 것. A씨는 B중장비수리업체로부터 900만 원 상당의 부품 수리비를 2,600만 원까지 부풀린 견적서를 받았고, 이를 이용해 보험금을 받아 냈다. 실수리비를 제외한 1,000여만 원의 돈은 불도저 할부비용과 직원 월급에 충당했다.

서울지방경찰청 광역수사대는 A씨처럼 멀쩡한 중장비 부품을 일부러 낡은 것으로 교체하거나, 수리비용을 부풀려 보험금을 허위·과다 청구해 수십억 원을 받아 낸 혐의로 중장비 차주 44명을 검거, 2명을 구속하고 나머지를 불구속 입건했다. 이들은 지난 2006년부터 지난 1월까지 정상부품을 떼어 놓고 고장 난 부품으로 교체해 보험금을 청구하는 '바꿔치기', 멀쩡한 제품을 고장 난 것처럼 위장해 허위 보험금을 청구하는 '허위 청구', 부품이 고장 난 경우 다른 노후 부품까지 고쳤다며 보험금을 청구해 '덤으로 고치기'수법 등을 이용해 총 20억 원 상당을 받아 챙긴 혐의를 받고 있다.

이들은 중장비안전보험금이 연간 500~1,000만 원으로 가격이 매우 높은 데 비해 생명·화재 보험과 달리 소멸되는 것이 아깝다는 생각에 이 같은 범행을 저질러 왔다고 밝혀졌다. 이들은 부품을 판매하는 공업사, 손해액을 판단하는 손해사정인과 공모해 보험금을 허위·과다 청구했던 것으로 전해졌다.

경찰은 이들이 중장비안전보험이 다른 보험 상품과는 달리 보험사 간의 사고 정보공유가 허술하다는 점을 악용했다고 밝혔다. 구속된 C씨(44)의 경우는 이런 허점을 노리고 2년간 무려 6회 이상 보험료를 허위 청구해 8,000만 원 상당을 가로챈 것으로 전해졌다.

중장비안전보험은 다른 보험 상품에 비해 취급하는 보험사도 많지 않고 사고 정보도 공유가 되지 않는 현실이라 금감원과 각 보험사와 협조해 중장비 보험 정보에 대한 공유시스템을 구축하는 방안이 필요하다.

(5) 조직적인 위장 교통사고 보험사건 사례

〈사례 1〉

혐의자 이○○(25세, 무직, 폭력행위 등 12범) 등은 폭력조직 "양○○파" 행동대원으로서, 대전광역시 동구 자양동 소재 ○○PC방 등지에서 용돈이 궁한 하부 조직원 및 추종하는 후배 등을 규합하여, 고의로 사고를 야기하는 "충돌차량조"와 차로상에 정차하여 중앙선침범을 유도하는 "유도차량조", 보험처리 및 형사합의를 주도하는 "합의조", 아르바이트생을 모집하는 "모집조"로 구성하였다.

혐의자 **이○○, 김○○, 박○○, 윤○○, 강○○, 최○○, 정○○**은 2000년 12월 20일 01:00경 대전시 동구 자양동 소재 환상PC방에서 김○○은 "충돌 차량조", 이○○은 "유도차량조", 박○○ "합의조", 윤○○, 강○○, 최○○, 정○○은 "탑승조"로 각 역할을 분담하고, 행동요령을 숙지한 후, 중앙선이 설치된 편도 1차로상에서 중앙선침범을 유도하여 고의로 충돌하는 위장교통사고를 야기하여, 교통사고의 피해자로 보험금 및 형사합의금을 갈취하기로 공모하고, 2000년 12월 20일 02:00경 대전시 동구 가양동 소재 현대페인트 앞 중앙선이 설치된 편도1차로에서 좌측골목에 "충돌차량조" 김○○이 운전하는 대전31가○○○○호 소나타 승용차량에 "탑승조" 윤○○, 강○○, 최○○, 정○○을 태우고 정차대기하고, 유도차량조 이○○는 대전30러○○○○호 그랜저 승용차량을 운전하여 차로상에 비상등을 켜고 정차하고 있을 때, 피해자 강○○(당시 45세, 상업)이 대전80다○○○○호 차량을 운전하여 진행 중인 것을 발견한 "유도차량조"가 "충돌차량조"에게 휴대폰으로 "준비"하고 대전80다○○○○호 차량이 정차한 유도 차량을 피하여 중앙선을 넘어 진행할 때, 그 시각에 맞추어 "출발"하는 신호를 하면 그 신호에 따라 "충돌차량조"가 우회전하면서 전면 범버등으로 중앙선을 침범한 상대차량의 전면 범버 등을 고의로 충돌하고, 차로상에 정차한 "유도차량조"는 사고가 발생함과 동시에 진행하여 도주하는 수법으로 위장 교통사고를 야기한 후, 나○○ 정

형외과에 입원하고, 같은 달 22일 15:00경 (주)○○화재해상보험 대전보상센
터에 각 피의자가 피해자인 것처럼 진단서, 견적서, 합의서를 제출하여 위
보험회사로부터 치료비, 차량수리비, 조기합의금 명목으로 11,413,750원 상
당의 보험금을 교부받아 편취하였다.

　피해자 강○○이 중앙선을 침범하는 중과실로 교통사고를 야기한 것으로
관할 경찰서에 신고하여 교통사고처리특례법위반(중앙선침범)으로 형사처벌
(벌금 200만 원) 및 면허행정처분을 받게 하고, 형사합의금 300만 원을 갈취
하는 등 '99년 5월~'01년 3월까지 중앙선침범유도 및 일방통행로 역주행 차
량을 고의로 충돌하는 수법으로 총 51회에 걸쳐 위장교통사고를 야기하여
약 4억 3,000만 원 상당의 보험금편취 및 형사합의금을 갈취하였으며, 초기
수법으로는 중고차량을 구입하여 단기종합보험(2개월)에 가입한 후, 위장사고
를 야기하여 보험금을 편취하는 일명 "종합빵"으로써, 피의자가 서로 짜고
고의로 추돌하는 수법, 불특정 영업용택시를 승차케 한 후 고의로 추돌하는
수법, 다인승 승합차량(카니발 등)을 이용하여 탑승자 끼워 넣기 수법, 레커
이용 폐차 직전 차량 사고지점 이동시켜 고의로 충돌하는 수법 등으로 보험
금을 편취하였으나 사고횟수 증가로 보험숫자 인상, 면허 벌점 등으로 부담
을 느끼게 되자, 폭력조직의 조직성을 발휘하여 각 역할 분담 및 사고 시 행
동요령까지 숙지한 후 상대운전자가 항변하지 못하는 11개항 위반 교통사고
를 야기한 후 현장에서 합의가 되지 않으면 경찰에 신고하여 형사처벌 및
행정처분을 받게 한 후 보험금을 편취하고 형사합의금까지 갈취하는 일명
"보험빵"으로써, 심야에는 중앙선이 설치된 편도 1차로 도로에서 탑승자를
태운 "충돌 차량조"가 좌측 골목에 정차대기하고 있고, 차로상에 "유도 차량
조"가 비상등을 켠 채 정차하고 있다가 후속하는 차량이 정차한 유도차량을
추월하여 진행하고자 중앙선을 넘어 진행하면 좌측 골목에 정차 대기한 "충
돌 차량조"가 우회전하면서 중앙선을 침범하여 진행 중인 차량을 고의로 충
돌하고, "유도 차량조"는 도주하는 수법으로 중앙선침범을 유도하는 위장사
고를 야기하고, 주간에는 시내일원 일방통행로가 설치된 장소에서 좌우측 골

목에 탑승자를 태운 "충돌 차량조"가 정차대기하고 있고, 일방통행로 시작 지점 등에 "신호조"가 대기하고 있다가 일방통행로를 역주행하는 차량을 발견한 "신호조"의 신호에 따라 "충돌 차량조"가 고의로 충돌하는 수법으로 위장사고를 야기한 것이다.

이러한 유형별 사례를 종합적으로 살펴보면, 범죄 유형이 점차 지능형으로 바뀌고 있음을 알 수 있다. 따라서 날로 지능화하고 있는 보험범죄에 효과적으로 대응하기 위해서는 보험범죄 수사 및 조사 기법도 이에 대응하여 과학화·체계화되어야 할 것이다.

〈사례 2〉

가해차량·피해차량으로 나누어 서로 짜고 고의 교통사고를 야기하거나 법규위반 차량을 상대로 교통사고를 야기하는 수법으로 보험금 2억 1,000만 원을 편취한 대리운전기사 및 택시기사 등 보험사기 피의자가 검거되었다. '07년 6월 2일 12:50경 목포시 상동 호반리젠시빌 아파트 앞 사거리에서 공범인 임 모 씨가 운전한 영업용 택시 차량에 4명이 탑승하여 주행 중 피해자 김 모 씨(40세, 남)가 운전한 산타페 차량이 신호를 위반하여 교차로로 진행하는 것을 발견하고 그대로 주행하여 교통사고를 고의로 야기한 후 현대해상보험사로부터 합의금 등의 명목으로 약 340만 원을 교부받는 등 총 41회에 걸쳐 보험금 2억 1,000만 원 상당을 편취한 혐의다.

범행을 주도한 피의자 등은 목포지역 대리운전기사·택시기사들로 선·후배 및 직장동료 등 지인들을 끌어들여 고의 교통사고를 야기 후 부상을 입지 않았음에도 병원에 입원을 하고, 피해차량 탑승자 개인별로 합의금이 지급된다는 점을 알고 가능한 많은 인원을 피해차량에 탑승시켜 보험금을 편취하였으며, 또한, 사고 차량에 탑승하지 않은 사람을 탑승자로 끼워 넣어 보험사에 허위 신고를 하거나 교통사고 내역이 많아 보험사나 경찰에 적발될 것을 염려하여 공범자 모집·고의사고 계획 등 실질적으로 범행을 주도하였음에도 사고 차량에는 탑승하지 않고 공범자들로 하여금 고의 사고를 발생시키고, 그 사고로 인한 보험금이 지급되면 단순 가담자는 1인당 2~30만 원만 나누어 주고 나머지 보험금을 주범이 회수해 공범의 가해차량 수리비를 보전해 준 다음 유흥비로 사용하였고, 동료 대리운전기사를 가해차량으로 하여 고의 사고를 유발함으로써 사고로 인한 보험금 인상을 면탈하는 등 조직적이고 지능적으로 범행을 하였다.

〈사례 3〉

교통법규 위반 차량들만 골라 교통사고를 내고 수억 원의 보험금을 받아 챙긴 조직폭력배 등 47명이 무더기로 경찰에 검거되었다. 청주 상당경찰서는 2012년 7월 8일 고의 교통사고를 상습적으로 내고 보험금이나 합의금을 받아 챙긴 청주 모 폭력조직 조직원 정 모 씨(28) 등 5명에 대해 사기 혐의로 구속영장을 신청했다. 이들은 2011년 11월 24일 오전 2시 40분경 충북 청원군 옥산면의 한 도로에서 중앙선을 침범한 차량을 고의로 들이받고 보험금 1,400만 원을 지급 받는 등 2007년 11월부터 2011년 12월까지 경기, 인천, 충남, 충북 등을 돌며 23차례의 접촉사고를 내고 보험금 2억여 원을 챙긴 혐의다.

이들은 자신들이 가해차량과 피해차량으로 나눠 고의 또는 위장 교통사고를 내거나 일방통행 등 교통법규 상습 위반 지역에서 법규 위반 차량을 골라 교통사고를 낸 뒤 보험금을 받아 챙긴 것으로 드러났다. 또 이들은 20만 원의 면책금만 내면 교통사고 처리가 되는 렌터카를 범행에 이용했고 사고 보험처리를 할 수 없는 운전자들에게는 부풀린 자동차 견적서를 보여 주는 등의 방법으로 수리비와 합의금까지 받아 챙긴 것으로 밝혀졌다.

(6) 렌터카 대여비 허위청구 보험금 편취

전남지방경찰청 광역수사대는 손해보험사 간 사고차량 렌트 이력이 공유되지 않고, 실제 차량 렌트 여부 및 기간 등을 확인하지 않는다는 제도적 허점을 악용해 보험금을 편취한 모 렌터카 대표를 적발하였다.

　입건된 이들은 렌터카 업체 대표, 사고차량 운전자, 공업사 대표로 지난 2008년 1월부터 2011년 2월까지 실제 차량을 렌트하지 않았음에도 렌트한 것처럼 허위 청구하거나 렌터카 대여기간 부풀리기, 대여비가 저렴한 차종을 렌트했음에도 고가의 차종을 대여한 것처럼 조작해 11개 손해보험사로부터 총 210회에 걸쳐 7,000만 원을 부당하게 챙긴 것으로 드러났다.

(7) 교통사고 환자진료비 등 허위 소액 청구

〈사례 1〉

　서울 광진경찰서는 19일 소액씩 허위 청구하면 보험사의 심사를 피할 수 있을 뿐 아니라 환자 진료비 내역을 확인하지 않는다는 점을 악용해 8,500여만 원을 챙긴 병원장 김 모 씨(남, 40세) 등을 검거하였다.

　김 씨 등은 지난 2010년 1월부터 지난해 9월까지 서울 동대문구, 강북구에 위치한 3개 병원에서 환자에게 실제 주사한 것보다 과장하는 등 치료내역 보다 부풀리는 수법으로 보험금을 청구해 8,500여만 원을 빼돌려 왔다.

　이들은 교통사고 입원환자들의 진료비 등을 소액씩 허위로 청구하면 보험사의 심사를 피할 수 있다는 점을 이용해 범행을 저질러 왔다.

　김 씨 등은 환자 1인당 5～10만 원의 보험료를 허위 청구해 12개 보험회사로부터 1,400여 회에 걸친 범행을 저질러 왔던 것으로 드러났다. "이들은 병원 운영난을 겪자 이 같은 보험사기를 저질렀다"며 이렇게 청구된 진료비가 보험금 누수를 가져오고 운전자의 보험수가 상승으로 이어져 보험계약자들의 호주머니를 가볍게 한 것으로 드러났다.

〈사례 2〉

　서울 송파경찰서는 2012년 6월 14일 의사를 고용해 병원을 차리고 허위 입원 의료비를 부당 청구한 혐의(사기 및 의료법 위반)로 병원 사무장 김 모 씨(39) 등 2명에 대해 구속영장을 신청하였다. 김 씨의 병원에서 의료행위를 한 윤 모 씨(50) 등 의사 2명과 김 씨 등과 공모하고 병원에 입원한 것처럼 꾸며 보험금을 타 낸 환자 등 76명을 사기 혐의로 불구속 입건하였다.

김 씨 등은 환자가 입원이 필요한 것처럼 진료차트를 허위로 작성하는 등의 수법으로 2010년 9월부터 1년간 86차례에 걸쳐 보험사로부터 3,600만 원을 받아 챙긴 혐의를 받고 있다. 환자들은 보험사에서 전화가 와도 "입원 중이라 오래 통화가 힘들다"고 거짓말을 했고, 이렇게 타낸 보험금이 모두 1억 1,000여만 원에 이르는 것으로 밝혀졌다.

(8) 해외 교통사망사고 위장 보험금 편취

거짓 사망신고를 통해 수십억 원의 보험금을 받아 내려던 30대 자매가 경찰에 검거됐다. 서울지방경찰청 국제범죄수사대는 2012년 7월 3일 자신이 외국여행 중 사망한 것으로 서류를 위조해 동생에게 거액의 보험료를 청구하게 한 혐의로 방 모 씨(39, 여)를 구속하고 동생(35)을 불구속 입건했다.

언니 방 씨는 지난해 4월 국내 5개 보험사의 9개 상품에 가입한 다음 두 달 뒤 중국 산둥성 료성시 여행 중 뺑소니 사고를 당해 치료를 받다가 사망한 것으로 서류를 위장했으며 동생은 이를 근거로 보험사에 20억 9,170만원을 청구한 혐의를 받고 있다.

조사결과 이들은 중국 위조문서 브로커로부터 중국 공안이 발급하는 도로교통사고인정서와 중국 의사 명의의 거주민사망의학증명서를 위조해 국내 보험사에 제출했으며, 동생 방 씨는 언니의 장례를 치른 뒤 여권 사본 등의 유품을 동사무소에 제출하고 사망신고도 접수한 것으로 드러났다.

이들은 또 보험사기 의심을 피하고자 '자진 청약' 방식이 아닌 인터넷을 이용한 보험사의 '청약 권유' 방식으로 다수의 보험에 가입했으며 현지 사고 조사를 피하기 위해 한국인에게 잘 알려지지 않은 지역을 사건 발생 지역으로 정하는 치밀함도 보였다.

하지만 단기간에 다수의 보험상품에 가입한 점을 수상히 여긴 보험사가 경찰에 수사를 의뢰하면서 덜미가 잡혔다. 이들이 국외 사망신고 시 현지 영사의 확인 없이도 가족이나 지인의 인우보증만으로 사망신고 접수가 가능한 점을 악용했다. 해외 보험사기에 대비한 현지 영사 확인제 등의 개선책 마련이 필요하다.

제2절 한국의 교통사고 및 보험범죄 판례 분석

1. 교통수단별 교통사고의 추세

과거 10년('01~'10)간 총 228만 건의 교통사고가 발생하여 6만 9,000명이 사망하고 353만 명이 부상을 당하였다. 자동차 사고가 전체 교통사고 발생건수와 부상자 수의 99.5%, 99.9% 이상을, 사망자 수의 94.5% 이상을 차지하고 있다. 사망자 수의 3.3%, 2.2%는 철도사고와 선박사고 사망자가 차지하고 있다.

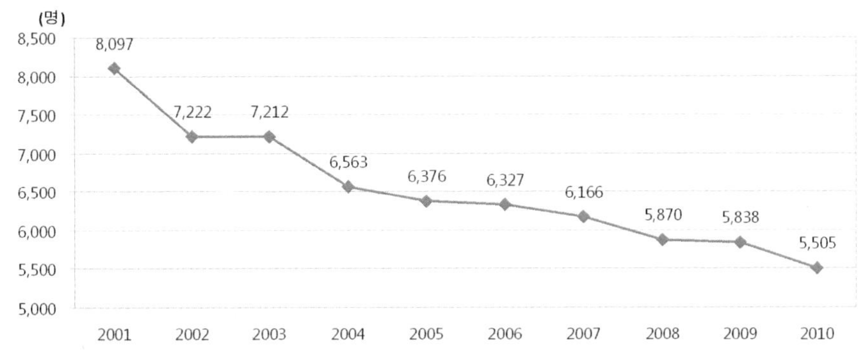

자료: 경찰청, 2011.

<그림 3-7> 자동차 교통사고 사망자 수 추세

<표 3-7> 교통수단별 교통사고 현황

(단위: 건, 명, %, △감소)

구분		2000	2001	2002	2003	2004	2005	2006	2007	2008	2009	2010	연평균 증감률
발생	자동차	290,481	260,579	231,026	240,832	220,755	214,171	213,745	211,662	215,822	231,990	226,878	△ 1.5%
	철도	640	571	599	743	596	341	295	292	282	261	233	△9.5%
	선박	634	610	557	531	804	658	657	566	480	723	737	2.1%
	항공기	3	5	4	5	3	5	5	2	4	13	7	3.8%
	계	291,758	261,765	232,186	242,111	222,158	215,176	214,702	212,522	216,588	232,998	227,855	△ 1.5%
사망	자동차	10,236	8,097	7,222	7,212	6,563	6,376	6,327	6,166	5,870	5,838	5,505	△4.2%
	철도	252	245	265	503	243	200	171	184	153	156	124	△7.3%
	선박	149	174	185	119	205	186	134	136	113	107	176	0.1%
	항공기	0	9	1	1	2	2	0	0	2	14	1	△21.7%
	계	10,637	8,525	7,673	7,835	7,013	6,764	6,632	6,486	6,138	6,115	5,806	△4.2%
부상	자동차	426,984	386,539	348,149	376,503	346,987	342,233	340,229	335,906	338,962	361,875	352,458	△ 1.0%
	철도	380	317	360	743	423	127	106	106	130	108	102	△11.8%
	선박	40	72	55	114	250	113	89	78	127	136	71	△0.2%
	항공기	3	8	2	4	1	4	3	10	16	2	1	△20.6%
	계	427,407	386,936	348,566	377,364	347,661	342,479	340,427	336,100	339,235	362,121	352,632	△ 1.0%

자료: 국토해양부, 중앙해양안전심판원, 경찰청, 항공·철도 사고조사위원회, 2011.

2. 교통수요와 자동차 교통사고

자동차 보유대수가 1970년 13만 대에서 2010년 1,977만 대로 연평균 13.4%씩 증가하여 왔다. 운전면허 소지자는 40만 명에서 2,640만 명으로 연평균 11.0%, 도로 길이는 40,244km에서 105,565km으로 연평균 2.4%씩 증가하였다.

〈표 3-8〉 교통수요와 자동차 교통사고 비교

구분		교통사고(건, 명)			자동차 보유(대)	운전면허 소지(명)	도로 길이 (km)
		발생	사망	부상			
1970년		37,243	3,069	42,830	128,298	403,318	40,244
2010년		226,878	5,505	352,458	19,766,830	26,402,364	105,565
연평균 증가율		4.6%	1.5%	5.4%	13.4%	11.0%	2.4%
연대별평균	'70년대	629,688	38,607	641,063	—	—	—
	'80년대	1,646,257	78,420	1,894,974	—	—	—
	'90년대	2,581,517	110,872	3,444,752	—	—	—
	'00년대	2,331,063	69,907	3,604,367	—	—	—

자료: 경찰청, 교통사고통계, 2011.

이와 같이 도로 및 자동차 교통수요와 통행량이 폭발적으로 증가함에 따라 자동차 사고피해도 비례하여 증가하였다. 1970년 이후 2010년 현재까지 약 41년간 자동차 교통사고 전체 발생건수는 7,415천 건이며, 이로 인해 사상자가 9,971천 명(사망자 303천 명, 부상자 9,938천 명)이나 되는 막대한 인명피해가 발생하였다. 자동차 사고 발생추이를 보면, 1970년에 37,243건의 사고가 발생하여 3,069명이 사망하고 42,830명이 부상당하였다. 그러나 자동차의 보급증가와 함께 2010년에는 226,878건의 사고가 발생하여 5,505명이 사망하고 352,458명이 부상당하였다. 이것은 발생건수는 4.6%, 사망자 수는 1.5%, 부상자 수는 5.4%씩 매년 증가한 것이다.

3. 자동차 교통사고의 일반적 원인

　일반적으로 자동차의 운전은 자동차를 단순히 움직이는 것으로 잘못 이해하고 있는 경향이 많으나 운전을 할 때의 인간행동은 주행 중 연속적으로 변화하는 도로 환경에 대해 지각, 사고, 감응 작용에의 각 단계를 거치는데 특히, 단시간에 연속되는 것으로 실제로는 0.5초 내지 2.5초 정도의 짧은 시간인 것이다. 이 과정 중 한 단계라도 실패한 경우 사고에 연결되는 확률이 크다. 따라서 교통사고 발생 요인을 인적 요인, 차량 요인, 환경 요인으로 구분할 수 있다.[12]

　먼저 인적 요인은 운전자와 보행자의 신체, 생리, 심리, 특성, 습관, 태도 등의 요인으로 운전자 또는 보행자의 신체적·심리적 조건 및 위험의 인지나 회피에 대하여 판단 등의 심리적 조건 등에 관한 것과 운전자의 적성과 자질에 관한 것이다.[13] 교통사고는 <표 3-9>와 같이 대부분 운전자의 법규위반행위로 인하여 발생하고 있으며, 자동차의 정비불량에 의한 사고나 보행자과실로 인한 사고가 차지하는 비율은 매우 적다고 볼 수 있다.

<표 3-9> 2011년 자동차 교통사고 발생원인

(단위: 건, %)

연도	발생건수(건)		운전자 법규위반		보행자 과실		정비 불량	
		구성비		구성비		구성비		구성비
2011	221,711	100.00	221,692	99.001	8	0.004	11	0.005

자료: 경찰청, 2012.

---

12) 최원석, "교통사고의 효율적인 감소방안에 관한 연구", 전북대학교 행정대학원 석사학위논문, 2004, pp.8~9.

13) 상게논문, p.9.

<표 3-10> 2011년 운전자의 법규위반 내용별 인명피해

(단위: 건, 명)

구분		발생건수		사망		부상	
		(건)	구성비	(명)	구성비	(명)	구성비
총계		221,711	100	5,229	100	341,391	100
운전자법규위반	계	221,692	100	5,227	100	341,359	100
	과로	0	0	0	0	0	0
	과속	403	0.2	121	2.3	649	0.2
	앞지르기방법위반	82	0	3	0.1	109	0
	앞지르기금지위반	364	0.2	10	0.2	555	0.2
	중앙선침범	12,931	5.8	464	8.9	23,141	6.8
	신호위반	24,504	11.1	384	7.3	40,858	12
	안전거리미확보	22,315	10.1	82	1.6	40,336	11.8
	일시정지위반	478	0.2	6	0.1	804	0.2
	부당한 회전	1,510	0.7	24	0.5	2,117	0.6
	우선권양보불이행	25	0	1	0	42	0
	진로양보불이행	53	0	0	0	87	0
	안전운전의무위반	123,744	55.8	3,709	70.9	180,447	52.9
	난폭운전	0	0	0	0	0	0
	교차로운행방법위반	15,172	6.8	117	2.2	24,804	7.3
	보행자보호의무위반	6,890	3.1	172	3.3	7,238	2.1
	차로위반(진로변경)	2,808	1.3	30	0.6	4,453	1.3
	직진우회전진행방해	5,880	2.7	43	0.8	10,367	3
	철길건널목통과방법	8	0	6	0.1	2	0
	긴급차피양의무위반	1	0	0	0	1	0
	기타	4,524	2	55	1.1	5,349	1.6
정비불량		11	0	2	0	24	0
보행자과실		8	0	0	0	8	0

자료: 경찰청. 2012.

2011년도의 운전자 법규위반 내용별 사고발생률은 <표 3-10>과 같이 안전운전의무위반이 55.8%로 가장 많고, 신호위반 11.1%, 안전거리미확보가 10.1%, 교차로운행방법위반 6.8%, 중앙선침범 5.8%, 보행자보호의무위반

3.1% 순이며, 이들 주요 6개 항목 위반으로 인한 교통사고가 전체 교통사고의 92.7%를 차지하고 있다(경찰청, 2012).

둘째 차량요인이다. 2011년도에 자동차 정비불량으로 인하여 발생한 교통사고는 <표 3-11>과 같이 11건이고, 이로 인한 사망자는 2명, 부상자 24명이 발생하였다. 자동차 정비불량으로 인한 교통사고는 증가 및 감소를 반복하고 있고 2011년도에는 2010년도에 비하여 소폭 증가하였으며 전체 교통사고에서 차지하는 부분은 미미한 정도이다. 이러한 정비불량으로 인한 교통사고는 자동차의 제작기술 향상에도 기인하지만 교통사고 조사 시에 자동차적 결함을 발견하기 어려운 것도 한 이유이다(경찰청, 2012).

<표 3-11> 정비불량에 의한 교통사고

(단위: 건, 명)

구분	발생건수	증감	사망	부상	비고
2001	9	−1	0	13	
2002	4	−5	0	5	
2003	10	6	0	16	
2004	8	−2	1	10	
2005	10	2	1	33	
2006	12	2	5	33	
2007	7	−5	0	11	
2008	9	2	3	18	
2009	16	7	1	60	
2010	8	−8	1	13	
2011	11	3	2	24	

자료: 경찰청, 2012.

셋째는 교통사고의 원인 중 앞에서 살펴본 바 있는 운전자로 대표되는 인적 요인과 자동차로 대표되는 물적 요인을 제외한 도로의 여건, 기상상태, 교통상황 등 여러 가지 교통여건을 환경요인이라 할 수 있다.

2011년도에 발생한 교통사고를 도로선형별로 살펴보면 <표 3-12>와 같이 직선로에서 203,797건이 발생하여 전체 교통사고의 91.9%를 차지하고, 이로 인한 사망자는 4,209명으로 전체의 80.5%를 차지하고 있다. 또한 커브·곡 각로에서는 15,604건(7%)이 발생하여 995명이 사망함으로써 전체 사망자의 19%에 달하였다. 이들 두 개의 치사율을 비교해 보면 직선로가 2.1%인 데 반하여 커브·곡각로는 6.4%로 크게 높다.

〈표 3-12〉 도로선형별 교통사고

(단위: 건, %, 명)

구분			발생건수		사망자		부상자	
			(건)	구성비	(명)	구성비	(명)	구성비
총계			221,711	100	5,229	100	341,391	100
커브·곡각		소계	15,604	7	995	19	25,632	7.5
	좌	오르막	1,335	0.6	58	1.1	2,185	0.6
		내리막	1,767	0.8	167	3.2	2,958	0.9
		평지	4,202	1.9	270	5.2	6,582	1.9
	우	오르막	1,653	0.7	81	1.5	2,729	0.8
		내리막	1,928	0.9	160	3.1	3,554	1
		평지	4,719	2.1	259	5	7,624	2.2
직선		소계	203,797	91.9	4,209	80.5	312,651	91.6
		오르막	10,238	4.6	325	6.2	15,809	4.6
		내리막	13,740	6.2	379	7.2	22,240	6.5
		평지	179,819	81.1	3,505	67	274,602	80.4
기타			2,310	1	25	0.5	3,108	0.9

자료: 경찰청, 2012.

　　교통사고 발생을 주야별로 살펴보면 <표 3-13>와 같이 주간에는 114,181 건이 발생하여 전체의 51.5%이고 야간에는 107,530건이 발생하여 전체의 48.5%에 이르러 사고발생은 주간과 야간이 비슷하나, 치사율 면에 있어서는 주간이 2.1%인 데 반하여 야간은 2.6%로 나타나고 있어 야간에 발생한 사 고는 치사율이 더 높다.

〈표 3-13〉 주야별 교통사고 비교

(단위: 건, %, 명)

구분		계	주간	야간	비고
발생건수		221,711	114,181	107,530	
	구성비	100	51.5	48.5	
사망자		5,229	2,434	2,795	
	구성비	100	46.5	53.5	
부상자		341,391	174,673	166,718	
	구성비	100	51.2	48.8	
치사율		2.4	2.1	2.6	

자료: 경찰청, 2012.

기상상태별로 분석해 보면 <표 3-14>와 같이 맑은 날에 184,835건이 발생하여 전체 교통사고의 83.4%로 나타났다. 주목할 만한 것은 안개가 낀 날은 교통사고 발생건수가 369건으로 전체사고의 0.2%에 불과하지만 36명이나 목숨을 잃어 치사율은 9.8%로 평균 치사율 2.4%보다 4배가 넘는다는 것이다. 이는 흐린 날(3.5%), 눈 오는 날(2.2%), 비 오는 날(3.0%)보다 훨씬 높은 수치이다.

〈표 3-14〉 기상상태별 교통사고 비교

(단위: 건, %, 명)

구분		계	맑음	흐림	비	안개	눈	기타
발생건수		221,711	184,835	12,349	20,704	369	1,913	1,541
	구성비	100	83.4	5.6	9.3	0.2	0.9	0.7
사망자		5,229	4087	428	611	36	43	24
	구성비	100.0	78.2	8.2	11.7	0.7	0.8	0.5
부상자		341,391	282,194	19,591	33,381	647	3,358	2,220
	구성비	100.0	82.7	5.7	9.8	0.2	1.0	0.7
치사율		2.4	2.2	3.5	3.0	9.8	2.2	1.6

자료: 경찰청, 2012.

4. 보험범죄 판례분석

1) 보험범죄 선고형(양형) 현황

보험범죄에 대한 확정 판결의 분류는 벌금형과 집행유예, 그리고 징역형으로 구분할 수 있다. 1999년부터 2009년까지의 판결이 확정된 6,625명에 대한 보험범죄 중 벌금형이 3,260명(49.2%)이었고, 집행유예 2,139명(32.3%), 징역형이 1,226명(18.5%) 순으로 나타나 결국 벌금형이 가장 많았고, 징역형은 전체 보험범죄 중 1/5에 그치는 것으로 보고되었다.

〈표 3-15〉 보험범죄자의 선고형의 분포

구분	빈도(명)	비율(%)
징역	1,226	18.5
집행유예	2,139	32.3
벌금	3,260	49.2
합계	6,625	100.0

자료: 장인권, 2009: 103.

징역형이 선고된 범죄자 중 6개월 미만의 형이 선고된 경우가 58명(4.7%), 6개월 이상~1년 미만의 형이 선고된 경우 516명(42.1%), 1년 이상~2년 미만의 형이 선고된 경우는 493명(40.2%), 2년 이상~3년 미만의 형이 선고된 경우 126명(10.3%), 3년 이상의 형이 선고된 경우가 33명(2.7%)에 그쳤다. 즉 6개월에서 2년까지의 실형이 선고된 경우가 82.3%에 달하고 있어 대부분의 보험범죄자들에게 실형이 선고되더라도 비교적 짧은 징역형이 선고되는 것으로 나타났다.

〈표 3-16〉 보험범죄자의 징역형 분포

구분	빈도(명)	비율(%)
· 6개월 미만	58	4.7
· 6개월 이상~1년 미만	516	42.1
· 1년 이상~2년 미만	493	40.2
· 2년 이상~3년 미만	126	10.3
· 3년 이상	33	2.7
합계	1,226	100.0

자료: 장인권, 2009: 103.

판결문을 근거로 한 6,625명의 보험범죄자 중 벌금형이 선고된 경우가 49.2%로 가장 많았고, 실형을 선고받은 경우는 18.5%에 그친 것으로 나타났다. 이러한 결과는 우리 법원이 보험범죄에 대하여 자유형을 선고하는 것보다 벌금형을 선호하고 있음을 알 수 있다. 이는 보험범죄를 일반경제범죄의 성격으로 보고 도덕적 해이로 발생하는 연성사기의 경우 보험금 회수 등의 이유를 들어 집행유예 등 비교적 관대한 처분을 하고 있는 것으로 보인다. 그러나 날로 증가하며 갈수록 심각한 사회문제로 주목받고 있는 보험범죄를 감소시키기 위해서는 벌금 및 집행유예보다는 징역형의 선고율을 높이는 등 보다 강력한 대책이 마련되어야 할 것이다.

2) 보험범죄 관련 헌법재판소 판결 사례 및 시사점

교통사고에 대한 경찰의 사고처리 근거는 도로교통법 제54조인데 도로교통법에는 교통사고의 물적 피해에 대해서는 동법 제151조로 처벌하고, 인적 피해에 대해서는 동법에 규정이 없어 형법 제268조 업무상과실치사상으로 처벌하여 왔으나, 1982년 1월 1일부터 교통사고처리특례법이 시행되면서 도로교통법 제151조(물적 피해 교통사고 벌칙)의 규정에 대해 종합보험가입자에 대한 피해자의 반의사불벌을 나타냄으로써 비로소 물적 피해에 대한 처벌을 면제받게 되었고 그동안 형법을 적용했던 인적 피해 교통사고에 대해서도 처벌규정이 마련되었다. 또한 인적 피해 교통사고에 대해 교통사고처리특례법상 11개 단서조항 외 모든 인적 피해 교통사고의 의견서에 형법 제268조와 교통사고처리특례법 제3항 제1호를 함께 적용하고, 사망사고와 11개 단서조항 외에는 동법에 따라 공소권 없음으로 송치하여 왔다.

그러나 최근 헌법재판소는 가해 운전자가 자칫 사소한 교통법규위반을 대수롭지 않게 생각하여 운전자로서 요구되는 안전운전에 대한 주의의무를 해태하기 쉽고, 교통사고를 내고 피해자가 중상해를 입은 경우에도 보험금 지급 등 사고처리는 보험사에 맡기고 피해자의 실질적 피해회복에 성실히 임하지 않는 풍조가 있는 점 등을 감안하여 자동차종합보험에 가입한 운전자가 교통사고를 일으켜 피해자에게 중상해를 입히더라도 '뺑소니하거나 또는 11대 중대법규를 위반'하지 않았다면 형사처벌을 면제받도록 한 교통사고처리특례법은 위헌이라고 판결하였고,[14] 당일부터 해당 법 조항은 무효화되었다.

이 사건의 청구인들은 2004년 9월 5일과 2007년 12월경 교통사고를 당한 피해자들로서 뇌손상으로 인한 안면마비가 있거나 외상성 스트레스 증후군 등 심각한 교통사고 후유증을 앓고 있는 자들인바, 검사가 교통사고처리특례법 제4조 제1항 규정에 따라 가해운전자에 대하여 공소권 없음 결정을 하자, 위 법률규정이 국가의 기본권 보호의무에 관한 과소보호금지 원칙에 위배되고, 청구인들의 평등권 및 재판절차진술권을 침해하였다고 주장하면서 2008년 1월 21일 이 사건 헌법소원심판을 청구하였다. 심판의 대상은 교통사고처리특례법(2003.5.29. 법률 제6891호 개정) 제4조 제1항 본문 중 업무상 과실 또는 중대한 과실로 인한 교통사고로 말미암아 피해자로 하여금 상해에 이르게 한 경우에 공소를 제기할 수 없도록 규정한 부분이다.

먼저, 이 사건은 법률조항이 교통사고 피해자의 재판절차진술권을 침해하는지 여부에 헌법재판소 판결의 이유가 있다. 교통사고 피해자가 신체의 중상해를 입은 경우(형법 제258조 제1항 및 제2항 참조), 사고발생 경위, 피해

---

14) 헌법재판소, 2009.2.26. 선고 2005헌마764 사건.

자의 특이성(노약자 등)과 사고발생에 관련된 피해자의 과실 유무 및 정도 등을 살펴 가해자에 대하여 정식 기소 이외에도 약식기소 또는 기소유예 등 다양한 처분이 가능하고 정식 기소된 경우에는 피해자의 재판절차진술권을 행사할 수 있게 하여야 함에도, 이 사건 법률조항에서 가해차량이 종합보험 등에 가입하였다는 이유로 교통사고처리특례법 제3조 제2항 단서조항(이하, '단서조항'이라고 한다)에 해당하지 않는 한 무조건 면책되도록 한 것은 기본권침해의 최소성에 위반된다.

다음은 이 사건 법률조항이 교통사고 피해자의 평등권을 침해하는지 여부 이다. 단서조항에 해당하지 않는 교통사고로 중상해를 입은 피해자와 단서조 항에 해당하는 교통사고의 중상해 피해자 및 사망사고의 피해자 사이의 차별 문제는 교통사고 운전자의 기소 여부에 따라 피해자의 헌법상 보장된 재판절 차진술권이 행사될 수 있는지 여부가 결정되어 이는 기본권 행사에 있어서 중대한 제한을 구성하기 때문에 엄격한 심사기준에 의하여 판단한다.

이번 헌법재판소의 판결은 우리나라 교통사고율이 OECD 회원국에 비하 여 매우 높고, 교통사고를 야기한 차량이 종합보험 등에 가입되어 있다는 이 유만으로 그 차량의 운전자에 대하여 공소제기를 하지 못하도록 한 입법례는 선진 각국의 사례에서 찾아보기 힘들며, 가해자는 자칫 사소한 교통법규위반 을 대수롭지 않게 생각하여 운전자로서 요구되는 안전운전에 대한 주의의무 를 해태하기 쉽고, 교통사고를 내고 피해자가 중상해를 입은 경우에도 보험 금 지급 등 사고처리는 보험사에 맡기면 그만이라는 도덕적 해이현상을 방지 하기 위한 좋은 판결이라고 보인다. 결국 우리 헌재도 교통사고로 인하여 식 물인간이 되는 등 중상해를 입힌 경우에는 비록 가해자가 종합보험에 가입되 었더라도 형사상 처벌할 수 있는 방향으로의 판례를 내놓은 것은 우리 사회 가 도덕적 해이로 말미암아 발생되는 보험범죄의 폐해를 직시한 판결이라고 볼 수 있으며, 이에 따라 추후 보험범죄를 예방하기 위한 보다 강력한 법률 적 대책마련의 필요성을 시사하고 있다.

판결문을 근거로 한 6,625명의 보험범죄자 중 벌금형이 선고된 경우가

49.2%로 가장 많았고, 실형을 선고받은 경우는 18.5%에 그친 것으로 나타났듯이 보험범죄에 대한 선고형이 대부분 벌금형에 그치고 벌금액수도 편취한 금액보다 낮게 선고되고 있다. 이러한 양형실태는 잠재적 보험범죄자들에게 범행이 적발되어 형사처벌을 받게 되더라도 '밑져야 본전'이라는 의식을 갖게 하고, 이러한 의식이 보험범죄에 대한 죄의식의 결여와 더불어 보험범죄를 양산하는 요인으로 작용한다고 볼 수 있다. 따라서 보험범죄에 대한 보다 강력한 처벌이 요구되며 일반예방적 효과를 기대할 수 있는 적정한 양형기준의 마련과 엄격한 적용이 필요하며, 의료업계 종사자 등 일부 직종 보험범죄자들에 대한 관대하고 불균형적인 형의 선고 등도 시급히 개선되어야 할 것이다. 따라서 현재의 법체계는 일반적으로 형법상의 사기죄를 적용하고 있으나 최근 수년간 보험범죄가 계속 증가하는 현상으로 볼 때, 범죄의 일반예방적인 효과를 거두지 못하는 것으로 보이므로 날로 지능화 및 다양화되며 계속 확산되고 있는 보험범죄의 유형도 보다 세분화·구체화할 필요가 있으며, 범죄 수법도 집단화·조직화되어 가는 경향에 따라 관여자들의 참여 정도에 의한 처벌의 차등화도 필요할 것이다. 또한 일반 사기범죄와 달리 그에 따른 경제적·사회적 폐해가 심각함을 고려할 때 현재의 법체계로는 보험범죄 대응에 한계가 있다. 따라서 보험범죄만을 따로 처벌할 수 있는 새로운 법규정의 신설이 반드시 필요하다.

이상의 보험범죄 관련 판례 분석을 통해 보험범죄에 대한 판결의 81.5%가 벌금형(49.2%)과 집행유예(32.3%)의 가벼운 처분으로 끝나는 것을 알 수 있다. 보험범죄에 대한 이러한 가벼운 처벌 풍토는 보험범죄를 대수롭지 않게 여기는 도덕적 해이를 불러일으킬 수 있는바, 날로 늘어나는 보험범죄의 감소를 위해서는 보험범죄 방지 특별법의 제정 등 법·제도의 정비가 시급하다고 하겠다.

제3절 외국의 보험범죄 방지대책

미국 보험범죄방지국(National Insurance Crime Bureau)에 따르면 최근 미국에서 경기악화로 인해 2009년 상반기 보험사기로 의심되는 손해보험금 지급청구 건수가 그 이전에 비해 크게 증가했다고 밝혔다. 미국의 보험사기는 매년 800~2000억 달러로 추산되는데, 가구당 950달러를 추가 부담했다고 한다. 은행이나 모기지 사기 등도 늘고 있기 때문에 한정된 수사관들이 보험사기 이외의 조사에 투입되면서 보험사기에 대한 수사가 느슨해지고 있는 데다, 새로운 형태의 보험사기 기법까지 등장하고 있다고 밝혔다. 보험범죄방지국에 따르면 거의 모든 손해보험부문에서 보험사기로 의심되는 보험금지급 청구가 증가했으며, 특히 차량방화와 유리파손 등의 경우는 각각 20%, 76%가 증가하였고, 제조물책임보험의 경우는 90%나 증가하였다고 한다. 2009년 상반기 보험범죄방지국에 조사 의뢰된 보험금지급 청구건수는 4만 1619건으로 지난해 상반기 3만 6,743건에 비해 13%가 증가하였다. 보험사기가 의심되는 사례가 몇몇 부문에서 감소하였지만 전체적으로는 증가하였고, 특히 캘리포니아에서는 자동차 방화나 자동차 도난과 관련된 보험사기 의심사례가 많이 나타났다.

선진 외국의 경우 오래전부터 보험사기의 심각성을 인식하고 안정적인 제도 및 수사시스템을 가동해 효율적으로 대처하고 있다. 예를 들면 미국의 경우 1994년에 연방보험사기방지법을 제정하였고, 대부분의 주에서 보험사기방지법을 제정하여 보험사기에 대해 강력하게 대처하고 있다. 보험범죄에 대한 수사시스템도 매우 전문화되어 있다. 미국은 주경찰청에 자동차범죄과 등을 두어 자동차보험 사기나 화재보험사기를 전담해 수사하고 있으며, 영국의 경우 경찰청 경제범죄국 산하 사기수사팀에서 보험사기를 전담수사하고 있다(보험범죄방지국, 2009).

유럽 25개국은 연간 보험사기 규모를 최소 80억 유로(한화 11조 400억 원)로 추정하고 있으며(금융감독원, 2007), 최근에는 선진 외국뿐 아니라 아프리카에서도 보험범죄가 만연하여 보험범죄는 이제 전 세계적인 문제로 대두되고 있다. 특히 남아프리카공화국은 그동안 사기를 비롯하여 차량보험금 사기 등 보험범죄가 급증하여[15] 최근 정부에서 보험범죄 전담 수사부서를 신설하여 운영하고 있다.[16] 세계 주요국의 보험사기 누수비율을 보면 다음과 같다.

〈표 3-17〉 주요 국가의 보험사기 누수비율

(2006년 기준, 삼성금융연구원)

국가	미국	영국	프랑스	캐나다	일본	호주	우리나라
누수율	10%	4%	6%	6%	1%	15%	13.9%

자료: 진태국, 2009

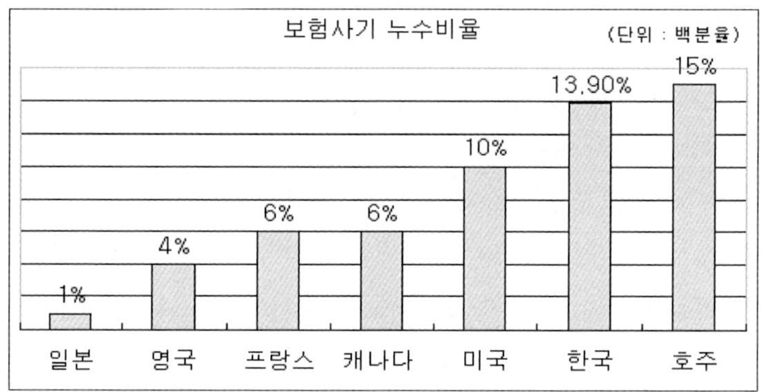

〈그림 3-8〉 주요 국가의 보험사기 누수비율

---

15) 남아프리카공화국에서는 신분증을 도용하여 보험에 가입 후 몰래 사망신고를 하고 사망보험금을 타 내는 사건이 급증하자 정부장관이 '모든 국민은 자신의 법적 생사여부를 확인해 달라'고 당부할 정도라 한다(세계일보, 2009.3.23.).

16) Sunday Tribune(2008.10.26.)에 따르면, 남아프리카공화국은 아프리카 대륙에 만연한 보험사기에 강력히 대처하기 위해 2008년 11월 1일 보험범죄국(SAICB: SA Insurance Crime Bureau)을 설립했으며, 공화국 내 보험사들은 높은 보험사기 및 범죄율에 대처하기 위해 정부당국에 협조하여 보험사기를 감지하고 예방하는 데 중점적으로 노력하고 있고, 지난 5년간 보험사기 21,000건을 미연에 방지하는 데 성공했다고 보도했다(생명보험협회, 해외금융·보험 단신, 『월간생명보험』 2008 11월호, 2008, p65).

1. 미국과 영국의 보험범죄 방지대책

1) 미국

(1) 현황

미국은 1990년 보험사기액이 900억 달러, 1995년의 보험사기액은 1,200억 달러를 기록한 것으로 나타났다. 특히 1995년에는 의료보험분야에서 950억 달러의 손실을, 재산·상해분야에서 200억 달러의 손실을, 생명·장애분야에서 50억 달러의 손실이 발생한 것으로 추산하고 있다(이병희, 2002).

호이트(Robert E. Hoyt) 교수는 미국의 보험사기 비용 가운데 연간 손해보험이 약 290억 달러, 자동차보험이 140억 달러, 산재보험이 50억 달러에 이르며, 건강보험의 경우에는 전체 지급보험금인 1조 7,000억 달러의 3~10%인 510~1,700억 달러로 추정하였다. 또한 그가 인용한 설문조사 결과에 따르면 미국 내 많은 사람들은 보험사기를 희생자 없는 범죄로 가볍게 인식하고 있다는 것이다. 미국인 4명 중 1명은 보험사기가 나쁘지 않다고 답변했고, 5명 중 2명은 보험사기를 행하는 사람을 보험회사에 신고하지 않을 것이라고 답했다. 또한 3명 중 1명은 자기부담금을 보충하기 위해 보험금 청구를 과장해도 괜찮다고 인식하고 있는 것으로 드러났다. 이러한 안일한 생각이 미국 경제범죄 가운데 두 번째 규모로 연간 850~1,200억 달러 수준의 보험범죄가 성장하도록 만들었다는 지적이다(Robert E. Hoyt, 2005).

(2) 방지기구 및 대책

연간 전 세계 보험사기 피해액이 약 20%를 점유하는 미국은 공식정부기구로서 뉴욕 주 보험청 내에 「보험사기국(Insurance Frauds Bureau)」을 두고 보험범죄 및 사기방지와 보험금부당청구 등에 대한 수사 활동을 벌이고 있다. 뉴욕에 본부를 두고 4개 지역에 지국이 설치되어 있으며, FBI나 경찰 등 수사기관에서 6년 이상 근무경력자 약 40명이 보험법상 부여된 수사권을 가지고 보험범죄자 색출, 벌금부과, 형사고발 등의 업무를 수행한다(안병재, 2000: 54). 또한 주정부차원의 민간기구로서 「전미보험범죄방지국(NICB: National Insurance Crime Bureau)」이 1992년 설립되어 현재까지 1,000여 개의 손보사 및 자가보험자를 회원으로 두고 있다.

NICB는 FBI, 검찰, 경찰, 소방당국 및 보험사와 긴밀한 업무협조체제를 구축하고 미 전역을 3개 지역으로 구분하여 중부(일리노이 주, 시카고 소재), 서부(캘리포니아 주 LA 소재), 동부(조지아 주 애틀랜타 소재)에 지역본부를 두고 각 지역본부 산하에 Field Office가 있으며, 20여 명의 전직 FBI 및 경찰수사요원 출신을 포함해 약 450명의 전문직원이 사법당국 등과의 긴밀한 협조하에 보험사기예방, 적발 및 검거를 위한 공조조사, 정보제공은 물론 연수교육, 홍보, 입법활동 등을 수행하고 있다. 참고로 1997년도에도 11,804건을 공조수사하여 이중 414건을 기소하였고 약 18,000명의 담당자가 사기방지관련 연수를 이수했으며, TV, 라디오, 신문 등을 통해 보험관련 범죄를 홍보하였다.

특히 NICB의 컴퓨터시스템은 사법당국, 보험사조사자, 클레임담당자가 보험사기 및 도난차량 등을 탐지·규명하도록 돕고 있으며, 약 3억 건에 달하는 데이터베이스 정보기록이 전 미국에 걸친 수백 개의 보험사 및 사법당국과 온라인으로 연결되어 있다.

전미보험범죄방지국은 보험범죄의 방지 및 적발을 위하여 설립된 비영리법인으로 보험청구건 중 사기 의심건에 대한 조사업무지원 등을 통해 보험업계와 사법당국 간의 연계고리역할을 하고 있다. NICB는 연방차원의 협력체제와는 별도로 주 단위의 보험업계·사법당국 간 연계 강화방안들을 활발히 추진하고 있는데 어떤 측면에서는 연방차원의 대응에 비하여 보험사기의 예방 및 적발에 있어 보다 실질적인 도움이 된다고 할 수 있다.

미국은 주 단위로 보험업자에 대한 감독이 이루어지고 주보험감독청 내 보험사기조사국이 법집행기관의 역할을 하고 있다는 점에서 보험사기 방지 인프라에 있어 다른 나라와 구별된다고 할 수 있다. 미국의 주보험사기조사국은 조직 및 운영체계가 일치하지 않고 주마다 보험사기의 속성 및 심각성 정도도 동일하지 않다는 것을 염두에 두어야 할 것이다.

보험사기 방지를 위한 공동대처 노력도 자체적으로 필요에 의한 주 단위로 이루어지는 것이 보통이다. 주보험사기조사국은 검찰당국과의 관계에 있어 몇 가지의 운영형태가 존재한다.

매사추세츠 주, 텍사스 주, 뉴욕 주 등의 보험사기조사국은 주보험감독청 내에 소재하면서 주 검찰당국으로부터 검찰관 1명을 일정기간 파견받거나 담당검찰관을 지정받는 관계로 업무 관계를 맺을 수 있다는 이점이 있다.

반면 코네티컷 주, 테네시 주 등은 보험사기조사국이 검찰당국 소속으로 되어 있어 보험사기 의심건에 대한 사법처리에 있어 효율적 업무처리가 가능한 경우이며 뉴저지 주에서는 자동차 보험요율 인하방안의 일환으로 보험사기 검찰국을 설립하여 사법당국, 감독당국, 보험업계, 소비자보호국 등과의 중재(Liason roles)제도를 통해 공동대응이 모색되고 있다.

주보험사기조사국이 검·경찰을 포함한 유관기관과의 특별조사팀(Task Force)을 발족하여 공식적인 협조 채널을 구성하는 예도 있다. 이 경우 사법당국 이외에 근재보험관리청, 건강서비스관리단, 노동부소속 관계자들이 정기적으로 혹은 필요에 따라 집결하여 보험사기의 예방 및 적발을 위한 현안들을 논의하는 형태를 띠게 된다. 보험사기를 위한 특별조사팀 구성만으로도 상당수준의 보험사기예방 효과를 볼 수 있을 것이다.

검찰당국과의 연대와 상관없이 주보험사기조사국은 사전에 주 및 County 검찰당국한테 보험사기조사국의 설립취지를 인지시키고 서로 간의 신뢰를 쌓는 것이 중요하다. 뉴욕 주 보험사기조사국은 2003년에 연방 및 주검찰당국을 비롯하여 62개에 달하는 County 검찰당국을 방문한 바 있는데 이를 통해 사전에 상호협조적 기반을 마련할 수 있었으며 결국 효율적인 업무관계를 유도할 것으로 기대된다.

주보험사기조사국이 사기 의심건에 대한 조사 초기단계부터 주검찰당국을 관여시킨다면 사법 처리를 관철시키기 위한 검찰당국과 주보험사기조사국의 팀워크를 이루는 데 유리할 것이다. 주보험사기조사국은 평소 주검찰당국으로 하여금 기소처리과정 중에도 주보험사기조사국과 협조가 원활하게 이루어질 것이라는 확신을 심어 주는 것이 중요하다.

사법처리의 완결을 위해서는 철저한 조사에 의한 단서 확보가 무엇보다 중요하다. 검찰당국 입장에서도 주보험사기조사국에서 사건의뢰 시 최대한 완벽한 단서 및 기초자료를 제시해 줄 것을 요구하게 된다. 주보험사기조사국에서는 사건의뢰에 있어 조사와 자료준비에 각별한 신경을 써야 한다. 그리고 보험업계 및 주보험사기조사국은 보험당국의 법적조치, 민·형사소송절차 등을 성공적으로 종결시키기 위하여 단서 및 증거물의 필요 수준에 대한 이해가 필요하다.

한편 보험업계가 보험사기 의심건의 의뢰와 관련하여 주보험사기조사국에 대한 불만은 의뢰건 접수 이후 진정상황에 대한 정보입수가 어렵다는 데 있다. 이러한 문제점을 해결하기 위하여 코네티컷 주 등은 보험사기조사국이 의뢰보험회사와 지속적인 정보교환이 이루어질 수 있도록 의뢰건 접수에 대한 서면 통보 등의 절차를 명문화하고 있다. 보험사기조사국에서는 사건의뢰 시 보험회사가 제출해야 할 기초서류명단을 구비하여 보다 효율적인 업무처리가 가능토록 하는 경우가 많다.

또한 몇 주보험감독청에서는 경찰대학교와 연계하여 정규교과과정에 보험사기 과정을 개설함으로써 예비경찰수사관으로 하여금 일선에 투입되기 이전 보험범죄의 심각성을 인식하게 함과 동시에 경찰당국과의 친밀성을 높일 수 있는 계기를 갖게 된다. 보험회사의 특별조사팀이나 보험사기조사국에서는 통상적으로 전직경찰 수사관을 고용하고 있는데 이들이 경찰당국과의 업무협조에 있어서 중요한 역할을 한다.

공적기관 간의 정보공유도 보험사기를 위한 공동대응에 있어서 상당히 중요한 부문을 차지하는데 각주에서는 정보공유범위의 확대를 위하여 관련기관과의 접촉에 적극적으로 나서고 있다. 사실 데이터베이스 등 기술정보력의 활용이 보험사기 대책에 있어서 가장 효과적인 수단이다. 보험사기 방지 및 적발에 유용한 정보로는 계약정보 및 비계약정보가 있는데 계약정보는 ISO(Insurance Services Office) 등의 회원으로 가입하여 사용하는 경우가 많다. 미국의 보험사기조사국은 준사법기관인 관계로 사법기관과의 정보공유가 용이한 편이라고 할 수 있다.

보험사기조사국의 이용정보로는 사법처리건에 대한 기록(경찰청 정보 네트워크), 면허증 및 자동차등록정보(자동차면허 등록기관), 산재보험금지급현황(노동부Z), 실업수당(실업자보상기관) 등이 있다. 이들 정보에 대한 접근방법은 데이터베이스 공유에서부터, 팩스 혹은 직접방문 등 다양하다. 이러한 내용과 함께 관련 주체의 역할, 정보공유의 조건 등을 MOU(양해각서: memorandum of understanding)에 담아서 정보의 상호이용을 보다 체계화시킨 주도 있다. 보험사기방지대책을 이미 수년에 걸쳐 실천하고 있는 주들은 나름대로 관계기관과의 정보공유체계가 갖추어진 상태이며 다만 개인정보보호가 철저히 감안되어야 한다는 한계가 있다.

(3) 입법례

보험사기를 감소시키기 위한 방안으로 미국은 먼저 연방차원에서 1994년 「연방보험사기방지법(the Federal Insurance Fraud Prevention Act)」을 통과시켰다. 사법은 보험회사에 대한 횡령이나 부당이득을 연방범죄로 취급하도록 하였으며 사기행위에 대한 징역형과 민사재판을 규정하고 있다. 이 외에도 보험사기를 연방범죄를 취급하는 법률로서는 1994년의 「폭력범죄규제 및 처벌법(the Violent Crime Control and Law Enforcement Act)」이 있다. 사법은 특히 보험업자인 사기 행위자가 주간 교역에 영향을 미치는 경우에 연방범죄로 처벌하고 있다. 즉 허위진술을 하거나 고의적으로 그들 사업의 일부를 과

대평가하는 보험업자에게는 벌금이나 장기 15년의 자유형으로 처벌한다. 또한 보험회사의 자금을 횡령하는 대리점 또는 직원도 처벌하고 보험회사의 직원이 회사의 재무상태에 대해 허위의 사실을 작성하는 행위도 범죄로서 처벌하고 있다(최인섭 외, 2002).

주정부 차원에서는 거의 모든 주가 보험사기방지법을 제정하여 시행하고 있으며, 보험사기방지모델법은 보험사기방지협회(CAIF), 전미독립보험자협회 등의 보험관련단체에 의해 제정되었다. 각주에서 보험범죄를 중죄로 취급하고 있는가는 보험금사기(crime fraud)와 보험료사기(premium fraud)로 구분하여 볼 수 있다. 우선 보험사기는 거의 모든 주에서 중죄로 규정하고 있다.[17] 보험료 사기는 주로 산업재해보험 분야에서 많이 발생한다고 한다. 보험요율을 산정하는 경우에 보험회사는 근로자의 급료, 직무명세 및 기능, 고용주의 과거 손해실적 등에 한하여 고용주가 제공하는 정보에 의존하여야만 하는데, 여기에 부실고지의 가능성이 상당히 높다. 따라서 애리조나 주를 비롯한 11개 주에서는 산업재해보험료와 관련하여 중요한 사실의 부실고지를 중죄로 취급하는 법을 제정하였다(최인섭 외, 2002).

보험금 수령 등이 보험사기로 판명되는 경우에는 형사처벌 이외에 민사상의 제재로 그 변상(Restitution)을 사기범에게 요구할 수 있다. 현재 30개 주 중에서 보험사기로 확정된 사기범에 대해 그 변상을 규정하고 있다. 한 예로 뉴욕 주의 보험사기법에 따르면 사기적 보험행위를 한 자에 대해서는 보험금의 지급(청구)액과 5,000달러 미만의 민사상 제재를 부과할 수 있다고 규정하고 있다(안경옥, 2003).

---

17) 중죄로 처벌하지 않는 주는 4개 주 정도뿐이다.

2) 영국

(1) 현황

영국에서 보험사기관련 공동대책의 수립 및 추진 주체는 영국보험업자협회(ABI: Association of British Insurers) 산하 범죄사기방지국(Crime & Fraud Prevention)이다. 영국의 보험사기방지국은 1995년에 설립되어 보험사기의 방지에 있어서 업계, 경찰 및 당국 간의 협조체제 및 정보교환에 중추역할을 수행하고 있다.

범죄사기방지국은 보험회사가 의뢰한 사기 의심건 중 실제로 수사개시에 돌입하는 건이 극히 제한적인 것으로 파악되어 이를 시정할 목적으로 경찰협회와 공동으로 1999년 9월에 "보험업계와 경찰 간 보험사기 의뢰절차 관련 협정"을 제정한 바 있다. 동 협정에서는 보험회사가 경찰에 사건의뢰 시 충족시켜야 하는 사항과 더불어 사건의뢰승인과 관련하여 경찰이 보험회사에 필히 통보해야 할 사항 등을 주요내용으로 담고 있다.

한편 사법처리여부를 판가름할 핵심요소인 증거자료는 의심건과 관련된 모든 정보를 망라하는 것이 이상적인데 혐의에 대한 정황설명, 청구자의 성명, 주소, 생년월일 등이 포함되어야 한다. 이 외에도 보험금 부당청구건에 개입되었다고 판단되는 기타 관련자에 대한 입수 가능한 모든 자료와 혐의를 갖게 되는 원인, 부당청구의심건의 청구금액 및 해당 날짜 등 혐의점에 대한 요약, 청구건의 성격 및 정황설명에 대해 상세하게 기록되어야 한다. 여기에는 보험업자, 손해사정인 혹은 이들의 대리인에 의해 행해진 관련건에 대한 모든 조사내역도 빠짐없이 언급되어야 한다.

그리고 동 협정은 증거수집에 있어 될 수 있는 대로 수사경력이 있고 경찰증거법(PACE: Police and Criminal Act) 및 증거규정(Rules of Evidence)을 숙지하고 있는 자가 행할 것을 권고하고 있다. 즉 동 분야에 대한 전문지식 및 경력이 없는 자가 증거를 수집하는 경우 불완전한 또는 활용되지 못할 상태로 수집될 가능성이 있다는 것이다. 만일 조직 내에 전문지식을 지닌 사람이 없는 경우 사건 담당자는 초기단계부터 경찰로부터 자문 및 지원을 받는 것이 좋다.

영국은 비계약정보에 있어 아직 체계적인 교환망을 가동하고 있지는 않다. 하지만 최근 사회복지부(Department of Social Security)에서 "사기방지를 위한 민간업체와의 정보교환에 대한 검토(안)"을 발표한 바 있는데, 영국 보험업자협회를 비롯한 보험업계는 이를 계기로 정보교환 범위의 확대를 기대하고 있다.

즉, 동 검토(案)에서는 특히 은행, 보험회사 등 금융기관보유정보 활용에 대한 유용성이 강조되고 있는데, 사회복지부의 보험회사 실업보험금 지급정보의 이용에 대한 언급 이외에도 보험회사의 사회복지부 실업수당(JSA: job seeker's allowance) 정보이용의 필요성을 제기하고 있다. 동일인에 대해 사회복지부에서는 보험회사의 보험금지급 사실을 인지하고 있지 않을 수 있고 다른 한편 보험회사에서는 정상 출근을 하고 있다는 사실을 모를 수 있는데 이럴 때 두 기관 간의 정보교환은 정보의 정확성을 향상시킬 수 있다는 것이다.

(2) 방지기구 및 대책

영국에서는 과거 권역별 감독체계를 가지고 있었으나, 2000년 「금융서비스 및 시장법(Financial Service and markets Act 2000)」 제정을 계기로 금융감독청(FSA: Financial Services Authorities)이 감독 및 규제를 총괄하는 단일 금융감독체계로 전환하였다. 보험산업을 대상으로 한 FSA의 규제 및 감독의 중요한 목적은 효율적이고 효과적인 규제감독에 의하여 보험계약자(policyholder)가 적절한 상품을 계약하였다는 신뢰를 부여하며, 보험회사 및 공제조합이 채무를 이행하고 고객을 공정하게 대하도록 하는 것이다. 보험범죄방지기구로 영국은 미국과는 달리 정부차원의 보험전담 방지기구가 존재하지 않는 가운데, 경찰이나 검찰이 보험범죄를 다루고 있다. 민간차원에서는 보험사기방지관리소(CUE: The Claims Underwriting Exchange)와 범죄사기방지국(CFPB: The UK Crime & Fraud Prevention Bureau)이 활동하고 있다.

2. 프랑스와 독일의 보험범죄 방지대책

1) 프랑스

(1) 현황

프랑스는 1975년도에 보험사기로 인한 화재보험의 손해율이 악화되자 보험자들은 화재보험금 지급청구와 관련한 질의서를 통해 보험사기를 방지하려는 노력을 기울이기 시작했다. 프랑스의 경우 생명보험 및 손해보험에서 발생하는 보험 사기건수는 꾸준히 증가추세를 보이고 있는 데 반해서 화재보험과 자동차보험에 있어서는 보험사기 방지기구의 활동으로 그 비율이 감소하고 있는 것으로 나타나고 있다(탁희성, 2000: 93).

(2) 방지기구

보험사기에 대한 엄중대처 인식의 확산으로 1984년도에 『보험사기대책정보교환위원회』가 발족되었고, 1986년도에 『보험사기대책정보교환그룹』으로 발전했으며 같은 해에 화재보험사기대책 연합회 내에 『보험사기방지과』가 설립되었다. 이를 기반으로 하여 1989년 1월에 『보험사기방지기구(The Agency for the Fight against Insurance Fraud)』가 창설되었다.

『보험사기방지기구』는 보험사기 방지 및 예방을 위한 비영리단체로서 보험사기에 관한 모든 정보의 수집, 집적(集積), 가공, 전달 및 적절한 법적 수단의 활용, 경찰 및 정부관계자의 긴밀한 협조 등을 통하여 1998년도에는 약 34,000건의 사건을 해결하는 등 효율적인 성과를 보이고 있다. 또한 보험사기방지지구는 보험사기방지 전담요원들이 각종 보험사기 관련자료들을 상호 교환할 수 있는 정보교환센터를 운영하고 있으며, 매년 각 보험종목에 대해 실제 사례를 토대로 수집된 정보를 기초로 보험사기 주요원인, 유형, 발생장소 및 조건별로 파일을 운영하여 보험사기에 대한 새로운 지표와 양질의 위험선택의 토대를 마련하는 데 큰 기여를 하고 있다.

2) 독일

(1) 현황

독일 보험협회에 따르면 2001년 독일 보험료 수입의 규모는 2000년의 1,318.2억 유로에 비해 2.7% 증가한 1,353.9억 유로에 비해 2.4%가 감소한 1,485억 유로에 달하고 있다.[18]

이를 주요 보험 분야별로 세분하여 살펴보면, 먼저 생명보험의 경우에 2001년 보험료 수입은 전년도의 612.3억 유로에 비해 1.9%가 증가한 623.3억 유로, 지급보험총액은 전년도의 881억 유로에 비해 6.6%가 감소한 822억 유로에 이르고 있으며, 사의료보험분야의 2001년 보험료 수입은 전년도의 207.1억 유로에 비해 4.9%가 증가한 217.2억 유로, 지급한 보험금 총액은 2000년의 241억 유로에 비해 6.9% 증가한 497.4억 유로, 지급한 보험금 총액은 2000년의 399억 유로에 비해 0.9% 증가한 402억 유로에 이르고 있다.

---

18) http://222.bafin.de/bafin/organigramm.pdf. 이 총액에는 보험금 지출 이외에 발생되거나 발생될 보험사고에 대한 예비비 및 생명·건강보험 분야에 있어서의 보험료 환불액이 포함되어 있다.

이 중에서 특히 자동차 보험의 2001년 보험료 수입은 전년도의 203.6억 유로에 비해 4.8% 증가한 213.4억 유로, 지급한 보험금 총액은 2000년의 204억 유로에 비해 1.0%가 감소한 202억 유로에 이르고 있다(최인섭 외, 2002).

독일의 보험범죄 현황을 살펴보면, 유럽보험위원회는 독일에서 보험범죄가 매년 증가추세에 있으며 약 20~40억 마르크가 보험범죄로 인해 지출되는 것으로 추정하고 있다. 그리고 손해보험분야에서는 보험금 수입의 약 10~30%가 보험범죄로 유출되고 있다고 보고하고 있다(탁희성, 2000). 한편 독일 보험업회는 2002년 1월의 자료에서 보험범죄가 대규모로 발생하며 일상화된 사회현상이 되고 있다고 보고하고 있다. 이 자료에 따르면 조사 대상자(보험가입자)의 약 25%가 이미 1회 이상 보험금을 사취한 경험이 있으며, 사취금액의 90% 이상은 500유로 이하라고 하였다. 또한 보험업계는 매년 40억 유로 이상이 보험범죄로 인해 지출되고 있다고 추산하고 있다. 보험범죄의 발생빈도는 사채임보험(私債任保險), 가계손해보험(家計損害保險), 자동차보험(自動車保險) 순으로 빈번하게 발생하며, 책임보험분야에서는 매년 8억 유로 규모의 보험사기가 발생하는데 그중 25% 정도를 보험사고 조작에 의해 지출되는 것으로 전문가들은 추정하고 있다. 자동차보험 분야에서는 신고·접수된 사고의 약 8~10% 정도가 고의 야기 및 허위 과장된 보험사기에 해당하고, 그 피해액은 약 10억 유로에 달하는 것으로 추정하고 있다.[19]

(2) 방지대책

보험사기가 계속 증가하자 독일은 보험사기방지에 많은 관심을 가지고 보험사기와 같은 범죄적 행위가 유발시키는 사회적 비용에 대하여 그리고 보험사기가 보험가입자에게 미치는 결과에 대하여 홍보캠페인을 벌이는 등 적극적인 노력을 펼치고 있다. 또한 독일에서는 보험사기가 감시 및 근절될 수

---

[19] http://www.dgv.de/preseservice/16813.htm.

있도록 독일보험협회 내에 중앙데이터뱅크를 설립하였으며, 보험사기 방지활
동도 전개하고 있다.

보험업계도 보험사기 등의 보험범죄를 예방하고 이를 발견하기 위해 자체
적으로 특별조사팀을 운영하고 있다. 보험업계에서는 보험사기의 적발과 방
지에 기여할 수 있는 자동화된 『데이터 평가시스템』을 사용하고 있다. 보험
사기의 의혹과는 상관없이 모든 보험사고는 이 정보시스템을 통해 심사받게
된다. 그 과정을 보면, 먼저 보험회사에 보험사고가 접수되면서 보험회사는
이 사고가 보험분야별로 정해진 특별한 기준에 해당하는지의 여부를 조사한
다. 만약 이러한 기준에 해당하는 사실이 있으면 보험회사는 접수된 보험사
고를 중앙신고센터에 신고한다. 여기서 보험소비자(보험가입자)의 생명, 주소
등의 신상에 관한 사항은 코드화되어 저장된다. 암호화된 후에는 원래의 데
이터는 파기되고 따라서 관련자의 구체적 신상에 대하여는 어떠한 역추론(逆
推論)도 불가능하다. 그 이후에 다른 보험회사에서 보험사고의 접수가 있으
면, 이 사고는 이제 『데이터 평가시스템』에 저장되어 있는 암호화된 위험요
소(Wagnisbestand)와 비교되고, 후자의 보험회사는 이 정보시스템이 암호로
보유하고 있는 손해 관련 정보, 즉 손해를 최초에 보고하였던 보험회사에 대
한 정보를 제공받는다. 그 후 구체적인 정보의 교환은 이 들 두 보험회사 간
에만 이루어지게 된다. 이는 보험회사의 정보교환을 통해 개인의 정보가 무
분별하게 유출되는 것을 막기 위함이다(최인섭, 2002).

독일에서는 금융환경변화에 능동적으로 대응한다는 명분하에 금융권역에
따라 별도로 감독업무를 수행하던 기존 기구들을 통합하여 2002년 단일한
국가기관인 금융감독청(BAFin)을 설립하였다. 금융감독청은 보험사업의 인가
및 취소, 자료요구 및 검사·제재, 보험감독관련 규칙·명령·지침 등의 제
정과 개정업무를 담당하고 있다. 보험회사에 대한 감독업무는 보험감독법에
의해 금융감독청의 제2 감독국인 보험감독국에서 전담하고 있다. 보험범죄방
지기구는 영국과 마찬가지로 공적 차원에서는 주정부나 연방정부 차원의 보
험전담 방지기구가 존재하지 않는 가운데 경찰이나 검찰이 보험범죄를 다루

고 있고, 개별 보험사 차원에서는 대부분의 회사가 보험사기방지 특별과를 설치·운영하고 있다.

(3) 입법례

독일은 보험범죄를 일찍부터 형법에서 규정하고 있었는데, 최근 1998년 4월 제6차 형법개정법을 통해 종래 형법 제265조의 보험사기죄[20]를 보험남용죄[21]로 개정[22]하고 그 적용범위를 확대하였다. 신법은 보험남용죄는 자기 또는 제3자에게 보험금 지급을 위해 보험에 가입된 물건을 훼손·파괴, 그 사용을 침해·제거하거나 또는 타인에게 교부하는 자는 3년 이하의 자유형 또는 벌금형에 처한다. 보험금을 지급받기 위한 이러한 사기적 행위를 제외한 다른 범죄(살인, 방화 등)를 저지른 경우에는 해당 관련 범죄에 대한 처벌규정을 통해 처벌할 수 있다. 예컨대 보험금을 목적으로 사람을 살해하는 경우에는 살인죄 중 모살(謀殺)로 처벌할 수 있으며 이를 별도로 처벌하는 규정을 두는 것은 아니다.

본 규정은 보험범죄보다는 보험사기와 관련이 있는 규정이므로 형법의 사기죄와는 보충적 관계에 있다고 할 수 있다. 보험금을 청구하여 지급받은 경우 보험회사의 재산상의 손해가 발생했기 때문에 사기죄의 구성요건을 충족하며, 이 경우에는 본죄로 처벌하는 것이 아니라 사기죄로 처벌된다. 따라서 본죄는 사기죄의

---

20) 구 형법 제265조(보험사기): ① 사기의 의사로 화재보험에 가입한 재물에 방화하거나 선박 자체, 화물 또는 화물운임이 보험에 가입되어 있는 선박을 침몰 또는 좌초시킨 자는 1년 이상 10년 이하의 자유형에 처한다. ② 제1항의 행위가 중하지 아니한 경우에는 6월 이상 5년 이하의 자유형에 처한다.

21) 개정 후 독일형법 제265조(보험남용) (1) 자기 또는 제3자에게 보험금 지급을 위해 보험에 가입된 물건을 훼손·파괴, 그 내용을 침해 제거하거나 또는 타인에게 교부한 자는 그 행위가 제263조에 의한 형벌로 처벌되지 않은 경우에 3년 이하의 자유형 또는 벌금형에 처한다. (2) 본죄의 미수범은 처벌한다.

22) 독일은 보험범죄를 일찍부터 형법에서 규정하고 있었는데, 1998년 4월 제6차 형법개정법을 통해 종래 형법 제265조의 보험사기죄를 보험남용죄로 개정하고 그 적용범위를 확대하였다.

전 단계에 해당하는 행위를 처벌하여 보험사기를 사기의 전 단계인 예비·음모 단계에서부터 이미 강력하게 방지하기 위해 마련된 규정이라고 하겠다.

독일에서는 금융환경변화에 능동적으로 대응한다는 명분하에 금융권역에 따라 별도로 감독업무를 수행하던 기존 기구들을 통합하여 2002년 단일한 국가기관인 금융감독청(BAFin)을 설립하였다. 금융감독청은 보험사업의 인가 및 취소, 자료요구 및 검사·제재, 보험감독관련 규칙·명령·지침 등의 제정과 개정업무를 담당하고 있다. 보험회사에 대한 감독업무는 보험감독법에 의해 금융감독청의 제2 감독국인 보험감독국에서 전담하고 있다. 보험범죄방지기구는 영국과 마찬가지로 공적 차원에서는 주정부나 연방정부 차원의 보험전담 방지기구가 존재하지 않는 가운데 경찰이나 검찰이 보험범죄를 다루고 있고, 개별 보험사 차원에서는 대부분의 회사가 보험사기방지 특별과를 설치·운영하고 있다.[23]

3. 일본, 중국, 호주의 보험범죄 방지대책

1) 일본

(1) 현황

일본은 생명보험협회에 가입한 생명보험회사가 현재 42개 사이며 생명보험분야의 2001년도 총 자산 규모는 184,370,910만 엔에 달하고 있다. 그리고 생명보험분야의 2001년도 보험료 수입은 2002년도에 비해 2.8%가 감소

---

23) 독일형법 제265조의 보험사기는 화재보험의 방화, 화물 또는 화물운임이 보험에 가입되어 있는 선박에 대한 사기에만 적용되는 규정으로 한정된 것에 대하여 이의를 제기하는 경우가 있다. 즉 보험사기를 직무범죄행위에 포함시키는 것은 옳지 않다. 범죄의 구성요건은 피보험자에 한해 제한된 특별범죄행위가 아니라 어느 누구에 의해서도 범해질 수 있다.

한 26,185,887만 엔이며, 지급된 보험료는 2000년도에 비해 11.1%가 감소한 7,611,704만 엔에 그치고 있다. 한편 일본 손해 보험협회에 가입한 회사는 현재 26개 사이다. 손해보험의 사업실적을 보면 2001년도 총 계약건수가 175,061,043건으로 보험료 수입은 6,927,189,476만 엔에 이르고 있다. 이는 2000년에 비해 총 계약 건수는 2.9%가, 보험료 수입은 0.4%가 감소한 수치이다. 그에 비해 자동차보험분야에서는 보험료 수입은 3,676,513만 엔으로 전년도에 비해 0.7% 정도 증가한 것으로 드러났다. 자동차보험에서의 보험금 지급 규모는 2001년도에 2,114,951백만 엔 정도에 이르고 있다(최인섭 외, 2002).

(2) 방지대책(안병재, 2000: 61-62)

일본의 경우, 보험범죄의 전문조사나 수사업무를 전담한 별도의 정부기구는 없으나,『일본손해보험협회』를 중심으로 보험금 부정청구 및 폭력배제 등 보험범죄방지를 위해 1979 4월 폭력단에 의한 보험금 부정청구가 다발(多發)했던 교통지역을 시작으로 1983년 9월까지 지역(현)별 경찰서와 보험회사 간에 정보수집, 교환, 집적 및 검·경조사 등을 위한『손해보험방범대책협의회』를 47개 현에 설립 현재 약 1,000명의 회원을 확보하고 있으며 산하에 손해조사과장으로 구성된 '손해조사사정위원회'를 두고 월 1회 정례회의를 통해 범죄 의심사항 토론, 경찰조사 통보, 검·경과 수사협조, 연수, 홍보 등의 활동을 벌이고 있다. 일본은 2000년 기존의 금융감독청과 대장성 금융기획국을 통합하여 새로운 통합금융감독기구인 금융청을 설립하였다. 금융청은 중앙공무원으로 구성된 정부기구로서 내각부의 외국형태로 존재하며 특명담당대신이 관장하고 있다. 금융청의 설립으로 대장성은 재무성으로 명칭을 변경하고 재정부문만 담당하게 되었으며, 금융부문은 금융청이 총괄하게 되었다. 보험범죄 방지기구로는 일본의 경우도 보험범죄를 전문적으로 조사하거나 수사업무를 전담하는 별도의 정부조직은 없고, 보험업계가 자율적으로 보험범죄를 방지하는 활동을 벌이고 있다(박종현, 2005). 한 예로 생명보험 리

서치센터는 생명보험업계 공동의 조사기관으로 계약성립 이전의 경우에는 피보험자의 건강·직업 및 기타 정보를 수집·확인하고, 계약이 성립된 이후에는 피보험자의 기왕증·합병증 등에 대한 불고지 유무확인 및 관련 자료의 수집활동을 벌이며, 보험수익자의 보험금 청구가 있는 경우에는 보험금 청구내용에 대한 사실확인 활동도 벌이고 있다.

(3) 입법례

일본은 정보자료의 상호조회 및 과학적 관리를 위해 '자동차사고 정보교환시스템(1988.12.)'과 '인보험사고정보교환시스템(1990.12.)'을 보험회사 간 온라인 전산망으로 구축, 자동차 보험과 상해보험에 대한 중복계약, 사고경력, 부정청구 등 보험사기정보를 데이터베이스에 입력하고 있다. 한편 1991년 5월에는 보험폭력을 포함한 「폭력단원에 의한 부당행위 방지 등에 관한 법률」을 제정·공포하여 정부당국이 앞장서서 보험범죄에 강력히 대처하고 있다.

2) 중국

(1) 현황

중국은 시장경제체제[24]의 도입과 금융체제개혁의 부단한 진전, 특히 금융시장의 확대로 금융업이 국민경제에서 차지하는 비중이 커질 뿐 아니라, 금융범죄도 계속 증가하고 있는 실정이다.

중국은 지난 80년대 이후부터 시장경제가 도입되기 시작하였고 신구금융

---

24) 중국헌법 제15조 제1항 "국가(중국)는 사회주의 시장경제를 실시한다." 본 조항은 1993년 3월 29일 중국 제8기 인민대표회의 제1차 회의에서 통과된 「중화인민공화국헌법개정안」 제7조의 개정이며, 개정된 9개 조항 중 중요한 내용은 "국가(중국)는 사회주의 시장경제를 실시한다"는 조항을 처음으로 중국 헌법에 명문화한 점이다.

체제가 교체되는 환경 속에서 금융사기사건은 현저히 증가하였다. 이러한 금융사기사건 중에서 특히 보험범죄는 새로운 형태의 금융상품이 출시됨에 따라 수법이 다양화되고 지능화되는 데 그 특징이 있다. 최근 몇 년 이래 은행, 보험회사 등 금융기관은 새로운 형태의 금융상품을 출시하였고, 이와 더불어 새로운 보험범죄가 계속 증가하고 있는 현실이다.

중국보험회사들은 외국계 보험회사의 진출 확대에 따라 경쟁력을 강화하기 위하여 구조조정을 가속화하는 한편 기업공개를 추진하였다. 기업공개는 중국 보험회사들이 사업 확장을 위한 자금 조달을 가능하게 할 뿐만 아니라 보험회사들의 효율적인 경영과 투명성 제고를 촉진하였다(금융감독원 2007).

2006년 말 중국에는 87개 보험회사가 영업 중이며 그중 중국보험회사는 46개이고 외국계 보험회사(합자사 포함)는 41개 사로서 중국 보험사와 외국계 보험사의 비율은 처음에는 외국계 보험사의 비율이 높다가 차츰 중국 보험사의 비율이 높아 가고 있는 실정이다.

(2) 방지대책

중국은 지난 80년대 이후 시장경제의 도입으로 경제가 급속도로 성장하는 환경 속에서 보험사기는 중국경제가 전면적으로 회복되고 급속하게 발전됨에 따라 생겨나기 시작했으며 계속하여 증가하는 추세에 있기 때문에 중시되지 않을 수 없을 뿐 아니라 더욱이 아직 완비되지 못한 사회보장제도를 보호하기 위하여 보험사기죄를 형법 제198조에 도입하게 되었다고 볼 수 있다(황만성·신의기·탁희성, 2006: 52-53).

특히, 보험사기죄를 형법에 규정하였고, 액수가 특별히 많거나 특별히 중한 사건의 경우는 10년 이상의 유기징역에 처한다고 규정하는 등 비교적 강력한 법적 대응을 하고 있음은 이미 국내의 많은 보험사가 중국시장에 진출한 상황에서 미온적 대응책을 유지해 온 우리에게도 시사하는 바가 크다고 할 수 있을 것이다.

(3) 입법례

중국은 1979년 처음 형법을 제정할 당시 금융사기범죄에 대한 처벌규정을 두지 않았다. 하지만 경제개혁 및 사회가 개방되면서 금융사기범죄의 발생이 증가함에 따라 1995년 전국인민대표회의에서 "금융질서를 파괴하는 범죄를 처벌하는 것에 대한 결정"을 통과시켰다. 이 결정에 의하여 당시 발생률이 높고 그 위해성이 높은 자금조달사기, 금융어음사기, 신용카드사기, 보험사기 등 7가지 금융사기행위를 독립적인 범죄로 규정하였다. 이에 따라 1997년 수정을 거쳐 통과된 중국 신형법전은 금융사기범죄에 대한 대폭적인 수정을 가하게 되었고, 각칙 제3장에 금융사기죄를 규정하였으며, 동시에 보험사기 죄도 중국형법전에 명문화하게 되었다.

즉, 중국 형법 제198조에 보험사기죄를 규정하여 1997년 1월 1일부터 시행하고 있다. 중국 형사법상 보험사기죄는 보험업자와 보험계약자 각각의 보험금 편취를 위한 사기행위를 중심으로 구성되었으며, 거의 모든 보험범죄행위를 포괄하고 있다는 점에서 그 의미가 있다고 하겠다. 또한 양형에 있어서도 사기보험금액의 규모에 따라 형을 달리하고 있으며 징역형과 벌금형 또는 재산몰수를 병과함으로써 범죄행위로 인한 불법적 이득을 행위자가 얻을 수 없도록 하고 있음을 알 수 있다.

3) 호주

(1) 현황

호주 보험협회에 따르면 연간 청구된 보험료의 약 140억 호주달러가 청구되는데 그중 10%인 14억 상당의 호주달러가 위조 및 과장된 청구에 의하여 지급된다는 것이다(Baldock, 1997: 1). 이러한 보험사기에 의하여 발생하는 비용은 정직한 보험계약자가 더 높은 보험료를 납부하는 결과가 된다. 법을 잘 지키는 시민과 정직한 사업을 하는 사람들에게 지워지는 보험료 부담은 국가적으로는 정당한 경제적 경쟁에 장애가 되고 결국 국가의 재정에 악영향을 줄 수 있다. 이런 경향과 이슈들은 보험업계와 호주경찰이 보험사기에 관하여 대책을 강구해야 하는 환경을 제공하고 있다.

호주 보험업계에 따르면 연간 납입되는 보험금 중 10%가량이 보험사기에 의해 손실되는데 이런 사기보험청구가 보험정책의 70호주달러의 추가비용이 발생되고, 이는 평균적인 가정에 연간 400호주달러의 보험비용을 발생시킨다고 보고 있다. 과거에는 보험사기가 탐욕 또는 사업에 실패한 사람이 자신의 사업체에 방화를 하여 보험금을 청구하는 특정 개인의 문제로 인식되어 왔다. 그리고 보험회사들 간의 정보공유는 거의 존재하지 않았다. 이런 환경에서 보험사기자들에게는 특정한 보험회사에서 다른 보험회사로 옮겨 다니면서 범행을 자행하였고, 1970년대에는 그와 같은 결과 보험사기로 보험료 증가가 외부로 드러나기 시작했다. 그래서 제3자 상해보험과 관련한 특정분야에 있어서는 초보적인 보험사기가 유행처럼 번져 갔다. 이때 호주 보험회사들은 서로의 협력이 필요하다는 것을 인식하였고, 보험청구절차를 엄격화시켰으며, 보험업계와 법집행기관 사이의 상호 협력이 필요하다는 사실을 알게 되었다.

1980년대에 들어와서 보험사기 비용은 기하급수적으로 증가하였다. 자동차사고와 관련한 보험금 사기는 아주 평범하게 이루어졌다. 그 후 1987년 주가폭락과 이어지는 경기 침체는 화재보험청구의 증가로 나타났으며, 이는 곧 근본적인 보험사기 대처 방안을 강구해야 할 필요성을 인식하였다.

호주보험업계에서 실시한 조사결과에 의하면 조사 참여자의 25%는 주위에서 과장되게 청구한 사실을 알고 있었고, 14%는 이런 과장청구가 용인되는 것으로 인식하고 있었다. 보험사기는 세금사기와 같이 직접적인 피해자가 없는 범죄이다. 이런 피해자가 없는 범죄의 비용은 고스란히 일반적인 보험가입자들에게 더 높은 보험료로 부과된다. 참여자의 94%는 부당한 보험금 청구가 정직하지 못한 것이라고 인식하였으며, 주변에서 보험사기를 우연히 알게 되더라도 50%가량은 아무런 조치를 취하지 않을 것이라고 말하였다고 한다.

(2) 보험사기 방지대책

보험사기가 계속 증가하자 호주보험사들은 집중적인 전문조사팀의 필요를 인식하였고, 이런 조사팀은 보험사기 전문교육을 이수한 경험자들로 구성되었다. 이 중에는 전직 경찰관이거나 다른 사기범죄를 수사한 경험이 있는 자들이다. 이들은 보험사기 가능성이 있는 사안들을 분석하여 보험사에 알려주는 역할을 하였다. 그래서 사기보험청구를 찾아내는 데 초점을 맞추는 등 대처를 해 오다가 1991년에는 결국 보험감독협회가 발족되었다. 이는 39개 보험회사의 정보를 데이터베이스화하였고, 400여 명의 손해사정인들이 참여하였다. 보험감독협회의 목적은 보험업계의 보험사기범죄관리와 예방을 도와주는 것이었다. 보험감독협회는 수상한 자들의 보험금 청구이력을 확인하기 위해 이중으로 조사를 하였다. 데이터 정보의 집중화는 보험사기자들이 더 이상 불순한 생각으로 한 보험사에서 다른 보험회사로 옮겨 다니는 것을 확실히 방지해 주었다.

주(州) 경찰기관에 연계한 보험협회가 주관한 보험사기 현상금 계획은 보험사기의 문제점을 극복하기 위한 방법으로 보험사기의 정보를 수사기관에 제공하면 25,000호주달러를 보상금으로 지급하였다(호주보험협회, 1996).

주요 대형 보험회사들은 회사 내에 법률부서가 있거나 외부의 로펌과 연계되어 있다. 오늘날은 전에 수사기관에 근무하였던 전문적인 조사관들이 보험회사에 고용되는 것은 보험범죄와 관련하여 필수적 요소이다.

한편, 보험사기는 범죄행위이며, 보험사기를 행하는 자들은 다른 범죄자와 똑같이 취급될 것이라는 명확한 메시지를 지역사회에 전달할 수 있을 것으로 보고 있다. 보험범죄의 수사와 기소에 관한 적절한 언론보도는 보험범죄는 범죄이고, 이를 행한 사람은 반드시 발견되어 처벌받는다는 공중인식을 강화시킬 것이다. 보험계약서와 보험청구서에 거짓정보 또는 잘못된 정보의 기입은 범죄행위라는 시각적인 경고 문구를 계약서에 포함시키면 보험사기를 예방하는 데 많은 도움이 될 것이라고 주장하였다(Baldock, 1997: 6).

4. 각국의 보험범죄 방지대책의 비교·분석에 따른 시사점

미국은 보험범죄에 대응하기 위한 연방보험사기방지법을 제정하여 운영하고 있으며, 세계에서 보험금 누수율이 가장 낮은 일본은 보험범죄 등을 강력히 규제하는 「폭력단원에 의한 부당행위방지 등에 관한 법률」을 제정하여 운영하고 있다. 또한 독일과 중국은 형법에 보험사기죄를 규정하여 보험범죄를 강력히 대처하는 등 보험선진국들은 우리나라에 비하여 대부분 국가적인 차원에서 보험범죄에 강력한 제재수단을 두고 있음을 알 수 있다.

보험규모 세계 7위인 우리나라도 이제는 선진국에서 운영하는 것처럼 형법에 보험사기죄를 따로 규정하거나 또는 보험사기를 효율적으로 대응할 수 있는 강력한 특별법의 제정을 검토해 볼 수 있을 것이다.

각국의 보험범죄 대응 방안은 <표 3-18>과 같다.

〈표 3-18〉 우리나라와 해외 국가별 보험범죄 대응 방안 비교

구분 국가	입법례	방지기구	주요업무
미국	▶ 연방보험사기방지법	▶ 보험사기국 ▶ 전미보험범죄방지국	▶ 보험범죄 수사 ▶ 보험사기 예방
영국	▶ 경찰과 검찰이 보험범죄 취급	▶ 보험사기방지국 등	▶ 경찰과 협조체제 ▶ 당국과 정보교환
프랑스	–	▶ 보험사기방지기 구	▶ 보험사기방지 ▶ 경찰과 협조
독일	▶ 형법에 보험사기(남용) 죄 규정	▶ 금융감독청	▶ 보험사업의 인가 등
호주	–	▶ 보험감독협회	▶ 보험범죄관리 및 예방
일본	▶ 폭력단원에 의한 부당행위 방지 등에 관한 법률 제정	▶ 손해보험방범대책협의회	▶ 검·경과 수사협조 및 홍보 등
중국	▶ 형법에 보험사기죄 규정	▶ 금융감독원	▶ 보험회사의 투명성 제고
한국	▶ 형법의 일반사기죄 적용	▶ 금융감독원	▶ 보험사기 조사업무 총괄

제4절 외국 보험회사 차원의 보험범죄 관리 대책

1. 외국 보험회사 보험범죄 관리 실태

1) State Farm(안철경 외: 2002)

State Farm사의 보험사기에 대한 방침은 내부적으로는 보험사기에 대한 대내적 인지도를 확산하고, 보험사기 방지활동 프로그램의 개발 및 다양한 대응전략에 주력하는 것이다. 이를 기본으로 회사는 직원 및 기타 관련종사

자들을 지원하여 정당하지 않은 클레임 등 보험사기를 방지하기 위한 실질적인 노력을 수행한다. 외부적으로 보험사기와의 싸움은 대중적 지원을 필요로 한다는 점을 중요시함에 따라, 보험소비자, 입법 및 법률개정자, 법 집행기관, 보험사기 관련기관 등과 공동으로 보험사기 적발 및 법률개정자, 법 집행기관, 보험사기 관련기관 등과 공동으로 보험사기 적발 및 억제 환경을 조성하는 데 전사적 차원의 많은 자원을 투자하고 있다.

이와 같은 회사차원의 대내적 보험사기방지 인프라를 구축하기 위해서는 폭넓은 지원과 협력이 요구된다. 보험사기와의 전쟁은 현명한 소비자의 합리적 선택에 의해 허용되거나 관용되는 단순한 경제적 측면의 인정행위가 아니라, 형사적 범죄행위로 다루어져야 할 범법행위로서 다수의 선량한 사회 구성원에게 해가 된다는 사실을 인식할 때에 성과를 기대할 수 있다.

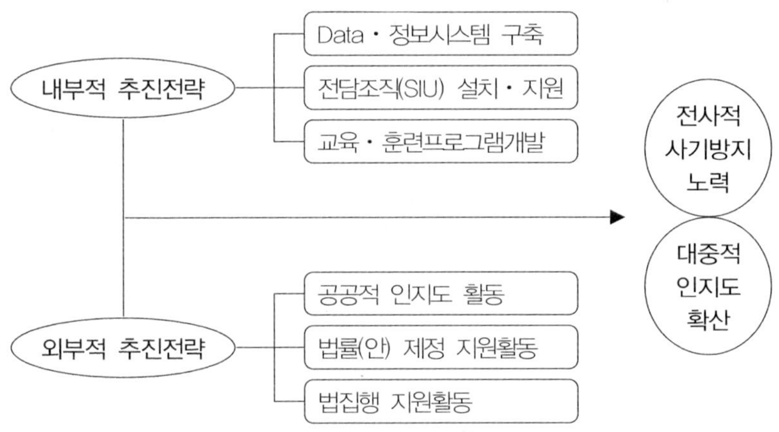

출처: 금융감독원, 보험개발원, 보험사기관리보고서(2001).

〈그림 3-9〉State Farm사의 보험사기 방지 추진방향

State Farm사는 이러한 기본방침하에 보험사기전담조직인 보험사기 특별조사팀(SIU: Special Investigation Unit, 이하 SIU라 한다)을 설치하여 미국, 캐나다 등에 약 190개, 1,400여 명의 직원[25]을 두고 있다.

SIU는 보험소비자 사기(Consumer Fraud) 클레임만을 취급하는 것이 아니라, 보험회사 사기(Insurer Fraud), 보험대리점 사기(Agency Fraud), 보험계약 사기(Application Fraud) 등 모든 종류의 보험사기를 취급한다. State Farm사에서 중요하게 취급하는 보험사기 유형은 다음과 같다.

〈표 3-19〉 State Farm사의 보험사기 유형

유형	내용
보험소비자 사기	• 손해가 발생하게 된 경로에 대해 거짓 진술하는 행위 • 사고가 발생하였을 때, 이미 손해가 존재하고 있었던 경우 • 차량의 주요 운전자라고 기재한 자가 실제로 21세 미만인 경우
보험회사 사기	• 보험회사 직원이 의사 또는 차량수리공장으로부터 뇌물을 제공받고, 보험회사를 기만하는 경우 • 보험회사 대리점이 보험계약자로부터 받은 보험료를 회사로 이송하지 않고, 계약자가 클레임 청구를 하기만을 희망하는 경우 • 허위 보험회사를 설립하여 선량한 소비자로부터 보험료 갈취, 보험금 지급을 하지 않는 경우

출처: 금융감독원, 보험개발원, 보험사기관리보고서(2001).

보험사기 조사 착수에 있어 가장 중요한 단서 및 조사기준은 보험사기지표이다. State Farm사는 회사가 개발한 독자적인 보험사기지표는 없고, 대부분의 보험회사와 마찬가지로 전미보험방지국(NICB: National Insurance Crime Bureau)에서 개발하여 제공한 보험사기지표를 활용한다.[26] NICB에서 제공하는 보험사기지표는 다음과 같다.

• 근재보험 사기지표(Indicators of Workers' Compensation Fraud)

---

25) 이는 전체 클레임 종사자의 3~3.5%에 해당한다.

26) NICB의 보험사기지표를 사용하는 가장 큰 이유는 사기지표의 객관성(objectivity)을 확보하고 향후 발생할 수도 있는 소송에 대비하기 위함이다. 예를 들면 회사가 지사의 클레임 데이터를 가지고 보험사기지표를 개발할 경우 지역·성·인종 등의 단체로부터 소송이 제기될 소지가 있으며, 이 경우 회사의 이미지 손상은 물론 소송에서 패할 경우 경제적 손실이 우려되기 때문이다.

・자동차 도난 사기지표(Indicators of Vehicle Theft Fraud)

・자연재해보험 사기지표(Indicators of Catastrophe Fraud)

State Farm사의 SIU 조사자는 사기혐의성 사건의 조사 시 내부적으로 규정되어 있는 도구상자(Tool Box)를 활용한다. 도구상자는 일종의 사기혐의성 클레임을 처리하는 절차(내부규정)로서 모든 클레임에 대해 적용하며 사건별로 변형하여 활용하고 있다. 이는 조사자에 따라 접근 방법은 상이하겠지만 일단 사기혐의성 조사를 위해서는 매뉴얼에 따라 동일한 절차를 적용한다는 것을 의미한다.

반면, 사기혐의성 파악 및 보험사기범 조사를 위한 전문시스템, 예를 들면 스코어링 시스템(Scoring System) 혹은 사기적발자동화시스템 등은 아직까지 활용하고 있지는 않다.[27] 동 시스템에 대해서는 아직까지 정확성에 많은 문제점이 있다고 판단함에 따라, 현재 상태에서 이러한 전문시스템이 SIU의 전문조사자를 대체하기에는 곤란하고, 단지 보조적인 역할만을 수행하고 있다.

전문시스템과는 달리 데이터베이스 시스템은 ISO와 NICB의 데이터베이스를 혼합하여 사용하고 있으며, 활용도가 매우 높은 편이다. 회사는 데이터베이스 시스템의 활용을 위해 데이터마이닝 기술과 기관 간 및 회사 간 상호협조를 위해 노력한다. 데이터베이스는 특정인이 혐의성 클레임과 관계되었을 경우 확인이 가능하고, 사고요인(factor)의 발견에 사용할 수 있다. 그러나 혐의성 클레임인지의 여부는 결국 전문 조사자가 판단하여 결정을 내리게 되며, 컴퓨터는 정보만 제공할 뿐 일정한 한계가 있다.

SIU의 핵심업무는 사기혐의성 클레임에 대한 조사업무이며, 그 외에 일반 보상 부서의 교육, 훈련 등을 중요한 업무로 취급하고 있다. 보통 일선 보상 부서의 클레임 중 복잡한 사건이나, 사기혐의성 클레임 등은 SIU로 이송하게

---

27) 이러한 시스템은 기술의 발달에 따라 활용가능성이 점차적으로 높아지고, 그 필요성 또한 요구되고 있다고 판단하고 있다. 따라서 대부분의 손해보험회사의 경우 현재는 사용하지 않으나 향후 추진될 것으로 보인다.

되며, 이송기준(referral criteria)은 주로 보험사기지표를 활용하여 보상직원이 결정하게 된다. SIU의 조사업무는 법, 혹은 보험약관이 허용하는 범위 내에서 수행하게 되어 한계가 드러나고 있다.[28] 예를 들면 손해보험의 경우는 자료제출요구권, 조사협조요청권이 있는 반면, 생명보험의 경우 동 권한이 없어 조사 시 애로사항이 있다.[29] State Farm사의 SIU는 사기조사 시 거짓말탐지기를 사용하지 않는다. 그 이유는 대체적으로 동 기구가 신뢰성에 문제가 있고, 주별로 상이하지만 미국의 법원에서 증거능력을 인정하지 않는 경우가 많기 때문이다.

SIU의 조자직원에 대한 금전적인 인센티브는 제공하지 않는 것을 원칙으로 한다. 조사직원들에 대한 경제적 인센티브는 보험사기 방지에 경쟁적으로 작용하여 오히려 고객들에게 부담을 줄 수 있기 때문이다. 또한, 인센티브를 부여하기 위해서는 투입대비 산출을 공정하고 정확하게 측정하여야 하나 SIU 업무 특성상 계량화가 곤란한 부분이 많기 때문이다.

SIU의 조사활동은 주보험청(주보험사기국) 혹은 검찰, 경찰의 조사활동과는 그 성격이 다르다. SIU는 보험사의 경영수지 개선을 위해 부당보험금 지급을 거절하거나 부당하게 지급된 보험금을 환수하는 데 그 목적이 있다.

State Farm사에서는 SIU 설치 및 지원 외에 1993년부터 방화범을 체포하기 위한 131마리의 방화견(arson dogs)의 훈련 및 조련사에 대한 재정적 지원을

---

28) 예를 들면 회사 간의 자료교환의 경우 독과점법의 규제를 받아 가격정보를 위한 것은 가격조작의 우려가 있어 불법이지만 사기방지를 위한 정보 활용 목적으로 자료교환을 하는 행위는 적법한 것으로서 법으로 일정한 절차를 요구하고 있다. 통상 진술서·사진 등의 경우 회사 간 공유가 가능하다.

29) 자동차보험의 약관 중 사기발생 시 피보험자의 보험조사 협조의무
    What to do In Case of Accident or Loss:
    ⓐ cooperate with us in the investigation, or settlement or defense of any claim or suit;
    ⓑ promptly send us copies of any notices or legal papers received in connection with the accident or loss;
    ⓒ submit a sworn proof of loss when required by us;
    ⓓ do whatever else is required in the Section of the policy which provides coverage for the loss, damage or injury.

실시하고 있다. 또한 보험사기 신고센터(hotline)를 설치하여 일반 소비자가 사기성 클레임을 쉽게 신고할 수 있도록 수신자부담전화를 운영한다. 그 밖의 보험사기 방지활동으로 비영리조직인 전미보험방지국(NIBS)을 지원하고, 일리노이 주 보험사기 Task force의 대표로 활동하며, 대중의 경각심 고취를 위한 사기방지 교육 및 캠페인을 전개하고 있다.

또한, State Farm사는 일반대중이 보험사기 방지에 참여할 수 있도록 다음과 같은 활동을 권장하고 있다.

- 모든 보험사고 및 손해를 보고함. 특히, 증인의 설명은 보험사기 판명에 도움이 될 것임.
- 사고 발생 시 관련자(가해자, 피해자, 제3자)의 성명, 주소, 전화번호, 운전면허증번호, 차량등록번호, Social Security Card 번호 등을 기록함.
- 조사에 착수하면서부터 체포 또는 기소까지 철두철미하게 관계당국에 보고토록 함.

최근 들어 미국의 보험소비자들은 보험사기비용이 증감됨에 따라, 보험회사로 하여금 보험사기 문제의 해결에 적극적인 역할을 수행해 줄 것을 요구하고 있다. 그러나 보험회사에서는 아무리 사기혐의가 의심된다 하더라도 명백한 증거가 없으면 보험금 지급을 거절할 수 없을 것이다. 보험회사가 독자적으로 보험사기의 문제를 해결하는 데는 한계가 있게 마련이다. 따라서 보험사기에 대처하기 위하여 State Farm사를 비롯하여 많은 미국의 보험회사들은 보험사기방지협회(CAIF), 전미보험범죄국(NICB), 전미건강보험사기방지협회(NHCAA)[30] 등의 기관들과 다각적인 협력을 한다.

---

30) 건강보험사기방지협회(NHCAA: National Health Care Association)는 1985년 교육, 훈련 및 연방정부, 주정부 차원의 입법문제에 공조 등을 통해 건강보험사기의 적발, 조사, 민사 및 형사소송을 증진시키기 위하여 설립되었다. 동 협회에는 민영보험회사, 자가보험기관, 의료기관 및 독립손해사정전문회사, 연방 및 주의 법집행기관 등이 회원으로 가입되어 있다.

2) Chubb 보험회사

Chubb사는 보험사기에 대해 무관용의 철학(a philosophy of zero tolerance)을 갖고 있다. 즉, 어떠한 사기성 클레임에 대해서도 보험금을 지급하지 않을 것이며, 협상도 하지 않는다는 확고한 방침을 갖고 보험사기에 대처한다. 보험사기를 경제적이 아닌 도덕적 관점에서 다루어, 보험사기의 핵심가치를 저해하는 불법적인 행동으로 이해한다. 따라서 사기성 클레임의 지급을 막기 위해 보다 많은 비용이 투입된다 하여도 그 비용을 기꺼이 감수할 것이라는 방침을 수립하고 있다.

보험사기로 인해 보험회사는 재정적으로 압박을 받게 되며, 동시에 선량한 소비자는 사기성 클레임으로 보다 많은 보험료를 지출하게 되는 결과를 초래하게 된다고 인식한다. 이에 따라 회사는 수년 동안 보험사기를 구분(확인)할 수 있도록 클레임 담당직원을 교육시키고, 보험사기 신고 과정에 있어서 대리점, 중개인을 지원하며, 보험사기건을 기소하기 위해 법 집행기관과 제휴해 왔다. 특히 회사의 최고경영진은 소비자, 대리점 및 중개인, 주주, 회사직원 및 지역사회를 위해 보험사기에 적극 대처할 책임이 있다는 것을 방침으로 정하고 있다.

Chubb사의 SIU지침서에 따르면 SIU의 주요 업무는 다음과 같다.

- 클레임의 확인 과정
- Special Index 검토
- 보험사기국(IFB)으로의 이송
- 법집행기관과의 연계

현업부서(보상 혹은 언더라이팅)로부터 SIU에 사기혐의성 사건이 이송되어

오면 SIU의 전문조사자들은 <그림 3-10>과 같은 절차에 따라 해당 건에
대한 조사업무를 수행한다.

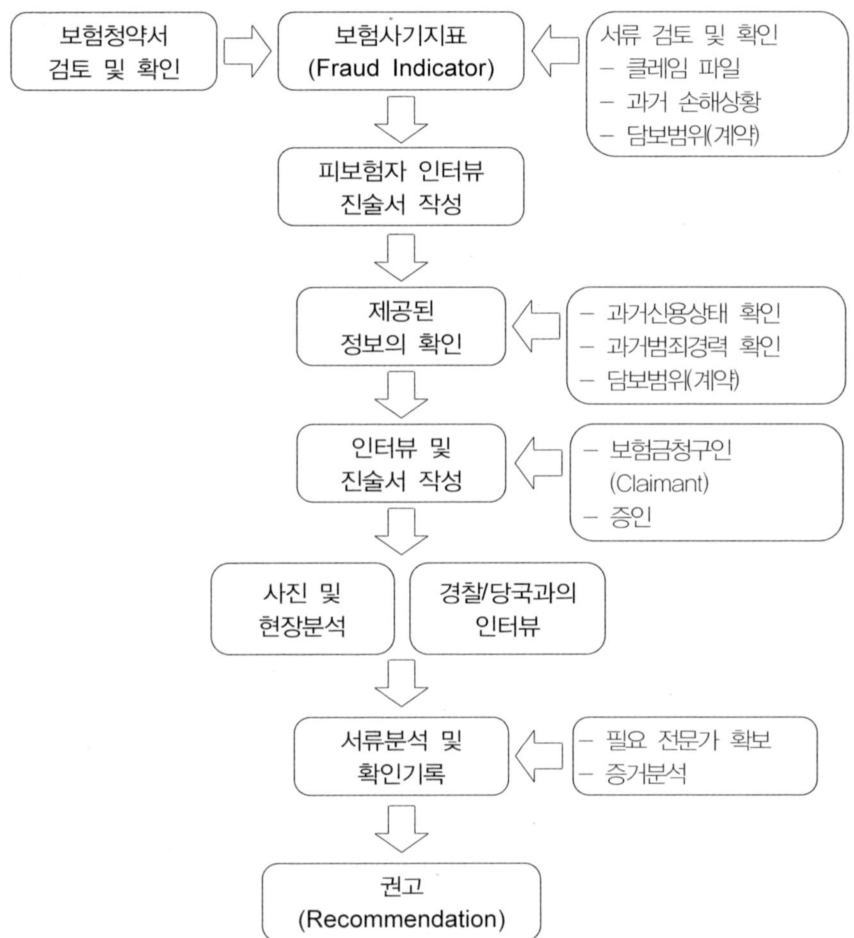

출처: 금융감독원, 보험개발원, 보험사기관리보고서(2001).

〈그림 3-10〉 Chubb사의 SIU 가이드라인

대인상해클레임은 신고건을 할당받은 클레임 조사자에 의해 총체적으로 처리된다. 클레임 처리 시 중요 고려사항으로는 신속하고 철저한 조사가 최우선적이며, S.C.A.M.[31]에 코드화된 사건을 조사하는 데 있어 클레임 조사자의 기본적 책무는 다음과 같다.

- 모든 관련자(예를 들면, 피해자, 증인 등)와의 신속한 접촉
- 신체상해클레임에 관한 진술을 개별적으로 확보
- 사건을 S.C.A.M.으로 코드화하고 사기조정관에게 통보
- 주(州) 당국에 의해 보고가 요구되는 경우, NICB, 주 및 지방당국에 즉각적인 보고

일단 사건이 S.C.A.M.에 코드화되면 조정자(abjuster)는 사건의 향후 처리계획을 진행시키기 위해 보험사기조정관(fraud coordinator)과 논의하여야 한다. 보험사기조정관은 클레임의 혐의성 측면에 관해 클레임조사자에게 기본방향을 제시한다. 사기조정관은 해당 사건에 관해 2가지 측면(사기/비사기)의 방향을 모두 설정할 수도 있을 것이다. 재난감독자(casualty supervisor)는 일반적인 신고감독, 예를 들면 보류, 소송관리, 재판 보고서 등에 대해 책임을 지게 된다. 재난관리자가 불가능할 경우에는 지점클레임관리자가 수행하게 된다. 3당사자 대인사고 클레임의 조사는 지역 내에서 이루어져야 한다. 단, 지역재난감독자의 재량에 따라 신고건은 본사로 이송될 수도 있을 것이다. 관리이사(managing director)만이 보험사기 혐의건에 대해 제1당사자 클레임을 거절할 수 있다. 조사자는 엄격한 가이드라인에 따라 구역 내 모든 클레임을 처리할 수 있도록 하여야 한다. 구역사무소(Zone office)는 모든 파일을 조사자의 분석틀에 맞추어 서류화하여야 하고, 일보시스템(specific diary system)이 확립되어 있어야 한다. 각 지역 및 구역사무소는 제3자 보험사기, 제1당사

---

31) Chubb사 SIU는 보험사기 혐의성 클레임이 접수되면 우선적으로 S.C.A.M.이라고 하는 코드화된 접수파일에 입력하게 된다.

자 PIP(personal injury protection) 및 UM(uninsured moter)조사를 모니터하기 위해 보험사기조정관을 지명할 수 있다.

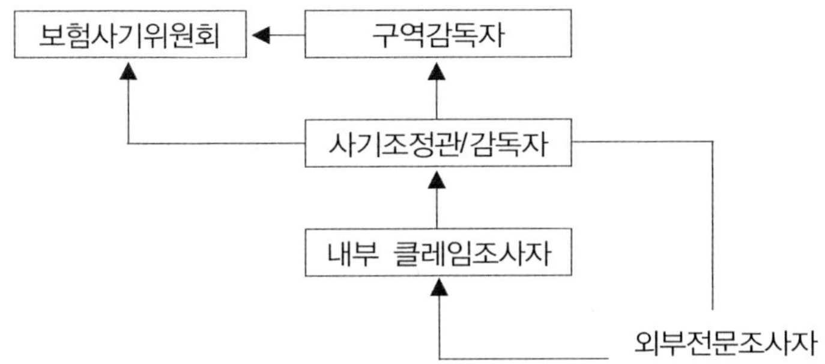

출처: 금융감독원, 보험개발원, 보험사기관리보고서(2001).

〈그림 3-11〉 Chubb사의 보험사기 보고절차

조사가 완결된 후, 제출된 클레임이 사기성이 있는 것으로 판정되면 클레임 조사자는 보험사기조정관에게 지급거절하도록 권고하며, 클레임은 보험사기위원회에 제출된다.

지역 차원에서는 보험사기조정관의 승인 없이 사기성 클레임에 대한 지급을 거절할 권한이 없다. 사기조정관은 최종 승인을 받은 후 클레임 조사자는 클레임 의뢰인에게 우편을 발송하여 결정사항을 통보한다.

또한, 모든 사기성 클레임은 추가적 처리과정 및 면책권을 활용하기 위해 클레임조사자에 의해 규제당국에 즉각적으로 이송되어야 한다. 규제당국 및 기타 사업자에 의한 모든 요구사항은 보험사기조정관에 의해 관리된다.

3) Country 보험회사

Country Insurance and Financial Services(이하 "Country사"라 함)의 보험사기에 대한 기본전략은 특별한 혹은 예외적인 조사기법이 필요한 사기혐의성 클레임 혹은 기타 복잡한 문제들을 적발, 조사 및 해결하기 위해 클레임 관리자 및 직원에게 수준 높은 조사지원 서비스를 제공하고, 전문기술(기법) 및 훈련 프로그램을 제공하는 것이다.

Country사는 "포괄적인 사기통제 프로그램"의 구축이 필수적이라고 믿는다. 사전 사기통제 프로그램의 기초요소는 의심스러운 청구의 조기인식, 시기적절하고 철저한 의심건의 조사, 결속력 있는 조직구조와 부서들 간의 생산성 있는 상호작용을 용이하게 하는 위탁, 그리고 명확한 개선 계획 등이다. 이러한 기본 방침을 원활히 수행하기 위해 설치된 SIU의 목표를 보면 다음과 같다.

- 야외조직에서 이송되는 조사건의 최적화(Optimize referrals from field offices)
- 법집행기관과의 관계를 유지·발전시킴(Development maintenance contracts with law enforcement)
- 클레임 조사 및 손해사정 관리 외야조직(클레임 부서)을 지원함(Assist field claims offices with investigation and settlement of claims)

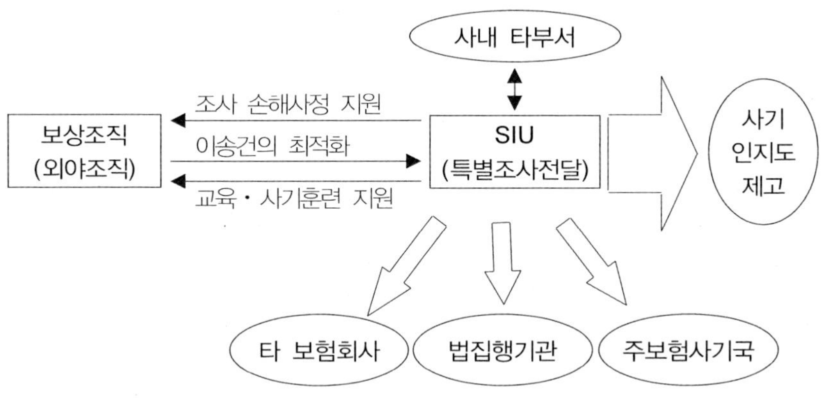

출처: 금융감독원, 보험개발원, 보험사기관리보고서(2001).

〈그림 3-12〉 Country사 SIU의 활동영역

　SIU는 회사의 최고관리자(Director of Corporate Compliance)의 기능적 통제와 지시하에 독립된 팀으로서의 기능을 수행하고 있다. Country사에 수많은 숙련된 사기관련 클레임 담당 직원이 있으며, SIU는 다음과 같이 운영된다.

- · SIU는 중앙(본사)에서 전 지역과 업무를 총괄한다.
- · SIU 직원은 지역별로 거주하며 활동한다.
- · SIU는 재산클레임관리자와 SIU관리자에 의해 운영된다.
- · 업무는 관리자의 사무실에서 전산으로 의뢰한다.
- · 관리자는 SIU 권고에 대한 평가에 근거하여 사건별로 SIU의 권한을 부여한다.
- · SIU는 주 법률의 "불공정클레임관행법(Unfair Claims Practice Act)"을 철저히 준수한다.

　Country사 SIU 조직의 인적구조를 보면, 최고관리자(Director)에게 보고를 하는 SIU감독자(SIU Supervisors), SIU감독자에게 보고를 하는 특별조사컨설턴트(Consultant)와 특별조사전문가(Specialist), 그리고 소송 혹은 법률적 의견이나 정보를 필요로 하는 SIU 클레임건은 모니터하고 SIU를 위해 회사 내 변호사로서 활동하는 선임변호사(Senior Compliance Attorney)로 구성된다.

　SIU는 특정보험 종목에 한정하지 않고 자동차, 가정종합, 생명, 건강 및 기업성 보험 등 여러 종목에 걸친 조사업무를 처리하기 위한 교육을 받으며, 또한 최고관리자가 지시하는 특수프로젝트에 대한 정보조사, 제공 업무를 수행한다.

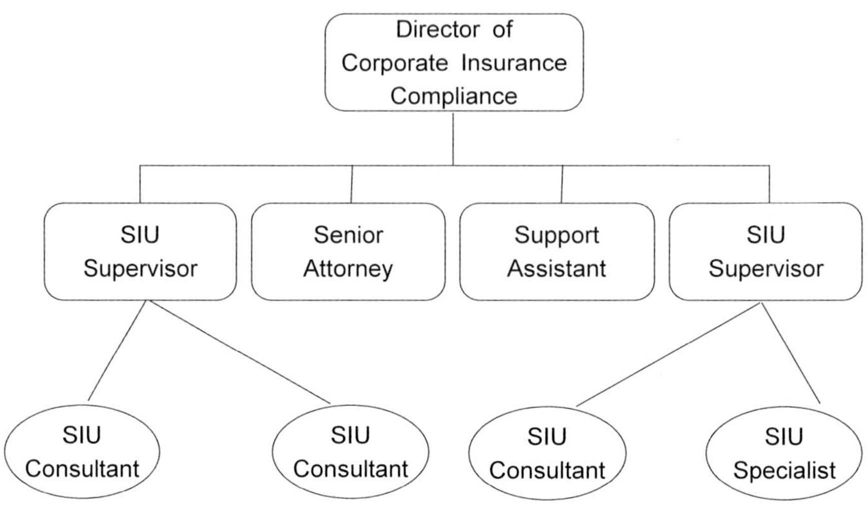

출처: 금융감독원, 보험개발원, 보험사기관리보고서(2001).

〈그림 3-13〉 Country사의 SIU 조직구조

이 외에도 SIU 직원들의 개별적인 업무계획서를 작성하고 이에 대한 객관적인 성과측정이 이루어질 수 있도록 하고 있다.

한편 SIU 데이터베이스에는 다음의 항목들이 포함되며, 정부기관 등의 요구 또는 위임에 따라, 보고서가 작성된다. 이 보고서들은 극비사항으로서, 법에 의하여 정해진 바에 따라, SIU관리자의 허락에 의해서만 제공될 수 있다.

- 사기방지를 위해 제공된 자원의 양
- 사기로 판명되고 배상된 양(수)
- SIU에 의뢰된 청구건수

모든 사기혐의성 클레임은 NICB, PILR 그리고 Index Bureau에 보고되며, 사기 판정건은 주보험사기국에 보고된다. 기본적으로 데이터베이스는 보안유지가 이루어진다. 즉, 승인되지 않은 접근으로부터 하드웨어와 소프트웨어의

보호를 포함하여 경영정보시스템의 물리적 보안이 철저히 이루어진다. 또한,
비밀번호를 통해 보안이 유지된다.

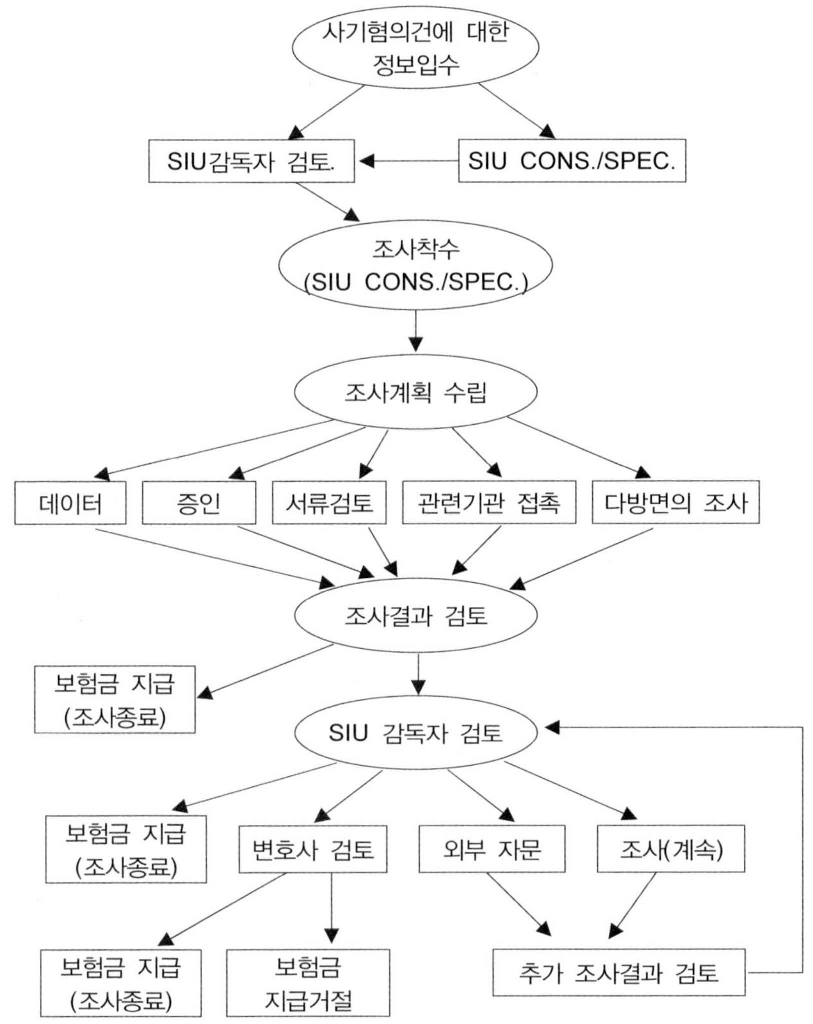

출처: 금융감독원, 보험개발원, 보험사기관리보고서(2001).

<그림 3-14> 보험사기혐의건 처리절차

새로운 조사기법과 기술 및 사기방지 계획이 지속적으로 개발되고 있기 때문에, SIU는 전문직 부서로서 유지, 발전하기 위해 지속적인 전문 훈련 프로그램이 필요하다.

회사는 SIU감독자 및 최고관리자(Director)에 의해 지정되는 모든 적절한 교육, 훈련프로그램을 활용할 수 있으며, 아래의 프로그램들이 보편적으로 활용된다.

- NICB의 기초 및 고급교육과정
- 연방, 주 및 지방의 화재 및 사기관련 세미나
- 보험산업 관련 세미나
- 사기 혹은 보험조사에 특정한 전문적인 훈련과정
- 보험산업과 관련된 교육과정

2. 외국 보험사의 보험범죄 관리 실태의 시사점

앞서 살펴본 바와 같이 미국의 선진 보험회사에서는 보험사기를 중대한 사회·경제적으로 인식하고 있으며, 보험사기 방지를 위해 자체적인 사기관리 시스템 구축 등 회사 내부적 대책뿐 아니라, 정부 및 감독당국, 유관기관, 소비자 등과의 공동의 노력, 상호협조를 위해 노력하고 있다. 구체적으로 외국 보험사의 보험범죄 관리 실태를 통한 시사점을 도출한다면 다음과 같다.

첫째, State Farm사에서는 보험사기특별조사팀(SIU), 보험사기지표, 조사지원 도구, 보험사기신고센터(hotline) 등을 통한 적극적인 조사를 수행하고 있으며, 교육 및 캠페인 실시로 대중의 경각심을 고취시키고 있다. 또한, Chubb사나 Country사에서도 SIU 직원 및 클레임 관리자에게 조사지원서비스를 제공하고, 조사 가이드라인, 전문기술 및 훈련프로그램 등을 지원하고 있다.

둘째, 미국의 보험회사에서는 보험사기 방지를 위해 회사 내부 및 회사

간, 유관기관 간, 정부 및 감독당국, 소비자와의 공동의 노력, 상호협조를 이끌어내는 데 역점을 두고 있다.

셋째, 보험사기 방지를 위한 법적 인프라가 구축되어 있어 보험회사의 사기방지활동을 지원한다. 주별 보험사기국이 법제화되어 있을 뿐만 아니라 대부분의 조사국에 조사권이 부여되어서 당국 및 보험사의 사기적발의 효과성을 높이는 데 일조하는 것으로 보인다.

이에 반하여, 국내 보험회사의 경우 아직까지는 대형사만을 중심으로 사기전담보직을 설치하고 있는 등 내부적 인프라를 구축하는 초기 단계에 있다. 최근 들어 체계적인 보사기관리 시스템 구축에 대한 필요성이 대두되고 있으며, 정부 차원에서 보험사기의 확산을 방지코자 종합적인 대책을 마련하려는 움직임이 일고 있다.

국내 보험사 SIU요원들이 수행하는 업무로는 자동차보험 및 장기보험의 클레임조사, 사기방지, 제3자 개입 등이며, 생보사에서는 대부분 클레임조사 업무를 수행한다. SIU에 대한 교육기회를 제공하고 있는 회사에서는 대부분 자체 연수이거나 보험연수원 등의 위탁교육 등을 실시하고 있으며, 조사기법을 포함한 해외 교육프로그램 연수 등을 시행하지 않는 등 지속적·효율적 운영을 위한 투자가 소홀한 편이다.

업무의 연계성에서는 손보사가 생보사에 비하여 SIU의 업무수행이 보다 활발하게 이루어지고 있는 실정이다. 또한 국내 보험사의 SIU 업무영역은 사고조사 차원에 머무르고 있으며, 구상업무까지 수행하기에는 회사의 지원이 미흡하고 조직의 역량이 부족하다고 볼 수 있다. 그리고 보험관련 법률에서 정보사용에 대한 법적 근거가 마련되어 있지 않고, 관련 기관에서는 정보제공에 따른 업무번잡 및 정보유출 시 책임문제 등을 이유로 정보제공에 소극적인 태도를 보이고 있는 실정이다.

이에 따라 보험업법상에 공공기관 등의 개인정보 이용을 위한 법률의 제정이 요구된다. 아울러 SIU는 보험사기에 대한 전사적 지원을 이끌어 내는 주체로서의 역할 수행이 요구되며, 회사의 지원수준에 부응하도록 활동범위 및 목적을 정확하게 정립해야 할 것이다. 또한 SIU 조직이 독자적으로 활동하기보다 회사 간, 유관기관 간 공동의 노력을 통해 사기조사업무의 효율화를 도모할 필요가 있다.

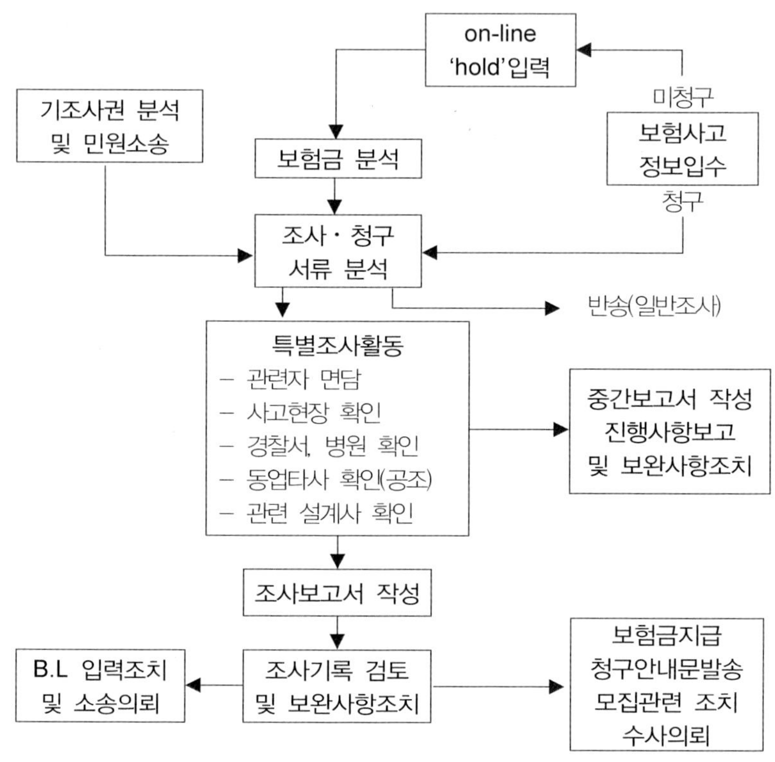

출처: 금융감독원, 보험개발원, 보험사기관리보고서(2001).

〈그림 3-15〉 국내 K사의 SIU 업무처리 절차

미국 보험사의 사례를 볼 때, 보험사기관리는 우선적으로 SIU 조직 및 조사전문인력의 확보를 위한 전사적 차원의 지원시스템 구축을 적극 검토하여야 할 것이며, 지속적인 교육훈련 및 캠페인 등으로 보험사기에 대한 인지도 확산을 위해 노력해야 할 것이다. 또한, 정부 및 감독당국의 강력한 추진력

이 뒷받침되어 관련 기관과의 공동 사기대처 활동을 구체적으로 추진하여야
할 필요가 있다.

제5절 한국 보험범죄 대응 시스템의 문제점

1. 법·제도상의 문제점

1) 보험범죄 관련 법규

현재 보험사기의 경우 형법 제347조의 사기죄 조항을 적용하고 있는데 이
경우 10년 이하의 징역 또는 2,000만 원 이하의 벌금에 처하도록 규정되어
있다. 사기로 인한 편취액이 5억 원 이상이면 「특정경제범죄가중처벌 등에
관한 법률」이 적용되며, 5억 원 이상 50억 원 미만이면 3년 이상의 유기징
역, 50억 원 이상이면 무기 또는 5년 이상의 징역에 처하는 등 편취액이 많
을 시 가중처벌하도록 규정되었다. 그리고 2008년 신설된 보험업법 제10조
의2에서는 보험계약자 또는 보험금을 취득할 자는 보험사기를 하여서는 아
니 된다고 명시함으로써 보험사기 금지의무를 보험계약자의 의무로 규정해
놓고 있다. 그리고 보험법 제659조에는 보험계약자나 피보험자 또는 보험수
익자가 고의 또는 중대한 과실로 보험사고를 야기한 경우에 보험자는 보험금
액을 지급할 책임이 없다고 규정되어 있는데 역시 보험사기를 방지하기 위한
규정으로 볼 수 있다. 그 외에 보험법 제732조의2에는 사망을 보험사고로
한 보험계약에 있어서 보험사고가 보험계약자 또는 피보험자나 보험수익자의
중대한 과실로 인하여 생긴 경우에는 보험자는 보험금을 지급할 책임을 지도

록 하고 있는데 이 경우 중과실을 가장한 사망사고를 야기하는 보험범죄의 발생 가능성은 여전히 존재한다.

2007년 보험법 개정안에는 제737조의2를 신설하여 상해를 보험사고로 하는 보험계약에서 기본적으로 제732조의2와 동일한 내용을 규정하면서 다만, 반사회성 및 고도의 위험성이 있는 행위 중 대통령령으로 정하는 행위의 경우에는 당사자 간에 다르게 약정할 수 있다고 하여 예를 들어 음주운전을 대통령령으로 정하는 경우에 보험자의 면책 가능성을 열어두고 있다. 견해에 따라서는 상법 제657조 제2항에서 규정하고 있는 보험사고 발생의 통지의무 위반의 제재효과가 미흡하다고 지적하고 있는데(이재복, 2001) 제1항에서는 통지의무는 정상적으로 발행한 보험사고에 발생에 대한 통지를 부당하게 지연시키거나 해태하는 경우 그로 인한 손해가 증가된 경우엔 제657조 제2항에 따라 증가된 손해에 대해 보험자는 보상할 책임을 면하게 되는 것이다. 단지 보험사고 발생 통지를 게을리한 것에 불과한 것이고 손해가 증가된 것이 아니라면 이를 보험사기로 문제 삼기는 어려울 것이다. 보험사고 발생의 통지를 게을리하게 되면 결국 보험금청구 자체가 지연되는 것이다. 이는 보험계약자 측의 협조의무의 하나로 보거나 또는 통지를 게을리하여 추후 행하게 되는 보험사고 발생 조사 등의 비용이 증가된 경우 증가된 조사비용을 부담시키는 것으로 해석함이 타당하리라 여겨진다(박세민, 2009).

2) 자살면책조항의 관대성

상법 제659조 제1항은 '보험사고가 보험계약자 또는 피보험자나 보험수익자의 고의 또는 중대한 과실로 인하여 생긴 때에는 보험자는 보험금액을 지급할 책임이 없다'라고 규정하여 보험계약자나 피보험자 또는 보험수익자가 인위적으로 보험사고를 일으킨 경우 보험자의 면책사유로 규정하고 있다. 그러나 이 규정은 강행규정이 아니기 때문에 계약당사자 간에 별도의 특약으로 유효하게 하는 약관상의 면책조항을 두고 있다. 즉 생명보험 표준약관 제 3-42조(보험금을 지급하지 아니하는 보험사고) 제1항 제1호에 의하면 피보험 자가 고의로 자신을 해친 경우와 계약 책임개시일(부활계약의 경우 부활청약 일)로부터 2년이 경과된 후에 자살하거나 자신을 해침으로써 장해분류표 제1 급의 장해상태가 되었을 경우에는 그러하지 아니한다고 규정하여 보험자의 면책사유와 면책예외규정을 두고 있다. 이는 보험계약 당사자 사이의 신뢰원 칙에 어긋나거나 생명보험계약이 부당한 목적에 이용되는 것을 방지하기 위 한 규정이라고 볼 수 있다. 또한 피보험자의 고의적 자살에 대한 면책기간을 2년으로 제한한 것은 인간의 일반적 심리로 보아 자살의도를 가지고 2년 이 상 보험계약을 계속한다는 것은 거의 생각하기 어렵고, 보험계약이 2년 이상 경과한 후의 자살은 보험계약의 성립 또는 그 존재와 직접적으로 관련됨이 적다고 보이며, 또한 자살원인은 대체로 동정의 여지가 있으므로 자살한 피 보험자의 유가족의 생계보장을 우선시켜야 할 필요성 등의 합리성이 있어서 이와 같은 계약의 효력을 인정하고 있는 것이다(윤승진, 1991).

그러나 피보험자가 고의의 손해를 발생시켜 타인에게 이를 전가시키는 것 은 보험원리에서 요구되는 신의성실의 원칙과 공서양속에 반하고 공익을 해 할 뿐 아니라, 고의사고에 의한 경우에도 보험금을 지급한다는 것은 상법의 원칙적 규정(상법 제659조 제1항)에 비추어 부당함에도 불구하고 직접이든 간접이든 수익자에게 이익을 지급한다는 것은 사회적으로, 상식적으로 용납 하기 어려운 성질의 것이라고 할 수 있다. 즉 피보험자를 위할 목적으로 규 정되어 있는 약관상의 면책기간이 오히려 인위적 보험사고를 위한 사행조항 을 가능하게 함으로써 생명보험계약이 부당한 목적에 악용될 수 있는 여지를 두고 있는 것이다.

보험에 가입한 사람이 언제 자살을 염두에 두었는가 하는 것은 주관적인 성질의 것인바, 보험계약 이전에 자살을 염두에 두고 계획적으로 보험에 가 입하여 보험자의 면책기간이 경과하기를 기다려 2년이 지난 후에 자살한 사 람은 보험금을 지급받을 수 있는 데 비해 보험계약 전에는 전혀 자살을 염두에 두지 않았다가 개인적인 사정으로 우연하게 보험자의 면책 기간 내인 2년 이내에 자살을 한 사람은 보험금을 지급받지 못하게 되는 부당한 결과를 초래할 수밖에 없는 것이다. 따라서 보험자가 자살면책기간인 2년이 경과되었다는 이유로 보험금을 지급해야 한다고 규정하고 있는 약관 규정은 사회상규상 선의의 계약자와의 형평성과 보호라는 측면에서 제고될 필요가 있다고 생각된다. 즉 피보험자에게 책임 있는 고의행위로 초래된 보험사고에 대해서는 어떠한 경우라 하더라도 보험금을 지급하지 않는 것이 돈을 위해 생명을 담보하는 도덕적 위험을 방지하고, 경제질서에 있어서 보험이 담당하는 공익적인 기능을 유지토록 하는 최선의 방법이라고 생각한다.

다만 현행 보험약관상 자살면책기간의 전면적 폐지가 불가능하다면 단서조항으로라도 자실임이 입증될 경우에는 보험자의 면책기간이 지난 이후라도 보험금의 1/2 감액 또는 그 이상의 감액을 규정함으로써 지급보험금을 가능한 소액으로 하여 피보험자가 보험금을 목적으로 자살을 감행하려는 유인을 처음부터 배제해야 할 것이다.

3) 사기무효조항의 미비

보험범죄를 야기할 수 있는 가장 일반적인 방법의 하나가 보험계약자나 피보험자가 하여야 할 고지의무를 위반하여 보험사기를 야기하는 경우이다. 보험계약자 또는 피보험자가 보험자에 대하여 고지해야 할 사항이란 만일 보험자가 이 사실을 안다면 계약을 인수하지 않았거나 또는 적어도 같은 조건으로는 계약을 인수하지 않을 것이라고 인정되는 사실, 더욱 구체적으로 말하면 보험자가 그와 같은 조건으로 계약을 체결할 것인가 아닌가를 판단할 수 있는 사실을 말한다(보험감독원, 1991). 보험계약에 있어서 고지의무제도는 보험계약자나 피보험자에 의하여 지배되고 있는 위험에 관하여 동일한 정보를 보험자도 얻을 수 있도록 하기 위하여 발전된 것이며, 이로 인하여 보험자는 위험의 성질에 관하여 올바른 평가를 내릴 수 있게 되어 도덕적 위험을 방지할 수 있는 기능도 가지는 것이다(서영제, 1998).

이와 같이 보험계약자나 피보험자가 고지의무를 위반하여 보험자를 기망함으로써 보험금을 사기하는 행위는 사기죄의 기망행위를 구성하는 경우가 많기 때문에 보험계약에 있어서 고지의무위반의 유무가 중요한 의미를 갖는 것이다. 그러나 상법상, 그리고 약관상으로도 악의적 고지의무 위반에 대하여 제척기간[32) 내에 한해서만 계약을 해지할[33) 수 있게 정함으로써 사기행위로도 볼 수 있는 고지의무위반행위를 용인 내지 유리하게 보호해 주는 불합리한 결과를 초래하고 있다. 그러한 사기행위를 실행한 자가 그 행위에 대하여 제척기간이 경과하였음을 이유로 하여 이익을 받는다는 것은 이해하기 어려운 일이라고 할 것이다.

보험윤리상 고지의무위반의 사기행위가 있는 경우에는 이러한 자를 보호할 필요가 없으므로 상법 제651조에 의해 계약을 해지할 수 있으며, 민법 일반원칙에 의하면 사기에 의한 의사표시는 취소할 수 있고(민법 제110조) 또 취소한 때에는 처음부터 무효(민법 제141조: 취소의 효과)이므로 제척기간의 경과 유무에 관계없이 취소할 수 있다고 보게 된다. 상법상 별도의 규정은 없으나 고지에 관하여 보험계약자의 사기가 있는 경우에는 보험자는 보험계약을 취소할 수 있다고 보는 것이 판례의 입장이며,[34) 그것이 고지의무를 인정한 보험제도의 선의계약성에 합당한 해석이라고 보인다.

현행 상법은 사기에 의한 보험계약에 관하여 해지권만을 인정하고 있는데, 선의의 보험계약자의 이익을 위해서라면 사기보험계약을 무효로 하는 규정을

---

32) 제척기간이란 어떤 종류의 권리에 대하여 법률상으로 정하여진 존속기간을 말한다.

33) 상법 제651조 [고지의무위반으로 인한 계약해지] 보험계약당시에 보험계약자 또는 피보험자가 고의 또는 중대한 과실로 인하여 중요한 사항을 고지하지 아니하거나 부실의 고지를 한 때에는 보험자는 그 사실을 안 날로부터 1월 이내에, 계약을 체결한 날로부터 3년 이내에 한하여 계약을 해지할 수 있다. 그러나 보험자가 계약당시에 그 사실을 알지 못한 때에는 그러하지 아니하다.

34) 대법원(1991.12.27.) 선고 제91다1165호 판결.

두는 것이 바람직하다고 생각된다. 또한 보험약관상 현재와 같이 5년간의 제척기간 동안만 취소권을 행사할 수 있도록 하기보다는 사기무효조항을 추가하여 사기에 의한 계약은 약관에 정한 제척기간 경과 후라도 그 계약의 무효를 주장하여 보험금의 지급은 물론 납입한 보험료도 반환되지 않도록 함으로써 사기계약이 기간의 경과로 정당화되어 선의의 보험계약자의 보호를 소홀히 하는 것을 방지하고, 동시에 악의를 가진 자가 이를 악용할 수 없도록 해야 할 것이다.

2. 수사상의 문제점

일반적으로 수사기관은 조직적인 폭력배와 결부된 살인이나 강도, 마약 등 강력사건에 대해서만 관심과 수사력을 집중시킬 뿐이며, 보험사기와 같은 보험범죄에 대해서는 그다지 관심을 갖고 있지 않다. 따라서 보험범죄에 대한 수사기관의 자발적인 수사는 거의 기대하기 어려우며 보험회사의 보험사기 조사팀에서 인지·적발한 사건에 대해 작성한 수사자료를 제공하는 경우에 한해서 수사를 진행하고 있는 정도이다. 이 경우도 모든 보험사건을 다 수사하는 것이 아니라 조직폭력배의 개입이나 집단적·기업적 사기사건 등의 경우만 수사대상으로 한정하는 것이 보통이다.

다만, 경찰청에서 매년 2개월 정도의 기간을 정하여 보험사기로 인한 선량한 보험계약자의 피해 차단 및 부수범죄 및 모방범죄를 근절한다는 취지로 보험사기 특별단속을 실시하고 있어 이 기간에 수사기관에서의 보험범죄를 인지하는 사례가 꾸준히 증가하고 있는 현상은 보험범죄가 꾸준히 증가하고 있음을 보여주고 있다.

따라서 위와 같은 특별단속 기간이 아닐 경우는 보험회사의 사기조사팀에서 수사기관에 적극적으로 수사를 부탁해야만 수사가 행해지는 상황이라고 할 수 있다. 이와 같이 수사기관이 보험사기 수사를 기피하는 첫 번째 이유로는 우선 수사관의 수사업무성적이나 포상 등에 있어서 보험사기가 폭력 및 살인사건, 마약사범 등의 중범죄에 비해 후순위로 밀려나기 때문이라고 할 수 있다. 보험사기 수사를 기피하는 두 번째 이유로는 수사기관자체에 보험범죄에 관한 전문지식을 갖고 있는 수사관의 인원이 많지 않다고 볼 수 있다. 세 번째 이유로는 보험사기 수사가 사회악으로서 범죄를 척결하는 것이 아니라 보험회사의 이익을 위하는 것이라는 인식이 수사관들의 무의식 속에 자리 잡고 있기 때문이라고도 할 수 있다.

현재 경찰이나 검찰에서 적발되고 있는 보험범죄는 대부분 위장 교통사고이고 보험금편취를 목적으로 한 살인·상해사건이 그다음을 차지하고 있다. 위장교통사건·사고의 경우 보험회사의 제보나 교통사고 조사과정에서 조작의혹제기 등 자체 첩보에 의하여 범행사실을 적발하고 있다. 보험관련 살인·상해사건은 통상 보험가입관계 및 보험내역(보험계약시기, 피보험자, 계약자, 수익자, 계약자) 등을 추적수사하면서 어느 정도 보험사기 조작의혹이 제기되는 경우에 공범자의 진술 등 관련자료를 가지고 피의자를 상대로 추궁하여 적발하고 있다. 결국 수사 착수단계에서부터 검거 시까지 장기간의 시간이 소요되고, 증거자료를 사전에 은닉, 인멸시키고 있으므로 증거확보에 상당히 어려움이 따르고 있는 실정이다. 특히 어느 정도 확보한 증거를 가지고 피의자를 추궁하는 경우에도 피의자들이 범행사실과 보험과의 연관관계를 완강히 부인하고 있어 사실상 수사에 어려움이 많다. 수사실무상 이러한 보험범죄 사건들은 철저한 사건 기록검토와 수사관의 끈기 있는 수사의지 여하에 따라 사건 해결의 승패를 좌우하고 있기 때문에 수많은 범죄사건을 해결해야 하는 상황의 수사관들이 다른 범죄에 비하여 경하다고 할 수 있는 보험범죄에만 전력을 다하기 어렵다는 점에서 보험범죄의 수사는 뒷전으로 미루어지기 쉬울 수밖에 없다고 할 것이다.

3. 보험업계의 문제점

보험범죄의 심각성을 인식한 보험회사들은 이미 오래전부터 계약심사기능을 강화하고, 손해사정업무를 철저히 하고, 이를 합리화하기 위하여 보험범죄의 의심점을 쉽게 찾을 수 있도록 보험분야별로 보험범죄지표를 만들어 손해조사 시 및 손해사정 시에 이를 활용하고 있다. 최근에 와서는 자동차보험 분야에서 손해보험사들이 전문수사요원을 채용·활용하는 방법으로 보험범죄에 적극적으로 대처하고자 노력하고 있다(안철경·박일용, 1999). 그러나 많은 보험사들은 최근에 이르기까지 실적위주의 경영정책을 고수하고 있기 때문에 계약심사기능을 경시하며 사전적으로 보험범죄가 예상되는 불량한 범죄행위에 적절히 대처하지 못하고 있다. 또한 손해조사 및 사정업무를 철저화·합리화하기 위한 노력을 경주하기 위해서 대부분의 회사들이 보험범죄지표를 만들어 활용하고 있으나 이들이 사용하고 있는 보험범죄지표는 실제로 보험범죄자들이 가지고 있는 공통적인 특성들 가운데 일부 사항만을 지표화한 것으로서 실무상 활용하는 데에 문제가 있다. 이러한 보험범죄지표를 효과적으로 활용하기 위해서는 모든 클레임에 대한 연관성 있는 사기지표에 관한 데이터를 수집할 필요가 있는데 현재 우리나라 보험현실에 있어서는 그러한 기초적이고, 정밀한 데이터가 분류, 축적되어 있지 못하기 때문에 사실상 보험범죄자의 특성을 나열한 것에 불과한 수준이다. 또한 보험회사 내의 손해조사 및 사정업무담당자들 자체가 보험범죄에 대한 전문지식이 부족하다는 점도 중요한 문제로 지적할 수 있다.

그리고 보험회사들이 공동으로 대처해야 할 사안에 대해서도 공조체제가 이루어지지 않고 있다는 점이다. 여기에는 업계 간 자료공유가 영업비밀의 유출로 이어져 자체 회사 측에 타격으로 돌아올 수 있다는 경쟁심리가 깔려 있다.

또한 보험범죄에 대처하기 위한 조사 및 연구활동이 미비할 뿐만 아니라 일부의 조사, 연구결과마저도 그 결과가 정책이나 실무에 거의 반영되지 못하고 있는 현실이다. 이는 우리나라 보험사 경영자들이 외형적인 영업성과에만 매달려 시간과 비용이 많이 걸리는 보험범죄 방지에는 상대적으로 신경을 쓰지 않고 있는 경향이다. 실질적으로 보험사의 내사단계에서 보험사기 혐의정보를 분석, 보험범죄를 인지하고서도 대상자가 보험사고에 대해 접수를 취소하면 수사기관에의 고발 없이 피해를 예방하는 선에서 종결처리하는 실정이다.

제4장 보험범죄 감소를 위한 연구방법

제1절 분석틀의 작성

본 연구의 핵심적인 목표는 보험범죄 감소를 위해 필요한 요소 중에 어떠한 요소가 중요하며, 어떠한 요소가 가장 우선시되어야 하는지를 탐색하는 것이다.

이러한 실증 분석에 있어 보험범죄 감소방안을 계량적으로 측정할 수 없는 단점에 착안하여, 정량적 혹은 유형적 기준(quantitative or tangible criteria)을 비율 척도로 측정할 수 있는 계층화분석법(Analytic Hierarchy Process)을 통해 보험범죄 감소에 필요한 요소의 우선순위와 보험범죄 감소방안을 모색하고자 한다.

1. 구조도 작성을 위한 분석항목(대응 방안)의 도출

여기서는 앞서 살펴본 이론적 논의 등을 토대로 AHP구조도 작성을 위한 분석 항목을 도출하고자 한다.

1) 법·제도 정비

현재 우리나라의 법체계에서는 형법 내에 보험범죄만 특정하여 서술한 항목이 없으며, 보험범죄의 구체적인 성격에 따라 형법에서 규정하고 있는 여러 범죄의 유형에 따라 적발 및 처벌이 적용된다. 보험사기의 경우 형법상 일반사기죄의 요건을 충족시켜야 처벌이 가능하며, 살인이나 방화와 같은 각

종 범죄를 수반하는 경우 경합범으로 가중 처벌할 수 있다. 한편 교통사고의 허위진단서 발급과 관련하여서는 형법과 보험업법, 교통사고처리특례법 등의 법규를 적용하고 있다.

선진국의 사례를 보면, 먼저 미국의 경우 연방보험사기방지법이 제정되어 있으며, 독일의 경우에는 형법에 보험사기(남용)죄를 규정하고 있다. 또한 중국도 형법에 보험사기죄가 규정되어 있으며, 영국은 경찰과 검찰이 보험범죄를 취급하고 있다. 우리나라는 경찰에서만 보험범죄 관련 전담부서를 설치하고 있으며 그나마도 담당인력이 부족하여 유명무실한 상태이다. 따라서 보험범죄의 감소를 위해서는 보험범죄방지를 위한 특별법의 제정이 시급하며, 형법상에서도 보험사기죄를 신설하여 처벌의 내용을 명문화하여야 한다.

한편, 보험범죄 적발을 위해서는 보험사, 경찰, 관련 공공기관 간의 유기적인 정보교환체계가 적발의 중요한 요인이다. 현재 우리나라는 손해보험협회와 생명보험협회 간에 온라인 조회시스템이 구축되어 있으며, 데이터베이스상의 정보를 통해 위험인수 시점부터 보험계약자에 대한 심사를 하고 있다. 그러나 정보내용에 따라서는 개인 신상에 관한 정보가 포함되기 때문에 개인정보누출에 대한 문제가 과제로 남아 있다. 따라서 보험사와 유관기관 및 수사당국 간의 정보 제공·공유 관련법을 제정하여, 개인정보누출의 위험성을 담보하고 효율적인 보험범죄 적발을 위한 정보 데이터베이스 구축이 필요하다. 이론적 논의를 토대로 보험범죄 분석항목을 구체적으로 제시하면 다음과 같다.

(1) 보험범죄 방지를 위한 특별법의 제정

최근 발생하는 보험사기의 조직화·집단화·지능화적 성격 및 보험사기에 대한 법죄인식 부재 등을 고려할 때 보험사기 방지에 대한 특별법의 제정을 고려해야 할 것이다(황만성·신의기·탁희성, 2006). 특별법의 제정은 보험사기가 단순히 형법상의 사기죄의 한 유형이 아니고 엄격하게 처벌될 수 있는 반사회적 범죄라는 점을 인식시키고 처음부터 보험금을 편취하려는 목적하에 계획적으로 자행되는 경성보험사기 이외에도 정상적인 보험사고가 발생한 것을 기회로 보험사고의 일부를 인위적으로 조작하거나 가공, 과장하여 고액의 보험금을 수취하려는 연성보험도 보험사기의 한 유형임을 명확히 함으로써 보험사기에 대한 인식을 제고하고 이를 통한 보험사기의 방지 효과를 기대할 수 있을 것이다. 이 특별법상에서 후술하는 내용인 보험회사의 보험사기 조사요원에 대한 일정 범위 내의 조사권을 법적으로 인정함으로써 보험사기를 효과적으로 적발하고 전문적으로 조사할 수 있도록 해야 하고, 보험사기 방지를 위한 전담 기구(민간기구 또는 수사기관 내의 전담수사기구)의 설치, 유관기관 상호의 정보교환 및 공유시스템, 보험사기 방지를 위한 교육 및 연수프로그램의 운영 등에 대한 내용 및 이에 대한 법적 근거를 통합적으로 규정하도록 해야 할 것이다. 참고로 미국의 경우엔 보험사기사건의 방지와 개선을 위하여 연방정부 차원에서 '보험사기방지법(IFPA: Insurance Fraud Prevention Act of 1994)'이라는 특별법을 제정하여 시행하고 있다.

(2) 형법상의 보험사기죄 신설

현재 보험사기는 형법에 의해 일반 사기죄의 한 유형으로 취급되고 있고 이에 따라 사기죄 등 다른 재산범죄의 양형과 유사하게 처벌되고 있는데 공익 범죄적 성격인 보험사기의 반사회성 등을 고려하여 형법에 일반 사기죄의 구성요건과 차별화된 '보험사기죄'를 신설하고 처벌의 수위를 높여 범죄 예방 및 교화적 기능을 제고해야 할 것이다. 앞의 제3장 판례분석에서 살펴본 대로 보험범죄자에 대한 우리 법원의 사법처리 결과를 보면 벌금형이 49.2%로 가장 높고, 다음으로 집행유예 32.3%, 징역형이 18.5% 순이며, 징역형이라 하더라도 1년 미만의 징역형이 전체 징역형의 46.8%를 차지하는 등 보험사기에 대한 사법당국의 관대한 성향을 볼 수 있다. 이러한 경미한 처벌은 보험사기를 일반 사기죄로 해석하는 현 상황에서 야기되고 있으므로 보험사기죄를 별도로 신설하고 형량을 대폭 강화하는 방안을 강구해야 할 것이다. 현행 사기죄와 마찬가지로 미수범도 처벌해야 하며 같은 취지에서 보험사기 예비 또는 음모에 대한 처벌 규정도 마련함이 타당할 것이다. 이에 따라 보험금을 편취할 목적으로 허위로 보험계약을 체결한 시점에서도 처벌할 수 있도록 해야 할 것이다(박상융, 1999). 입법례로는 독일 형법을 들 수 있는데 독일형법 제212조에서는 일반적인 고의살인에 대해서는 5년 이상의 징역을 형벌로 규정하고 있는 것에 비해 보험금을 목적으로 한 살인에 대해서는 211조에서 무기징역으로 규정하고 있다. 미국의 대부분의 주에서도 보험사기를 중죄로 취급하고 있다. 다만 보험범죄 또는 보험사기의 정확한 개념정의와 이러한 범죄에 해당하는 불법행위의 유형화 및 각각의 유형에 따른 형벌의 경중에 대한 철저한 고려가 있어야 할 것이다. 보험사기를 방지한다는 목표에 지나치게 몰입되어 형법상의 유사한 범죄와 비교하여 균형을 잃은 가중된 형벌을 규정하는 것은 타당하지 않다고 본다. 신설되는 조항은 당연히 「특정경제범죄가중처벌 등에 관한 법률」 제3조에 연계시켜 일정한 금액 이상의 편취에 대하여는 가중처벌하도록 해야 할 것이다(황만성·신의기·탁의성, 2006).

(3) 정보 제공·공유 관련 법의 제정

최근 들어 금융위원회와 보건복지가족부 사이에 이른바 건강보험정보 공유건으로 의견대립이 벌어지고 있다. 질병 또는 생명보험 부분의 보험사기 방지 차원에서 볼 때 보험회사의 보험계약자 등에 대한 건강 및 질병 정보는 대단히 중요하다. 생명보험 부분에서는 기존 병력 등이 제대로 고지되지 않은 채 보험계약이 체결되고 있고 이것이 보험사기와 직결되고 있다. 생각건대 개인 프라이버시를 보호하면서 보험사기 방지책으로서 정보공유를 위해 건강보험공단에 보험사기 혐의자의 질병정보를 요청하는 주체를 민영보험사가 아닌 금융감독원 등 감독당국으로 한정하는 것을 생각할 수 있을 것이다. 민영보험사가 자체적인 조사를 통해 특정 개인의 건강 및 질병정보가 필요할 경우 감독당국에 그 필요성을 보고하고 감독당국의 내부 심사를 거쳐 필요하

다고 인정하는 경우에 감독당국이 건강보험공단에 보험사기 혐의자의 질병정
보에 대한 사실확인 요청을 할 수 있도록 함이 타당할 것이다. 이 경우에 보
험사기 방지를 직접 목적으로 하고 보험사기 혐의자의 특정 질병, 입원, 치
료 사실 등에 대한 최소한도의 확인을 위해 적어도 "yes와 no"형식의 정보를
요청할 수 있는 사실확인요청권은 허용해야 한다. 다만 건강보험공단이 가지
는 개인의 구체적 질병 정보가 민영보험회사에 고스란히 유출되는 일이 있어
서는 안 될 것이다. 금융감독원이 개발한 보험사기자동인지시스템으로 인해
병원의 불필요한 입원이나 치료비 과다 청구 등에 대한 자료 추출이 가능하
기 때문에 건강보험관리공단의 부분적인 자료 공유가 가능하다면 과잉진료나
허위청구 등에 대한 보험사기 적발에 상당한 효과가 있을 것으로 판단된다
(허웅, 2005).

금융감독원, 보험협회, 경찰청 및 검찰청, 보건복지가족부 및 건강보험관리
공단 등 유관기관 사이의 실질적인 상호협력과 정보공유를 위해 정례협의체
를 구성하는 것도 고려할 수 있을 것이다. 수사기관 등 유관기관과 상호 협
력하고, 예를 들어 화재사고 조사를 위한 소방방재청과의 업무협력, 건강보
험공단과의 정보교류 추진, 행정안전부 보유정보를 이용한 보험사기 조사,
도난차량의 해외밀반출 조사를 위한 관세청과의 업무협력, 해외보험사기 국
제협력체제 구축 방안 마련, 택시운전자에 대한 보험사기 혐의에 대한 조사
를 위해 국토해양부로부터의 유가보조금 지급정보 및 서류상 입원 중인 병원
으로부터의 병원부재 사실 등에 대한 협력 차원의 정보 교환이 실무적으로
절실하게 요구되고 있다. 「공공기관의 개인정보보호에 관한 법률」에 의한 다
른 공공기관의 개인정보가 필요한 경우가 있지만 개인정보 유출 등 프라이버
시권과 직접적으로 충돌될 우려가 있는 것도 사실이다. 동법 제10조 제1항을
보면 보유기관의 장은 타 법률에 의해 보유하고 있는 정보를 보유기관 외의
자에 대하여 이용하게 하거나 제공할 수 있도록 하고 있는데 이러한 경우
공공기관이 보유하고 있는 개인정보 이용자에 대한 비밀준수 의무 및 누설자
에 대한 처벌 문제가 중요한 과제가 될 것이다(보험개발원, 2006). 현재 손해

보험사와 생명보험사 간의 직접적인 정보 공유가 불가능하고 협회나 금융감독원을 통해서만 간접적인 정보 공유가 가능하다. 그러나 효율적인 보험사기 방지를 위해서는 각 보험사의 특수조사실 요원들 사이에서는 온라인상으로 직접적으로 필요한 정보에 즉각 접근할 수 있는 네트워크 구축이 실무상 강력히 요구되고 있다. 또한 한 보험회사가 보험사기 혐의에 대한 보고서를 온라인상으로 업로드하면 특정 시스템을 운영하는 손해보험협회나 생명보험협회에서는 이 보고서와 동일하거나 매우 유사한 정보, 예를 들어 동일한 성명, 주소, 자동차 번호 등이 포함된 다른 보고서 내용을 관련 업체 및 수사기관에 제공할 수 있는 관리 시스템의 개발이 요구된다. 현재 손해보험협회는 생명보험협회와 같은 보험계약정보관리시스템(KLICS)이 없다. 장기보험의 성장으로 인해 중복 보험계약 체결에 따른 언더라이팅 강화가 필요한데 현재 손해보험업계에서는 이러한 사전 인지시스템이 구축되어 있지 않은 상황이다. 다만 자동차사고에 대한 정보는 보험개발원을 통해 공유하고 있다. 전체 손해보험사의 보험계약 및 보험금 지급정보 등 보험정보에 대한 손해보험협회 차원의 통합관리시스템의 시급한 개발 및 구축이 절실히 요구된다. 또한 농협공제, 수협공제, 새마을금고공제, 우체국공제, 신협공제 등 대형공제기관 민영보험회사 간의 정보 공유 시스템도 마련되어 있지 않은 상황이므로 이들 유사보험기관과의 정보공유도 추진되어야 한다. 다만 각 보험회사 또는 기관별로 개별적인 데이터베이스를 만들거나 자체적인 시스템을 개발하게 되면 지나치게 많은 자료들의 중복 및 불필요한 경쟁 등으로 인한 부작용이 발생할 수 있으므로 이러한 데이터베이스나 시스템의 통합관리가 한편으로 요구된다. 생명보험이나 손해보험 또는 제3보험 등 모든 보험 종목에 대한 통합정보의 수집과 관리가 필요한데 예를 들면 보험개발원의 계약 또는 사고조회 시스템에 대해 생명보험사와 손해보험사 및 외국계 보험사 그리고 유사보험 기관으로 하여금 온라인상으로 이용할 수 있도록 하여 보험사기 예방 및 적발에 효율화를 기해야 할 것이다.

2) 수사력 강화

앞서 논의한 보험범죄 관련 기관 간의 정보 공유는 금융감독원과 경찰·검찰을 위시한 수사기관 간의 유기적인 수사협조와 관련 깊다. 우리나라의 경우 경찰이나 검찰 등 수사기관에서는 보험범죄 사건에 대하여 금융감독원 또는 개별 보험회사의 특수조사팀으로부터 의뢰받은 사건을 위주로 수사하고 있다. 즉 보험사가 보험사고에 대한 손해사정을 하는 과정에서 보험사기의 의심이 가는 정보가 있는 경우 수사기관에 의뢰하여 적발하는 것이다. 대부분의 보험범죄 적발이 이러한 과정을 거치기 때문에 관련 기관 간의 협조적인 관계는 보험범죄 수사력과 적발 성과와 직결된다. 보험범죄는 예방과 감시 못지않게 부당하게 보험금을 취득하는 범법자에 대한 수사력도 매우 중요하다. 수사기관의 보험범죄 검거율을 높이기 위해서는 수사체계와 수사기법을 개선해야 할 여지가 있다.

(1) 보험범죄 관련 기관 간의 연계 강화

현행 보험업법 제162조는 금융위원회로 하여금 공익 또는 건전한 보험거래질서의 확립을 위하여 필요하다고 인정하는 경우에는 보험회사, 피보험자, 보험금을 취득할 자 기타 보험계약에 이해관계를 가진 자에 대해 조사를 할 수 있도록 하고 조사사항에 대한 사실과 상황에 대한 진술서 제출, 조사에 필요한 장부, 서류, 기타 물건의 제출 등의 조사를 할 수 있도록 하고 있다. 또한 동법 제163조는 이러한 조사업무를 효율적으로 수행하기 위하여 금융위원회 금융감독원 그 밖의 보험관련기관으로 구성되는 보험조사협의회를 둘 수 있도록 하고 있다.[1] 현재 보험조사협의회는 금융위원회, 금융감독원, 생명보험협회, 손해보험협회, 보험개발원, 국민건강보험공단, 근로복지공단, 국민

---

1) 동법 시행령 제76조~ 제79조.

연금관리공단의 각 추천자와 학계전문가를 포함하고 있다. 2004년에 본 협의회가 설치되었으나 부처 간의 이견으로 회의가 제대로 개최되지 못하고 있는 실정이다. 특히 건강보험자료와 관련하여 보험업법상 금융위원회의 보험사기 조사 관련 자료의 요청근거가 미비하고 관련법에 저촉되는 측면이 있어 효율적인 정보교환이 이루어지지 못하고 있다. 또한 현행 보험조사협의회에는 수사기관이 참여하지 않고 있어 보험업계와 수사기관과의 공조가 제대로 이루어지지 않고 있다. 건강보험정보 교환을 위해 협의회에 보건복지가족의 참여도 고려해야 할 것이다.

(2) 보험범죄 수사체계의 개선

보험업법 제162조에 명문으로 보험사기에 대한 내용을 구체적으로 명시하여 보험사기 조사요원의 조사권에 대한 법적 근거를 마련해야 할 것이다. 현행 조문으로는 조사자의 조사권에 대한 근거가 미약하다. 조사권을 예외적으로 부여한 입법례로는 「사법경찰관리의 직무를 행할 자와 그 직무범위에 관한 법률」이 있는데 제5조에서 일정 범위 내의 자는 검사장의 지명에 의해 관할 구역 내의 범죄와 현행법에 대해 사법경찰관 또는 사법경찰리의 직무를 수행할 수 있도록 하였다. 보험사기를 조사하는 금융감독원 등의 직원에 대한 조사권 부여는 동 조항에 대한 내용을 추가하는 방식으로 법적 근거를 마련할 수 있을 것이다. 조사권에 대한 외국의 입법례로서 미국의 보험사기 방지모델법 제5장에서 감독관은 사기혐의가 있는 보험행위와 보험사업 관련 자들을 조사할 수 있다고 명시적으로 규정함으로써 조사권에 대한 법적 근거를 마련하고 있고, 제9장에서는 보험사기국에 보험사기를 저지른 범죄자에 대한 수색영장과 체포영장의 집행 권한을 부여하고 있다. 또한 뉴욕 주 보험법 제402조에서 보험사기국의 보험감독관은 형사소송절차법 제2·10조에서 규정한 조사권 및 보험범죄자에 대한 체포권을 가진 치안감을 임명할 수 있는 권한을 부여받고 있다(김형기, 2005).

(3) 보험범죄 유형별 수사기법의 개발

보험범죄 수사가 보험사의 의뢰 사례를 중심으로 이루어지다 보니, 경찰 등 수사당국에서는 보험범죄 적발에 대한 적극적인 노력을 기하기 어렵다. 이러한 현상은 경찰에 보험사기 전담부서의 인력과 역량이 미약하기 때문이다. 따라서 보험범죄 적발을 위한 수사체계의 개선이 필요한데, 미국의 경우 보험사기수사국(Insurance Frauds Bureau)을 두고 보험범죄 및 사기방지와 관련된 수사활동을 벌이고 있으며 인력은 FBI 및 경찰 등 수사기관에서 6년 이상 근무경력자 약 40명으로 형사고발 등의 수사권을 가지고 있다. 또한 주정부차원에서는 국립보험범죄방지국(NICB: National Insurance Crime Bureau)이 설립되어 미 전역을 3개 지역으로 구분하고 지역본부 산하 450명의 전문직원을 보유하고 있다.

한편 보험범죄가 날로 지능화·조직화되어 가면서, 기존의 보험범죄 수사방식도 과학화와 체계화가 요구되고 있다. 보험범죄 수사력 강화를 위해서는 관련 부서의 인력 증강과 함께 효과적인 수사기법의 개발도 요구된다. 예컨대 보험범죄 유형별로 적발사례를 분석하여 수사방식의 가이드라인을 만드는 등 수사기법의 개선이 요구된다.

3) 보험사의 자구노력

보험범죄의 심각성을 인식한 보험회사들은 이미 오래전부터 계약심사 기능을 강화하고, 손해사정업무를 철저히 하고 있다. 미적발된 보험범죄는 그대로 보험사의 부담으로 작용된다는 측면에서 보험범죄에 대한 보험사의 자구노력은 수사기관에 비해 활발하다. 그러나 수사권이 없는 보험사로서 보험범죄 감소를 위한 보험사의 노력은 다른 측면으로 접근해야 한다. 즉 앞서 서술한 법·제도 정비와 수사력 강화가 처벌내용 및 기준의 명시, 강화와 적발 및 수사능력과 관련이 있었다면, 보험사는 보험범죄의 사전적 예방 측면으로 접근되어야 한다.

　따라서 보험사에서는 캠페인 및 홍보활동을 통해 보험범죄에 대하여 안일하게 생각하는 국민의 의식을 전환하여야 하며, 보험범죄 동기를 사전에 차단하기 위해 자동차보험 의료비지급의 적정화 등의 노력을 기하여야 한다. 현재 보험사기에 있어서 가장 큰 문제점의 하나가 보험사기를 자행하는 자가 자신이 정상적으로 보험계약을 보험회사와 체결하고 매달 약정된 보험료를 꼬박꼬박 지급했으므로 자신의 행동을 범죄로 인식하지 않고 있고 또한 자신의 행위가 개인을 대상으로 하는 것이 아니며 적발되더라도 보험금청구를 포기하면 된다고 생각하는 점이다. 이에 대한 국민들의 인식의 변화는 보험사기 방지 및 예방에 핵심적인 방안이 될 것이다. 자동차보험 의료비지급의 경우 자동차사고 환자를 집중적으로 유치하여 입원율이 지나치게 높고 입원환자의 부재율도 높은 의료기관에 대해서 치료비 심사 등을 엄격히 할 필요가 있다. 또한 보험사와 금융감독원 및 의료업계가 자동차사고 환자 입원치료 인정 및 부상 등급에 따른 표준적인 입원기간 등에 대한 기준을 마련하여 보험금 누수를 효율적으로 관리하여야 한다.

　한편, 대부분의 보험사에서는 특별조사팀을 구성하여 보험범죄를 입증하기 위한 사전적인 감시를 하고 있다. 따라서 보험사별 특별조사팀의 조사요원들은 보험범죄 적발에 상당부분 기여하고 있으며, 이들의 전문성이나 역량을 강화하는 것은 보험범죄 감소의 방안이 될 수 있다. 특히 조사요원들의 전문적인 수사 및 조사기법이나 관련 법률에 대한 이해를 높이기 위한 교육·연수는 보험범죄 입증 능력을 배양해 줄 수 있으며, 나아가 보험범죄 감소에 기여할 수 있다. 이와 관련하여 미국의 보험사들은 보험범죄 관련 조사요원들에 대한 전문적인 훈련과정 및 교육과정을 운영하고 있다.

(1) 자동차보험 의료비 지급의 적정화

자동차사고 환자를 집중적으로 유치하여 입원율이 지나치게 높고 입원환자의 부재율도 높은 의료기관에 대해서는 보험회사가 공동으로 집중 관리함으로써 치료비 심사를 엄격히 할 필요가 있다. 또한 보험회사와 금융감독원 및 의료업계가 공동으로 자동차사고 환자 입원치료 인정 및 그 부상 등급에 따른 표준적인 입원기간 등에 대한 기준을 마련함으로써 불필요한 입원 및 장기입원에 따른 보험금 누수를 효율적으로 관리하고 차단할 수 있을 것이다. 장기적으로는 자동차보험도 외국처럼 국가의료보장제도의 영역에 포함시킴으로써 동일한 수가기준을 시행하고 보험자의 지불보증이나 의료비청구 및 지급절차 이에 따른 심사절차 등을 단일화하여 전체적으로 건강보험과 직접적으로 연계하는 작업이 추진되어야 할 것이다.

(2) 보험범죄 조사인력의 교육 · 연수 및 평가

보험계약자 측의 사기에 관한 입증책임을 보험회사가 부담하기 때문에 개별 보험회사의 특수조사팀이나 금융감독원 내의 보험조사실은 사기입증에 관한 실무적 기술과 분석에 대한 중요한 역할을 담당하게 된다. 이를 위하여 특수조사팀의 조사요원이나 수사기관의 전담수사기구 요원들에 대한 과학적이고 전문적인 교육 프로그램을 상시 운영해야 한다. 이들은 보험사기라는 전문 분야에 대한 전문적인 수사 및 조사기법에 대한 교육, 관련 법률에 대한 이해, 고도의 컴퓨터 작동 기법 등을 교육받아 그 전문성을 유지해야 한다. 또한 보험사기 조사관을 별도로 양성하거나 실무상 손해발생 원인규명을 현장에서 하게 되는 손해사정인을 대상으로 전문 교육과 연수를 통해 보험사기에 관한 결정적인 증거수집과 사기의 입증 능력을 배양할 것이 요구되고 있다. 한편 검찰 및 경찰 내 교육기관이 주관하는 전문 보험범죄 수사과정을 신설하고 보험범죄 전문수사관에 대한 자격인증제 실시도 고려할 수 있을 것이다. 또한 위험인수 작업인 언더라이팅 담당 직원에 대한 보험사기의 전문적인 교육도 필요하다고 여겨진다. 미국의 Country 보험사 SIU들도 사기 혹은 보험조사에 특정한 전문적인 훈련과정 및 보험산업과 관련된 교육과정 등을 통하여 전문적인 교육과 훈련을 받고 있다. 우리의 경우도 새로운 조사기법과 각 보험회사는 매년 보험사기 방지 및 적발에 대한 전문 교육프로그램의 시행계획서 등을 감독당국에 제출하며 금융감독원은 계획 이행 여부에 대한 적절한 조사를 하도록 보험업법에 규정하는 것이 필요한 것이다.

(3) 국민의 보험범죄 관련 의식개혁 캠페인

현재 보험사기에 있어서 가장 큰 문제점의 하나가 보험사기를 자행하는 자가 자신이 정상적으로 보험계약을 보험회사와 체결하고 매달 약정된 보험료를 꼬박꼬박 지급했으므로 자신의 행동을 범죄로 인식하지 않고 있고 또한 자신의 행위가 개인을 대상으로 하는 것이 아니며 적발되더라도 보험금청구를 포기하면 된다고 생각하는 점이다. 이에 대한 국민들의 인식의 변화가 보험사기 방지 및 예방에 핵심적인 방안이 될 것이다. 보험계약자에게 교부하는 보험약관의 요약부분에 보험사기의 유형 및 처벌에 관한 내용을 명기하고 보험설계사가 약관을 설명하는 과정에 보험사기에 관한 충분한 설명이 이루어지도록 약관의 개정과 보험설계사에 대한 충분하고 전문적인 교육이 이루어져야 한다. 보험사기의 상당부분이 보험과 연관성이 있는 직업군에서 기인하고 있는 점을 고려할 때 보험설계사, 의사협회, 정비업체 및 택시운전 종사자 등을 대상으로 하는 보험범죄 방지에 대한 정기적인 교육과 홍보 활동을 적극적으로 펼쳐야 하며 이러한 차원에서 보험협회 등은 정기적으로 TV나 신문의 공익광고 및 프로그램 제작을 통하여 국민을 상대로 보험사기의 폐해와 그 유형 등에 대한 홍보를 해야 할 것이다. 보험협회가 설립한 보험범죄방지센터 및 금융감독원이 운영하는 보험범죄신고센터가 중심이 되어 매스컴 등을 매개로한 보험사기의 심각성과 그 악영향, 그 예방과 감시에 대한 지속적인 홍보가 그러한 노력의 일환인데 미국이나 영국에서도 각종 보험범죄방지 대책위원회를 통한 보험범죄방지 홍보활동에 역점을 두고 있다. 이는 특히 10대 및 20대 사이에 보험사기 범죄가 증가하고 있는 현실을 감안할 때 매우 효율적인 방안이 될 수 있을 것이다.

이상의 보험범죄 감소방안의 분석항목을 관련 이론 및 제도와 관련하여 정리하면 다음의 <표 4-1>과 같다.

〈표 4-1〉 보험범죄 감소방안의 분석 항목의 이론 및 정책·제도

분석 항목		관련 이론 및 정책·제도
법·제도 정비	▶ 보험범죄 방지를 위한 특별법 제정 ▶ 형법상 보험사기죄 신설 ▶ 정보제공·공유 관련법의 제정	보험범죄 원인론, 형벌제도, 보험업법
수사력 강화	▶ 보험범죄 관련 기관과의 연계 강화 ▶ 보험범죄 수사체계의 개선 ▶ 보험범죄 유형별 수사기법의 개발	기관별 관리 시스템, 미국 보험범죄방지국, 수사기법
보험사 자구노력	▶ 자동차보험 의료비지급의 적정화 ▶ 보험범죄 조사인력의 교육·연수 및 평가 ▶ 국민의 보험범죄 관련 의식개혁 캠페인	자동차보험제도, 특별조사팀(SIU), PR론

2. AHP 구조도의 작성

〈그림 4-1〉 AHP 구조도

제2절 분석방법 및 조사설계

1. AHP의 개념 및 방법

1) AHP의 개념

AHP(Analytic Hierarchy process)는 사티(Saaty, 1995)에 의해 고안되었으며 계층분석법, 계층분석과정, 계층화분석 등으로 국내에 소개되었다. AHP는 의사결정의 계층구조를 구성하고 있는 항목 간의 쌍대비교를 통하여 평가자의 견해와 경험, 직관을 끌어 낼 수 있으며, 이를 의사결정에 적용할 수 있는 기법이라고 할 수 있다.

Saaty에 의하면 AHP는 다음과 같은 유용성을 갖고 있다고 말하고 있다. 첫째, 정성적 혹은 무형적 기준(qualitative or intangible criteria)과 정량적 기준(quantitative or tangible criteria)을 비율척도로 측정할 수 있다. 둘째, 큰 문제를 점차 작은 요소로 분해함으로써 단순한 이원비교에 의한 판단으로 문제해결이 가능하다는 점이다. 이와 같은 AHP기법은 의사결정자가 대안을 선택함에 여러 대안의 상호비교와 평가를 통하여 의사결정 환경의 복잡성과 곤란함을 감소시키고, 상대적인 최적 대안을 선택할 수 있게 한다.

2) AHP의 방법

AHP 설문의 구성은 Saaty와 Vargas(2000: 34)가 제시한 10가지 지침에 근거한다.

① 전체적인 목표를 파악하라. 우리가 성취하려고 하는 것이 무엇인가. 무

엇이 주된 문제인가를 파악하라.

② 전체적인 목표의 하위 세부목표를 파악하라. 관련이 있다면, 결정에 영향을 미치는 시간 축을 파악하라.

③ 전체적인 목표의 하위 세부목표를 충분히 만족시키는 기준을 파악하라.

④ 각 기준하에 있는 하위 세부기준을 파악하라. 기준과 하위 세부기준은 패러미터 값의 범위의 관점에서, 또는 높다, 중간이다, 낮다 등과 같은 언어의 강도라는 관점에서 규정되어야 한다.

⑤ 관련된 이해당사자(또는 주체)를 파악하라.

⑥ 이해당사자의 목표를 모두 파악하라.

⑦ 이해당사자의 정책을 모두 파악하라.

⑧ 선택사항이나 결과를 파악하라.

⑨ 가부결정을 위하여 가장 선호되는 결과를 취하라. 그리고 의사결정이 내려질 때의 편익 및 비용과 의사결정이 내려지지 않을 때의 편익 및 비용을 비교하라.

⑩ 한계 가치를 이용하여 편익/비용분석을 하는가?

위와 같은 지침을 바탕으로 하여 연구자는 연구 목적을 달성하기 위하여 연구 목적에 맞는 대안과 기준을 설정하고 세부 항목을 설정하게 된다. 이러한 설문은 문항별로 한 번에 2개의 요소를 상호 비교하는 쌍대비교 방법이 활용되며, 사용되는 척도는 1에서 9까지의 수와 이의 역수로써 각 평가요소의 상대적 중요도를 평가하게 된다. 본 연구에서는 이러한 Saaty의 방법론을 근거로 하여 AHP구조도와 설문지를 작성하였으며, Excel 2007 프로그램을 사용하여 분석하였다.

2. 조사설계

보험범죄 감소방안 간에 우선순위 도출을 위한 AHP구조도 작성을 위하여, 앞서 살펴본 대로 1차 수준에는 법·제도 정비, 수사력 강화, 보험사 자구노력을 분석항목으로 설정하였으며, 2차 수준의 분석항목은 전술한 <표 4-1>과 같다.

본 연구를 위해 보험사와 경찰서의 보험범죄 관련 담당자를 대상으로 AHP 분석을 실시하였으며, 설문은 2010년 11월 5일부터 11월 20일까지 E-mail 및 Fax, 직접방문을 통해 이루어졌다.

제5장 보험범죄 감소를 위한 방안

제1절 분석결과

본 연구는 보험범죄 감소방안을 위해 크게 법·제도 정비 측면, 수사력 강화 측면, 보험사의 자구노력 측면으로 분류하여 세분화하였다. 각 측면에서 제시될 수 있는 방안으로 법·제도 정비는 보험범죄방지를 위한 특별법 제정, 형법상 보험사기죄 신설, 정보 제공·공유 관련법의 제정을 방안으로 제시하였다. 수사력 강화 측면에서 제시될 수 있는 방안으로는 보험범죄 관련 기관 간의 연계 강화, 보험범죄 수사체계의 개선, 보험범죄 유형별 수사기법의 개발 방안을 제시하였다. 보험사의 자구노력 측면에서는 자동차보험 의료비 지급의 적정화, 보험범죄 조사인력의 교육·연수 및 평가, 국민의 보험범죄 관련 의식개혁 캠페인의 방안을 제시하였다.

조사설계에 따른 AHP 분석결과는 다음과 같다.

1. 1차 수준의 분석결과

보험범죄 감소방안을 위해 1차 수준으로 설정한 법·제도 정비, 수사력 강화, 보험사의 자구노력 간의 쌍대비교를 통해 도출된 분석결과는 아래 <표 5-1>과 같다. 경찰과 보험사 직원을 합한 전체 응답자의 일관성 비율은 0.0003으로 나타나 설문응답자의 우선순위에 대한 반영 및 판단의 진실성이 정확한 것으로 평가되어 분석결과의 타당성을 인정할 수 있다. 또한 경찰의 일관성 비율은 0.0069로 나타났으며, 보험사는 0.0239로 나타나 각각의 두 집단에 대한 우선순위 분석결과도 타당성을 인정할 수 있다.[1]

〈표 5-1〉 1차 수준 중요도 분석결과

설문대상	상위 수준	법·제도 정비	수사력 강화	보험사의 자구노력	CR
전체	중요도 (우선순위)	0.5700 (1)	0.1803 (3)	0.2496 (2)	0.0003
경찰	중요도 (우선순위)	0.5138 (1)	0.2188 (3)	0.2673 (2)	0.0069
보험사	중요도 (우선순위)	0.6092 (1)	0.1550 (3)	0.2357 (2)	0.0235

분석결과 보험범죄 감소방안에 대한 응답자 전체의 1차 수준은 '법·제도적 정비'가 중요도 0.5700으로 가장 중요한 요인으로 우선순위를 부여하고 있음을 알 수 있다. 또한 '보험사의 자구노력'이 중요도 0.2496으로 두 번째로 높게 나타났으며, '수사력 강화'가 중요도 0.1803으로 가장 낮게 나타났다.

한편 경찰의 경우 '법·제도 정비'의 중요도가 0.5138로 가장 중요한 요인으로 분석되었으며, 보험사도 중요도 0.6092로 법·제도 정비가 가장 중요하다고 보았다. 특히 중요도가 0.5를 상회함에 따라 다른 두 가지 방안 '수사력 강화'와 '보험사 자구노력'보다 매우 중요한 요인으로 평가되었다. 이러한 결과는 보험범죄의 발생이유가 법·제도의 불비(不備)에 의해 발생한다는 인식에서 비롯된 것으로 판단된다. 또한 경찰보다 보험사의 '법·제도 정비'의 중요도가 더 높게 나타난 것은 보험범죄와 관련된 입법불비에 대한 기업의 불만이 반영된 것이라고 생각된다.

경찰과 보험사 두 집단 모두 1차 수준에서 두 번째로 중요한 대안으로 평가된 것은 '보험사의 자구노력'으로 나타났다. 경찰의 경우는 중요도 0.2673이었고, 보험사는 중요도 0.2357로 보험사보다는 경찰이 '보험사의 자구노력'을 조금 더 중요하다고 평가하였다.

---

1) 일관성 비율(CR: consistancy ratio)은 설문응답자의 판단 진실성을 평가하는 것으로 통상 0.1 이하이면 응답자가 일관성 있게 비교를 하였다고 본다(Saaty, 1980).

또한 1차 수준에서 경찰과 보험사 모두 '수사력 강화'를 세 번째로 중요한 요인으로 평가하였다. 보험사보다 경찰 집단의 보험사의 자구노력에 대한 중요도가 더 높았던 것에 비해, '수사력 강화'에 대한 중요도는 오히려 보험사가 더 낮은 중요도로 나타났다. '수사력 강화'에 대한 경찰의 중요도는 0.2188이었고, 보험사의 중요도는 0.1550이었다. 이는 경찰 스스로가 조직화·지능화되어 가는 보험범죄에 대응할 수 있는 '수사력 강화'에 더 많은 관심을 가지고 있다고 판단할 수 있다.

1차 수준에 대한 경찰과 보험사의 개별 중요도는 차이가 있었으나, 두 집단을 합한 전체 집단의 우선순위와 경찰과 보험사 각 집단의 우선순위는 같은 순위로 나타났다. 경찰과 보험사 모두가 '법·제도 정비'를 0.5 이상의 중요도를 부여하며 최우선되어야 할 방안으로 인식하고 있는 것으로 볼 때, 보험범죄 감소를 위해서는 현 법·제도의 신설·보완이 시급한 것으로 판단할 수 있다.

2. 2차 수준의 분석결과

1) 법·제도 정비 측면의 2차 수준 분석결과

법·제도 정비 측면의 세부 방안으로 '보험범죄 방지를 위한 특별법 제정', '형법상 보험사기죄 신설', '정보 제공·공유 관련법의 제정'을 설정하였다. 각 세부방안의 중요도 및 우선순위는 <표 5-2>와 같다. 먼저 각 분석결과의 신뢰도는 경찰과 보험사 전체의 신뢰도비율이 0.0111로 타당성이 검증되었으며, 경찰집단의 신뢰도는 0.0452, 보험사는 0.0005로 나타나 분석결과의 타당성을 인정할 수 있다.

<표 5-2> 법·제도 정비 측면의 2차 수준 중요도 분석결과

설문대상	하위 수준	보험범죄 방지를 위한 특별법 제정	형법상 보험사기죄 신설	정보 제공·공유 관련법의 제정	CR
전체	중요도 (우선순위)	0.5162 (1)	0.2104 (3)	0.2733 (2)	0.0111
경찰	중요도 (우선순위)	0.4797 (1)	0.2097 (3)	0.3105 (2)	0.0452
보험사	중요도 (우선순위)	0.5425 (1)	0.2106 (3)	0.2468 (2)	0.0005

    법·제도 정비 측면의 2차 수준 분석결과 경찰과 보험사 전체에서 가장 중요한 방안은 '보험범죄 방지를 위한 특별법 제정'으로 중요도 0.5162로 나타났다. 우선순위 두 번째로 중요도 0.2733의 '정보 제공·공유 관련법의 제정'이었으며, 세 번째는 중요도 0.2104의 '형법상 보험사기죄 신설'로 나타났다.

    집단별로는 먼저 경찰의 경우 '보험범죄 방지를 위한 특별법 제정'의 우선순위가 중요도 0.4794로 가장 높게 나타났다. 두 번째 우선순위로는 '정보 제공·공유 관련법의 제정'이 중요도 0.3105로 분석되었으며, 세 번째 우선순위로는 '형법상 보험사기죄 신설'이 중요도 0.2097로 나타났다.

    한편, 보험사의 경우도 경찰의 우선순위와 같은 경향을 보였다. 3가지 법·제도 정비의 하위수준 가운데 우선순위에서 가장 중요하다고 평가된 세부 요인은 '보험범죄 방지를 위한 특별법 제정'이 중요도 0.5425로 나타났다. 보험사는 '보험범죄 방지를 위한 특별법 제정'에 대해 전체집단의 중요도(0.5162)보다 높은 수준이었으며, 경찰집단의 중요도(0.4797)보다 더 높은 중요도를 부여하고 있었다. 두 번째 우선순위는 '정보 제공·공유 관련법의 제정'이 중요도 0.2468로 나타났다. 똑같이 두 번째 우선순위를 부여했던 경찰집단의 중요도(0.3105)와 비교하여 보험사는 '정보 제공·공유 관련법의 제정'에 대해 조금 낮은 수준의 중요도를 부여하였다. 이러한 결과는 기존 보험범죄 적발이 보험사의 사전조사에 의한 수사의뢰를 통해 경찰이 수사착수를 하는 사례가 많았던 점과 '정보 제공·공유 관련법'에 비해 '보험범죄 방지 특별법'이 수사기관의 자발적인 수사착수와 관련 깊다는 점을 미루어 볼 때, 보험사에서는 보험범죄에 대한 수사기관의 적극적인 적발의지를 요구하고 있는 것으로 생각된다.

경찰과 마찬가지로 보험사가 세 번째 우선순위를 부여한 법·제도 정비의 세부 요인은 '형법상 보험사기죄 신설'로 중요도는 0.2106으로 나타났다. 앞서 이론적 논의에서 기존의 보험사기가 일반사기죄를 적용받아 왔던 것에 대한 여러 가지 문제점이 있었던 것에 비해 '보험범죄 방지를 위한 특별법'이나 '정보·제공 관련법'보다 상대적으로 낮은 중요도가 부여된 것은 의외의 결과라고 생각된다. 본 설문의 의도가 보험범죄 감소방안을 묻는 것이었던 점과 '보험사기죄의 신설'이 적발된 보험범죄에 대한 사후적인 처벌과 관련된 법·제도라는 점을 미루어 판단컨대 경찰과 보험사의 응답자들은 보험범죄 감소를 위해서는 사후적인 처벌제도의 강화보다는 예방과 감시제도의 개선이 더 중요하다고 생각하는 것으로 판단된다.

2) 수사력 강화 측면의 2차 수준 분석결과

수사력 강화 측면의 세부 방안으로 '보험범죄 관련 기관 간의 연계 강화', '보험범죄 수사체계의 개선', '보험범죄 유형별 수사기법의 개발'을 설정하였다. 각 세부방안의 중요도 및 우선순위는 <표 5-3>와 같다. 먼저 각 분석결과의 신뢰도는 경찰과 보험사 전체의 신뢰도비율이 0.0072로 타당성이 검증되었으며, 경찰의 신뢰도는 0.0263, 보험사는 0.0140로 나타나 분석결과의 타당성을 인정할 수 있다.

〈표 5-3〉 수사력 강화 측면의 2차 수준 중요도 분석결과

설문대상	하위 수준	보험범죄 관련 기관 간의 연계 강화	보험범죄 수사체계의 개선	보험범죄 유형별 수사기법의 개발	CR
전체	중요도 (우선순위)	0.4821 (1)	0.2866 (2)	0.2311 (3)	0.0072
경찰	중요도 (우선순위)	0.4675 (1)	0.2301 (3)	0.3023 (2)	0.0263
보험사	중요도 (우선순위)	0.4814 (1)	0.3331 (2)	0.1853 (3)	0.0140

수사력 강화 측면의 2차 수준 분석결과 경찰과 보험사 전체의 우선순위는 '보험범죄 관련 기관 간의 연계 강화'가 중요도 0.4821로 가장 높게 나타났다. 두 번째 우선순위는 '보험범죄 수사체계의 개선'이 중요도 0.2866로 나타났으며, 세 번째 우선순위는 '보험범죄 유형별 수사기법의 개발'로 나타났다.

집단별 우선순위를 살펴보면, 먼저 경찰의 경우 가장 높은 우선순위는 '보험범죄 관련 기관 간의 연계 강화'로 중요도 0.4675로 나타났다. 두 번째 우선순위는 '보험범죄 유형별 수사기법의 개발'로 중요도 0.3023로 나타났는데, 이는 보험사와 경찰을 합하여 분석한 전체의 우선순위와는 상이한 결과이다. 전체에서 두 번째로 중요하다고 나타난 '수사력 강화'의 세부 요인은 '보험범죄 수사체계의 개선'이었던 것에 비해 경찰은 그것보다는 '보험범죄 유형별 수사기법의 개발'이 더 중요하다고 나타났다. 이러한 결과는 경찰 응답자들이 나날이 지능화·조직화되어 가는 보험범죄의 감소를 위해서는 수사체계를 개선하는 것보다는 각종 보험범죄의 유형에 따라 체계적인 수사를 가능하게 하는 수사기법들이 더 중요하다고 생각하는 것으로 판단된다. 마지막으로 경찰의 세 번째 우선순위는 '보험범죄의 수사체계 개선'으로 중요도 0.2301로 나타났다.

한편 보험사는 '수사력 강화'의 세부 요인 가운데 가장 중요한 우선순위로서 '보험범죄 관련 기관 간의 연계 강화'를 꼽았다. 중요도는 0.4814였으며, 경찰과 마찬가지로 보험사에서도 관련 기관 간의 연계가 최우선 순위인 것은

시사하는 바가 크다고 생각된다. 현재 우리나라의 보험범죄 관련 기관은 금융감독원, 손해보험협회, 생명보험협회, 검찰·경찰 그리고 각 보험사 특수조사팀 등이다. 미국의 경우처럼 보험사기국(Insurance Frauds Bureau)과 같은 전담부서가 없는 상황에서 보험범죄 적발을 포함하여 예방·감시·감독기능을 효율적으로 수행하기 위해서는 관련기관의 긴밀한 협조체계가 중요하기 때문으로 판단된다.

보험사가 두 번째 우선순위를 부여한 세부요인은 '보험범죄 수사체계의 개선'으로 중요도 0.3331이었다. 한편, 세 번째 우선순위는 '보험범죄 유형별 수사기법 개발'이었으며, 상대적으로 낮은 중요도 0.1853로 나타났다.

3) 보험사 자구노력 측면의 2차 수준 분석결과

보험사 자구노력 측면의 세부 방안으로 '자동차보험 의료비 지급의 적정화', '보험범죄 조사인력의 교육·연수 및 평가', '국민의 보험범죄 관련 의식개혁 캠페인'을 설정하였다. 각 세부방안의 중요도 및 우선순위는 <표 5-4>와 같다. 먼저 각 분석결과의 신뢰도는 경찰과 보험사 전체의 신뢰도비율이 0.0483으로 타당성이 검증되었으며, 경찰의 신뢰도는 0.0235, 보험사는 0.0735로 나타나 분석결과의 타당성을 인정할 수 있다.

〈표 5-4〉 보험사의 자구노력 측면의 2차 수준 중요도 분석결과

설문대상	하위 수준	자동차보험 의료비 지급의 적정화	보험범죄 조사인력의 교육·연수 및 평가	국민의 보험범죄 관련 의식개혁 캠페인	CR
전체	중요도 (우선순위)	0.2984 (2)	0.2823 (3)	0.4192 (1)	0.0483
경찰	중요도 (우선순위)	0.5062 (1)	0.2055 (3)	0.2881 (2)	0.0235
보험사	중요도 (우선순위)	0.1798 (3)	0.4983 (1)	0.3218 (2)	0.0735

앞서 분석했던 ‘법·제도 정비’와 ‘수사력 강화’의 2차 수준 분석결과는 경찰과 보험사 간의 우선순위 차이가 그다지 많지 않았으나, ‘보험사의 자구노력’은 경찰과 보험사 간의 우선순위 차이가 분명하게 나타났다.

먼저 경찰과 보험사 전체집단에서 우선순위는 ‘국민의 보험범죄 관련 의식개혁 캠페인’이 중요도 0.4192로 가장 높게 나타났으며, 두 번째 우선순위는 ‘자동차보험 의료비 지급의 적정화’가 중요도 0.2984로 나타났다. 세 번째 우선순위는 ‘보험범죄 조사인력의 교육·연수 및 평가’가 중요도 0.2823으로 분석되었다.

각 집단의 보험사의 자구노력 세부요인 분석결과, 경찰은 첫 번째 우선순위로 ‘자동차보험 의료비 지급의 적정화’를 꼽았으며, 중요도는 0.5062로 나타났다. 반면 보험사는 ‘자동차보험 의료비 지급의 적정화’를 중요도 0.1798로 세 번째 우선순위를 부여하였다. 이러한 결과는 보험사 자구노력에 대하여 경찰 응답자들은 적정한 수준의 의료비를 지급하는 것을 통해 보험범죄 동기를 사전적으로 제거해야 한다는 의식이 강한 반면, 보험사는 의료비 지급은 보험범죄 감소에 대해 큰 영향을 주지는 않는다는 의식이 강한 것으로 판단된다.

한편 보험사는 자구노력의 세부요인 가운데 ‘보험범죄 조사인력의 교육·연수 및 평가’를 중요도 0.4983으로 가장 우선해야 할 요인으로 평가하였다. 그러나 경찰은 ‘보험범죄 조사인력의 교육·연수 및 평가’를 중요도 0.2055로 가장 낮은 중요도를 부여하였다. 보험범죄 조사인력 역량 강화가 보험범죄 적발을 위한 포석이라는 관점에서 판단컨대 앞선 분석결과에서도 논의하였듯이 경찰의 경우는 보험범죄의 적발과 사후적 처벌의 강화보다는 예방적 조치에 우선순위를 두고 있는 반면, 보험사는 보험범죄를 효율적으로 적발할 수 있는 방안에 우선순위를 두고 있는 것으로 생각된다.

‘국민의 보험범죄 관련 의식개혁 캠페인’은 경찰과 보험사 각각의 우선순위에서는 두 번째로 중요한 것으로 분석되었으나, 전체의 우선순위에서는 가

장 중요한 것으로 나타났다. 경찰은 '국민의 보험범죄 관련 의식개혁 캠페인'
이 중요도 0.2881로 나타났으며, 보험사는 0.3218로 나타났다.

3. 분석결과의 종합

지금까지 논의된 수준별 대안의 분석결과를 종합하고, 상위대안의 가중치
를 부여한 경찰의 종합적 우선순위는 <표 5-5>와 같다.

〈표 5-5〉 분석결과의 종합(경찰)

		하위수준		전체수준	
		중요도 (우선순위)	CR	중요도	우선순위
법·제도 정비 (0.5138)	보험범죄 방지를 위한 특별법 제정	0.4797 (1)		0.2464	1
	형법상 보험사기죄 신설	0.2097 (3)	0.0452	0.1077	4
	정보 제공·공유 관련법의 강화	0.3105 (2)		0.1595	2
수사력 강화 (0.2188)	보험범죄 관련 기관 간의 연계 강화	0.4675 (1)		0.1023	5
	보험범죄 수사체계의 개선	0.2301 (3)	0.0263	0.0503	9
	보험범죄 유형별 수사기법의 개발	0.3023 (2)		0.0661	7
보험사의 자구노력 (0.2673)	자동차보험 의료비지급의 적정화	0.5062 (1)		0.1353	3
	보험범죄 조사인력의 교육·연수 및 평가	0.2055 (3)	0.0235	0.0549	8
	국민의 보험범죄 관련 의식개혁 캠페인	0.2881 (2)		0.0770	6

경찰의 상위대안의 가중치를 부여한 종합적 우선순위 분석결과, 1순위는 '보험범죄 방지를 위한 특별법 제정'이 중요도 0.2464로 나타났다. 특별법의 제정은 보험범죄에 대해 단순한 사기가 아닌 엄격하게 처벌될 수 있는 반사회적 범죄라는 점을 인식시키는 효과와 그러한 인식을 제고함으로써 보험범죄를 사전에 방지하는 효과를 기대할 수 있다. 이러한 관점에서 경찰은 특별법 제정을 통해 보험범죄에 대한 동기를 사전적으로 예방하여야 한다는 인식이 강한 것으로 판단된다.

우선순위 2순위이고 중요도 0.1595로 나타난 '정보 제공·공유 관련법의 강화'는 관계기관 간의 보험범죄 감시·감독을 위한 정보 데이터베이스의 구축과 관련된 법·제도적 측면이다. 보험사기 전담부처가 없는 우리나라에서는 현실적으로 유관기관 간의 유기적인 연계를 통해 이를 보완하여야 하는데, 이를 위해서는 기관 간의 정보제공·공유가 선행되어야 한다. 응답자들은 기관 간의 정보공유를 위한 법·제도의 중요성을 인식하고 있는 것으로 판단된다.

한편 우선순위 4순위이고 중요도 0.1283로 나타난 '형법상 보험사기죄 신설'은 일반사기죄를 적용하고 있는 보험범죄에 대하여 처벌의 명문화를 위한 대안으로 판단할 수 있다. 이상 논의한 1·2·4순위가 모두 법·제도 정비에 해당하는 것은 보험범죄 감소방안에 있어 다른 대안보다 가장 우선적으로 시행되어야 할 것은 보험범죄 관련 법령 및 제도의 신설·강화에 있다는 것으로 해석된다.

우선순위 3순위는 '자동차보험 의료비지급의 적정화'가 중요도 0.1353으로 나타났다. 이러한 결과는 의료기관 및 보험자에게 지급하는 의료비와 의료비 지급기준이 보험사마다 상이하고 불필요한 입원 및 장기입원에 대한 효과적인 관리수단이 미흡하다는 데 기인한 것으로 판단된다. 그 밖의 5순위는 '형법상 보험사기죄 신설'이 중요도 0.1023으로 나타났으며, 6순위는 중요도 0.0770으로 '국민의 보험범죄 관련 의식개혁 캠페인'이었다. 7순위는 '보험범죄 유형별 수사기법 개발'로 중요도 0.0661이었으며, 8순위는 '보험범죄 조사인력의 교육·연수 및 평가'로 중요도 0.0549이었다. 가장 낮은 중요도를 보인 하위수준은 중요도 0.0503으로 '보험범죄 수사체계의 개선'이었다.

〈표 5-6〉 분석결과의 종합(보험사)

		하위수준		전체수준	
		중요도 (우선순위)	CR	중요도	우선 순위
법·제도 정비 (0.5138)	보험범죄 방지를 위한 특별법 제정	0.5425 (1)		0.3305	1
	형법상 보험사기죄 신설	0.2106 (3)	0.0005	0.1283	3
	정보 제공·공유 관련법의 강화	0.2468 (2)		0.1503	2
수사력 강화 (0.2188)	보험범죄 관련 기관 간의 연계 강화	0.4814 (1)		0.0746	6
	보험범죄 수사체계의 개선	0.3331 (2)	0.0140	0.0516	7
	보험범죄 유형별 수사기법의 개발	0.1853 (3)		0.0287	9
보험사의 자구노력 (0.2673)	자동차보험 의료비지급의 적정화	0.1798 (3)		0.0423	8
	보험범죄 조사인력의 교육·연수 및 평가	0.4983 (1)	0.0735	0.0758	5
	국민의 보험범죄 관련 의식개혁 캠페인	0.3218 (2)		0.1174	4

　　보험사의 상위대안의 가중치를 부여한 종합적 우선순위 분석결과, 1순위는 경찰과 마찬가지로 '보험범죄 방지를 위한 특별법 제정'이 중요도 0.3305로 나타났다. 특히 경찰의 '보험범죄 방지를 위한 특별법 제정'의 중요도가 0.2464인 것과 비교하여 보험사 응답자들의 중요도가 약 1.5배 정도 더 높은 것은 특별법 제정에 대한 필요성의 인식이 경찰보다 보험사가 더 큰 것을 알 수 있다. 2순위는 중요도 0.1503인 '정보 제공·공유 관련법의 강화'로

나타났으며, 3순위는 '형법상 보험사기죄 신설'이 중요도 0.1283으로 나타났다. 보험사의 경우 1·2·3순위가 모두 상위수준 '법·제도 정비'의 하위수준인 것은 경찰 응답자가 보험범죄 감소방안에 법·제도 정비를 강조하고 있는 것과 크게 다르지 않다고 생각된다.

한편, 경찰 응답자가 법·제도 정비 이외에서 '자동차보험 의료비 지급의 적정화'를 차선으로 강조하고 있는 것에 비하여 보험사의 4순위는 '국민의 보험범죄 관련 의식개혁 캠페인'으로 중요도 0.1174로 나타났다. 또한 보험사의 '자동차보험 의료비 지급의 적정화'는 8순위로 매우 낮은 중요도로 나타났다. 이러한 결과는 경찰이 보험범죄 감소에 대한 보험사의 자구노력 가운데 보험사 의료비 지급에 문제가 있다고 인식하였다면, 보험사는 자사의 의료비 지급이 문제가 아니라 그러한 의료비를 통해 보험금을 챙기려는 국민들의 의식에 있다고 해석할 수 있다. 두 가지 대안들이 보험금 누수와 관련이 있다고 판단할 때, 두 집단의 상이한 결과는 누수보험금의 책임이 보험사의 부적절한 의료비 지급 및 기준에 있는지 혹은 그것을 악용하려는 국민들의 불합리한 의식에 있는지의 문제로 귀결된다고 판단된다.

그 밖에 5순위는 '보험범죄 조사인력의 교육·연수 및 평가'로 중요도 0.758이었다. 또한 6순위는 중요도 0.0746의 '보험범죄 관련 기관 간의 연계 강화'로 나타났으며, 7순위는 '보험범죄 수사체계의 개선'으로 중요도 0.0516이었다. 8순위는 중요도 0.0423의 '자동차보험 의료비지급의 적정화'이었으며, 9순위는 '보험범죄 유형별 수사기법의 개발'로 중요도 0.0287이었다.

〈표 5-7〉 경찰과 보험사의 우선순위 비교

		경찰		보험사	
		중요도	우선 순위	중요도	우선 순위
법·제도 정비	보험범죄 방지를 위한 특별법 제정	0.2464	1	0.3305	1
	형법상 보험사기죄 신설	0.1077	4	0.1283	3
	정보 제공·공유 관련법의 강화	0.1595	2	0.1503	2
수사력 강화	보험범죄 관련 기관 간의 연계 강화	0.1023	5	0.0746	6
	보험범죄 수사체계의 개선	0.0503	9	0.0516	7
	보험범죄 유형별 수사기법의 개발	0.0661	7	0.0287	9
보험사의 자구노력	자동차보험 의료비지급의 적정화	0.1353	3	0.0423	8
	보험범죄 조사인력의 교육·연수 및 평가	0.0549	8	0.0758	5
	국민의 보험범죄 관련 의식개혁 캠페인	0.0770	6	0.1174	4

경찰과 보험사의 우선순위를 비교한 결과 1순위는 두 집단 모두 '보험범죄 방지를 위한 특별법 제정'으로 나타나 보험범죄 감소를 위한 방안으로 특별법 제정이 가장 우선시해야 할 과제임을 알 수 있었다. 또한 2순위도 두 집단 모두 '정보 제공·공유 관련법의 강화'로 금융감독원, 경찰, 검찰, 보험사 및 관련 기관들 간의 유기적인 정보 네트워크 구축을 위한 법제가 요구됨을 알 수 있었다. 한편 두 집단 비교에서 가장 상이하게 나타난 것은 '자동차보험 의료비 지급의 적정화'와 '보험범죄 조사인력의 교육·연수 및 평가'에 대한 중요도였다. 경찰의 경우는 '자동차보험 의료비 지급의 적정화'가 높은 중요도를 나타낸 반면, 보험사는 '보험범죄 조사인력의 교육·인력 및 평가'에 더 높은 중요도를 부여하였다.

이상의 보험범죄 감소를 위한 방안에 관한 경찰과 보험사의 AHP분석 결과를 종합하여 볼 때, 보험범죄 감소를 위해서는 보험범죄 감소 관련 특별법, 정보 제공·공유 관련법, 형법상 보험사기죄 신설 등 법·제도의 정비가 가장 중요한 방안임을 도출할 수 있다.

제2절 분석결과의 함의

분석결과 보험범죄 감소방안에 대한 응답자 전체의 1차 수준은 '법·제도적 정비'가 중요도에서 가장 중요한 요인임을 알 수 있다. 또한 '보험사의 자구노력'의 중요도가 두 번째로 높게 나타났으며, '수사력 강화'의 중요도가 가장 낮게 나타났다. 한편 경찰의 경우 '법·제도 정비'의 중요도가 가장 중요한 요인으로 분석되었으며, 보험사도 중요도 법·제도 정비가 가장 중요하다고 보았다. 특히 중요도가 0.5를 상회함에 따라 다른 두 가지 방안 '수사력 강화'와 '보험사 자구노력'보다 매우 중요한 요인으로 평가되었다.

이러한 결과는 보험범죄의 발생이유가 법·제도의 불비(不備)에 의해 발생한다는 인식에서 비롯된 것으로 판단된다. 또한 경찰보다 보험사의 '법·제도 정비'의 중요도가 더 높게 나타난 것은 보험범죄와 관련된 입법불비에 대한 기업의 불만이 반영된 것이라고 생각된다.

경찰과 보험사 두 집단 모두 1차 수준에서 두 번째로 중요한 대안으로 평가된 것은 '보험사의 자구노력'으로 나타났다. 또한 1차 수준에서 경찰과 보험사 모두 '수사력 강화'를 세 번째로 중요한 요인으로 평가하였다. 보험사보다 경찰 집단의 '보험사의 자구노력'에 대한 중요도가 더 높았던 것에 비해, '수사력 강화'에 대한 중요도는 오히려 보험사가 더 낮은 중요도로 나타났다. 이는 경찰 스스로가 조직화·지능화되어 가는 보험범죄에 대응할 수 있는 '수사력 강화'에 더 많은 관심을 가지고 있다고 판단할 수 있다.

1차 수준에 대한 경찰과 보험사의 개별 중요도는 차이가 있었으나, 두 집단을 합한 전체 집단의 우선순위와 경찰과 보험사 각 집단의 우선순위는 같은 순위로 나타났다. 경찰과 보험사 모두가 '법·제도 정비'를 0.5 이상의 중요도를 부여하며 최우선되어야 할 방안으로 인식하고 있는 것으로 볼 때, 보험범죄 감소를 위해서는 현 법·제도의 신설·보완이 시급한 것으로 판단할 수 있다.

법·제도 정비 측면의 2차 수준 분석결과, 경찰과 보험사 전체에서 가장 중요한 방안은 '보험범죄 방지를 위한 특별법 제정'으로 나타났다. 우선순위 두 번째로 '정보 제공·공유 관련법의 제정'이었으며, 세 번째는 '형법상 보험사기죄 신설'로 나타났다.

집단별로는 먼저 경찰의 경우 '보험범죄 방지를 위한 특별법 제정'의 우선순위가 가장 높게 나타났다. 두 번째 우선순위로는 '정보 제공·공유 관련법의 제정'이었으며, 세 번째 우선순위로는 '형법상 보험사기죄 신설'로 분석되었다.

한편, 보험사의 경우도 경찰의 우선순위와 같은 경향을 보였다. 3가지 법·제도 정비의 하위수준 가운데 우선순위에서 가장 중요하다고 평가된 세부 요인은 '보험범죄 방지를 위한 특별법 제정'으로 나타났다. 보험사는 '보험범죄 방지를 위한 특별법 제정'에 대해 전체집단의 중요도(0.5162)보다 높은 수준이었으며, 경찰집단의 중요도(0.4797)보다 더 높은 중요도를 부여하고 있었다. 두 번째 우선순위는 '정보 제공·공유 관련법의 제정'으로 나타났다. 이러한 결과는 기존 보험범죄 적발이 보험사의 사전조사에 의한 수사의뢰를 통해 경찰이 수사착수를 하는 사례가 많았던 점과 '정보 제공·공유 관련법'에 비해 '보험범죄 방지 특별법'이 수사기관의 자발적인 수사착수와 관련 깊다는 점을 미루어 볼 때, 보험사에서는 보험범죄에 대한 수사기관의 적극적인 적발의지를 요구하고 있는 것으로 생각된다.

경찰과 마찬가지로 보험사가 세 번째 우선순위를 부여한 법·제도 정비의 세부 요인은 '형법상 보험사기죄 신설'로 나타났다. 앞서 이론적 논의에서 기존의 보험사기가 일반사기죄를 적용받아 왔던 것에 대한 여러 가지 문제점이 있었던 것에 비해 '보험범죄 방지를 위한 특별법'이나 '정보·제공 관련법'보다 상대적으로 낮은 중요도가 부여된 것은 의외의 결과라고 생각된다. 본 설문의 의도가 보험범죄 감소방안을 묻는 것이었던 점과 '보험사기죄의 신설'이 적발된 보험범죄에 대한 사후적인 처벌과 관련된 법·제도라는 점을 미루어 판단컨대 경찰과 보험사의 응답자들은 보험범죄 감소를 위해서는 사후적인 처벌제도의 강화보다는 예방과 감시제도의 개선이 더 중요하다고 생각하는 것으로 판단된다.

수사력 강화 측면의 2차 수준 분석결과 집단별 우선순위를 살펴보면, 먼저 경찰의 경우 가장 높은 우선순위는 '보험범죄 관련 기관 간의 연계 강화'로 나타났다. 두 번째 우선순위는 '보험범죄 유형별 수사기법의 개발'로 나타났는데, 이는 보험사와 경찰을 합하여 분석한 전체의 우선순위와는 상이한 결과이다. 전체에서 두 번째로 중요하다고 나타난 '수사력 강화'의 세부 요인은 '보험범죄 수사체계의 개선'이었던 것에 비해 경찰은 그것보다는 '보험범죄 유형별 수사기법의 개발'이 더 중요하다고 나타났다. 이러한 결과는 경찰 응답자들이 나날이 지능화·조직화되어 가는 보험범죄의 감소를 위해서는 수사체계를 개선하는 것보다는 각종 보험범죄의 유형에 따라 체계적인 수사를 가능하게 하는 수사기법들이 더 중요하다고 생각하는 것으로 판단된다. 마지막으로 경찰의 세 번째 우선순위는 '보험범죄의 수사체계 개선'으로 나타났다.

한편 보험사는 '수사력 강화'의 세부 요인 가운데 가장 중요한 우선순위로서'보험범죄 관련 기관 간의 연계 강화'를 꼽았다. 경찰과 마찬가지로 보험사에서도 관련 기관 간의 연계가 최우선 순위인 것은 시사하는 바가 크다고 생각된다. 현재 우리나라의 보험범죄 관련 기관은 금융감독원, 손해보험협회, 생명보험협회, 검찰·경찰 그리고 각 보험사 특수조사팀 등이다. 미국의 경우처럼 보험사기국(Insurance Frauds Bureau)과 같은 전담부서가 없는 상황에서 보험범죄 적발을 포함하여 예방·감시·감독기능을 효율적으로 수행하기 위해서는 관련기관의 긴밀한 협조체계가 중요하기 때문으로 판단된다.

보험사가 두 번째 우선순위를 부여한 세부요인은 '보험범죄 수사체계의 개선’이었다. 한편, 세 번째 우선순위는 ‘보험범죄 유형별 수사기법 개발’이었으며, 상대적으로 낮은 중요도(0.1853)가 나타났다.

‘법·제도 정비’와 ‘수사력 강화’의 2차 수준 분석결과와는 다르게 ‘보험사의 자구노력’은 경찰과 보험사 간의 우선순위 차이가 분명하게 나타났다. 각 집단의 ‘보험사의 자구노력’ 세부요인 분석결과, 경찰은 첫 번째 우선순위로 ‘자동차보험 의료비 지급의 적정화’를 꼽았으며, 반면 보험사는 세 번째 우선순위를 부여하였다. 이러한 결과는 보험사 자구노력에 대하여 경찰 응답자들은 적정한 수준의 의료비를 지급하는 것을 통해 보험범죄 동기를 사전적으로 제거해야 한다는 의식이 강한 반면, 보험사는 의료비 지급은 보험범죄 감소에 대해 큰 영향을 주지는 않는다는 의식이 강한 것으로 판단된다.

한편 보험사는 자구노력의 세부요인 가운데 ‘보험범죄 조사인력의 교육·연수 및 평가’를 가장 우선해야 할 요인으로 평가하였다. 그러나 경찰은 3가지 2차 요인 가운데 가장 낮은 중요도를 부여하였다. 보험범죄 조사인력 역량 강화가 보험범죄 적발을 위한 포석이라는 관점에서 판단컨대 앞선 분석결과에서도 논의하였듯이 경찰의 경우는 보험범죄의 적발과 사후적 처벌의 강화보다는 예방적 조치에 우선순위를 두고 있는 반면, 보험사는 보험범죄를 효율적으로 적발할 수 있는 방안에 우선순위를 두고 있는 것으로 생각된다.

‘국민의 보험범죄 관련 의식개혁 캠페인’은 경찰과 보험사 각각의 우선순위에서는 두 번째로 중요한 것으로 분석되었으나, 전체의 우선순위에서는 가장 중요한 것으로 나타났다.

경찰의 상위대안의 가중치를 부여한 종합적 우선순위 분석결과, 1순위는 ‘보험범죄 방지를 위한 특별법 제정’이었다. 특별법의 제정은 보험범죄에 대해 단순한 사기가 아닌 엄격하게 처벌될 수 있는 반사회적 범죄라는 점을 인식시키는 효과와 그러한 인식을 제고함으로써 보험범죄를 사전에 방지하는 효과를 기대할 수 있다. 이러한 관점에서 경찰은 특별법 제정을 통해 보험범죄에 대한 동기를 사전적으로 예방하여야 한다는 인식이 강한 것으로 판단된다.

우선순위 2순위인 '정보 제공·공유 관련법의 강화'는 관계기관 간의 보험범죄 감시·감독을 위한 정보 데이터베이스의 구축과 관련된 법·제도적 측면이다. 보험사기 전담부처가 없는 우리나라에서는 현실적으로 유관기관 간의 유기적인 연계를 통해 이를 보완하여야 하는데, 이를 위해서는 기관 간의 정보제공·공유가 선행되어야 한다. 응답자들은 기관 간의 정보공유를 위한 법·제도의 중요성을 인식하고 있는 것으로 판단된다.

보험사의 상위대안의 가중치를 부여한 종합적 우선순위 분석결과, 1순위는 경찰과 마찬가지로 '보험범죄 방지를 위한 특별법 제정'으로 나타났다. 2순위는 '정보 제공·공유 관련법의 강화'로 나타났으며, 3순위는 '형법상 보험사기죄 신설'로 나타났다. 보험사의 경우 1·2·3순위가 모두 상위수준 '법·제도 정비'의 하위수준인 것은 경찰 응답자가 보험범죄 감소방안에 법·제도 정비를 강조하고 있는 것과 크게 다르지 않다고 생각된다.

한편, 경찰 응답자가 법·제도 정비 이외에서 '자동차보험 의료비 지급의 적정화'를 차선으로 강조하고 있는 것에 비하여 보험사의 4순위는 '국민의 보험범죄 관련 의식개혁 캠페인'으로 나타났다. 또한 보험사의 '자동차보험 의료비 지급의 적정화'는 8순위로 매우 낮은 중요도로 나타났다. 이러한 결과는 경찰이 보험범죄 감소에 대한 보험사의 자구노력 가운데 보험사 의료비 지급에 문제가 있다고 인식하였다면, 보험사는 자사의 의료비 지급이 문제가 아니라 그러한 의료비를 통해 보험금을 챙기려는 국민들의 의식에 있다고 해석할 수 있다. 두 가지 대안들이 보험금 누수와 관련이 있다고 판단할 때, 두 집단의 상이한 결과는 누수보험금의 책임이 보험사의 부적절한 의료비 지급 및 기준에 있는지 혹은 그것을 악용하려는 국민들의 불합리한 의식에 있는지의 문제로 귀결된다고 판단된다.

경찰과 보험사의 우선순위를 비교한 결과 1순위는 두 집단 모두 '보험범죄 방지를 위한 특별법 제정'으로 나타나 보험범죄 감소를 위한 방안으로 특별법 제정이 가장 우선시해야 할 과제임을 알 수 있었다. 또한 2순위도 두 집단 모두 '정보 제공·공유 관련법의 강화'로 금융감독원, 경찰, 검찰, 보험사 및 관련 기관들 간의 유기적인 정보 네트워크 구축을 위한 법제가 요구됨을 알 수 있었다.

이상의 보험범죄 감소를 위한 방안에 관한 경찰과 보험사의 AHP 분석결과를 종합하여 볼 때, 보험범죄 감소를 위해서는 보험범죄 감소 관련 특별법, 정보 제공·공유 관련법, 형법상 보험사기죄 신설 등 법·제도의 정비가 가장 중요한 방안임을 도출할 수 있었다.

제6장 결론

1. 결과의 요약

우리나라는 최근 자동차보험분야와 상해보험분야 그리고 국민건강 보험분야와 산업재해보상보험 등, 모든 보험분야에서 보험범죄가 계속 증가하고 있다. 특히 산업사회의 발달로 보험산업이 선진국형으로 급속도로 성장함에 따라 보험범죄도 꾸준히 증가해 왔다. 따라서 보험범죄와 관련된 연구도 함께 진행되고는 있으나, 아직까지 범죄 형태와 유형, 그리고 문제점 등에 대한 연구가 대부분 보험사의 경영 악화를 방지하겠다는 적발위주로의 연구가 대부분이었고, 국가적 차원의 제도적 장치를 강화시킴으로써 사전에 보험범죄를 예방하여 효과적으로 범죄를 감소시키는 방향으로의 연구는 미진하였다고 볼 수 있다.

특히 자동차 관련 보험범죄의 경우는 자동차 보급률의 증가와 함께 보험범죄의 대부분을 차지하고 있으며 범행수단과 방법도 다양화·지능화·조직화·흉포화되고 있는 실정이다. 따라서 지금까지 사용하여 온 방지대책으로는 보험범죄를 효과적으로 대처하는 데 한계가 있으므로 기존의 방지대책의 문제점을 보완하고 새로운 법률적 방지대책을 수립, 시행하여야 할 것이다.

보험범죄는 금전적인 이익을 취한다는 점에서 사기죄와 본질을 같이하는 범죄라고 할 수 있지만 그 피해가 단순히 피해자인 보험회사에 한정되는 것이 아니라 실질적으로는 보험회사에 보험을 계약하고 보험료를 지불한 모든 보험계약자에게 돌아간다는 점에서 피해의 범위가 매우 넓다고 할 수 있다. 궁극적으로 보험범죄는 보험제도의 효율성 자체를 떨어뜨릴 뿐 아니라 보험제도에 악영향을 줄 수 있다는 점에서 심각하게 보아야 할 문제라고 본다. 그러므로 보험범죄에 대한 형사처벌의 필요성은 당연하다 할 것이다.

지금과 같이 보험범죄가 단순히 사기죄로 분류되어 다루어지는 것은 고도로 지능화·교묘화·집단화되어 가는 보험범죄를 대처하는 데에 여러 가지 어려움이 있을 수 있다. 따라서 고도로 지능화된 경제범죄 중의 하나인 보험범죄에 대한 형사법적인 대책마련이 절실하다고 볼 수 있다. 현재 우리나라는 세계 제7위의 보험규모를 갖고 있다. 이제는 우리도 보다 강력한 형태의 새로운 법규를 형법 또는 특별법으로 제정하여 보험선진국에서 운영하는 형식으로 전환할 필요가 있다고 본다.

선진 외국의 경우 오래전부터 보험범죄의 심각성을 인식하고 안정적인 법적 장치를 통해 효율적으로 대처하고 있다. 독일에서는 형법에 보험사기죄를 규정하여 운영하면서 보험범죄에 대한 일반 예방적인 효과를 보고 있으며, 미국의 경우도 일부 주에서 보험범죄방지법을 특별법으로 제정하여 이를 근거로 법정기구로서 보험범죄국(Bureau of Fraudulent Claims)을 설치 운영함으로써 보험범죄를 획기적으로 줄였다고 한다(김창섭, 2001). 우리도 이제는 계속 증가 추세에 있는 보험범죄에 대해 국가적인 차원에서 보다 강력한 형태의 법률을 제정하여 날로 흉포화·지능화되며, 계속 증가하고 있는 보험범죄에 적극적으로 대응해 나가야 할 것이다.

본 연구에서는 위와 같이 날로 증가추세에 있는 보험범죄를 감소시키기 위한 방안으로 범국가적 차원의 보험범죄 감소방안을 모색하기 위하여 보험회사 특수조사요원과 보험범죄 전담경찰관 등을 대상으로 설문조사를 실시하였다.

본 연구의 핵심적인 목표는 보험범죄 감소를 위해 필요한 요소 중에 어떠한 요소가 더 중요하며, 가장 우선시되어야 하는지를 탐색하는 것이다. 이러한 실증 분석에 있어 보험범죄 감소방안을 계량적으로 측정할 수 없는 단점에 착안하여, 정량적 혹은 유형적 기준(quantitative or tangible criteria)을 비율 척도로 측정할 수 있는 계층화분석법(Analytic Hierarchy Process)을 통해 보험범죄 감소에 필요한 요소의 우선순위와 보험범죄 감소방안을 모색하였다.

연구자는 위와 같은 목적을 달성하기 위하여 연구 목적에 맞는 대안과 기준을 설정하고 척도는 1에서 9까지의 수와 이의 역수로써 각 평가요소의 상대적 중요도를 평가하기 위하여 AHP구조도와 설문지를 작성하였으며, Excel 2007 프로그램을 사용·분석하였다.

분석결과 보험범죄 감소방안에 대한 응답자 전체의 1차 수준은 '법·제도적 정비'의 중요도가 가장 중요한 요인임을 알 수 있었다. 또한 '보험사의 자구노력'의 중요도는 두 번째로 높게 나타났으며, '수사력 강화'의 중요도는 가장 낮게 나타났다.

이러한 결과는 보험범죄의 발생이유가 법·제도의 불비(不備)에 의해 발생한다는 인식에서 비롯된 것으로 판단된다. 또한 경찰보다 보험사의 '법·제도 정비'의 중요도가 더 높게 나타난 것은 보험범죄와 관련된 입법불비에 대한 기업의 불만이 반영된 것이라고 볼 수 있을 것이다.

경찰과 보험사 두 집단 모두 1차 수준에서 두 번째로 중요한 대안으로 평가된 것은 '보험사의 자구노력'으로 나타났다. 또한 1차 수준에서 경찰과 보험사 모두 '수사력 강화'를 세 번째로 중요한 요인으로 평가하였다.

1차 수준에 대한 경찰과 보험사의 개별 중요도는 차이가 있었으나, 두 집단을 합한 전체 집단의 우선순위와 경찰과 보험사 각 집단의 우선순위는 같은 순위로 나타났다. 경찰과 보험사 모두가 '법·제도 정비'를 0.5 이상의 중요도를 부여하며 최우선되어야 할 방안으로 인식하고 있는 것으로 볼 때, 보험범죄 감소를 위해서는 현재의 법·제도의 신설·보완이 시급한 것으로 판단된다.

법·제도 정비 측면의 2차 수준 분석결과, 경찰과 보험사 전체에서 가장 중요한 방안은 '보험범죄 방지를 위한 특별법 제정'으로 나타났다. 우선순위 두 번째로 '정보 제공·공유 관련법의 제정'이었으며, 세 번째는 '형법상 보험사기죄 신설'로 나타났다.

3가지 법·제도 정비의 하위수준 가운데 우선순위에서 가장 중요하다고 평가된 세부 요인은 '보험범죄 방지를 위한 특별법 제정'으로 나타났다. 보험사는 '보험범죄 방지를 위한 특별법 제정'에 대해 전체집단의 중요도(0.5162)보다 높은 수준이었으며, 경찰집단의 중요도(0.4797)보다 더 높은 중요도를 부여하고 있었다. 두 번째 우선순위는 '정보 제공·공유 관련법의 제정'으로 나타났다. 이러한 결과는 기존 보험범죄 적발이 보험사의 사전조사에 의한 수사의뢰를 통해 경찰이 수사착수를 하는 사례가 많았던 점과 '정보 제공·공유 관련법'에 비해 '보험범죄 방지 특별법'이 수사기관의 자발적인 수사착수와 관련 깊다는 점을 미루어 볼 때, 보험사에서는 보험범죄에 대한 수사기관의 적극적인 적발의지를 요구하고 있는 것으로 생각된다.

경찰과 마찬가지로 보험사가 세 번째 우선순위를 부여한 법·제도 정비의 세부 요인은 '형법상 보험사기죄 신설'로 나타났다. 앞서 이론적 논의에서 기존의 보험사기가 일반사기죄를 적용받아 왔던 것에 대한 여러 가지 문제점이 있었던 것에 비해 '보험범죄 방지를 위한 특별법'이나 '정보·제공 관련법'보다 상대적으로 낮은 중요도가 부여된 것은 의외의 결과라고 생각된다. 본 설문의 의도가 보험범죄 감소방안을 묻는 것이었던 점과 '보험사기죄의 신설'이 적발된 보험범죄에 대한 사후적인 처벌과 관련된 법·제도라는 점을 미루어 판단컨대 경찰과 보험사의 응답자들은 보험범죄 감소를 위해서는 사후적인 처벌제도의 강화보다는 예방과 감시제도의 개선이 더 중요하다고 생각하는 것으로 판단된다.

한편 보험사는 '수사력 강화'의 세부 요인 가운데 가장 중요한 우선순위로서 '보험범죄 관련 기관 간의 연계 강화'를 꼽았다. 경찰과 마찬가지로 보험사에서도 관련 기관 간의 연계가 최우선 순위인 것은 시사하는 바가 크다고 생각된다. 현재 우리나라의 보험범죄 관련 기관은 금융감독원, 손해보험협회, 생명보험협회, 검찰·경찰 그리고 각 보험사 특수조사팀 등이다. 미국의 경우처럼 보험사기국(Insurance Frauds Bureau)과 같은 전담부서가 없는 상황에서 보험범죄 적발을 포함하여 예방·감시·감독기능을 효율적으로 수행하기 위해서는 관련기관의 긴밀한 협조체계가 중요하기 때문으로 판단된다.

보험사가 두 번째 우선순위를 부여한 세부요인은 '보험범죄 수사체계의 개선'이었다. 한편, 세 번째 우선순위는 '보험범죄 유형별 수사기법 개발'이었으며, 상대적으로 낮은 중요도(0.1853)가 나타났다.

‘법·제도 정비’와 ‘수사력 강화’의 2차 수준 분석결과와는 다르게 ‘보험사의 자구노력’은 경찰과 보험사 간의 우선순위 차이가 분명하게 나타났다. 각 집단의 ‘보험사의 자구노력’ 세부요인 분석결과, 경찰은 첫 번째 우선순위로 ‘자동차보험 의료비 지급의 적정화’를 꼽았으며, 반면 보험사는 세 번째 우선순위를 부여하였다. 이러한 결과는 보험사 자구노력에 대하여 경찰 응답자들은 적정한 수준의 의료비를 지급하는 것을 통해 보험범죄 동기를 사전적으로 제거해야 한다는 의식이 강한 반면, 보험사 의료비 지급은 보험범죄 감소에 대해 큰 영향을 주지는 않는다는 의식이 강한 것으로 판단된다.

한편 보험사는 자구노력의 세부요인 가운데 ‘보험범죄 조사인력의 교육·연수 및 평가’를 가장 우선해야 할 요인으로 평가하였다. 그러나 경찰은 3가지 2차 요인 가운데 가장 낮은 중요도를 부여하였다. 보험범죄 조사인력 역량 강화가 보험범죄 적발을 위한 포석이라는 관점에서 판단컨대 앞선 분석결과에서도 논의하였듯이 경찰의 경우는 보험범죄의 적발과 사후적 처벌의 강화보다는 예방적 조치에 우선순위를 두고 있는 반면, 보험사는 보험범죄를 효율적으로 적발할 수 있는 방안에 우선순위를 두고 있는 것으로 생각된다.

‘국민의 보험범죄 관련 의식개혁 캠페인’은 경찰과 보험사 각각의 우선순위에서는 두 번째로 중요한 것으로 분석되었으나, 전체의 우선순위에서는 가장 중요한 것으로 나타났다.

경찰의 상위대안의 가중치를 부여한 종합적 우선순위 분석결과, 1순위는 ‘보험범죄 방지를 위한 특별법 제정’이었다. 특별법의 제정은 보험범죄에 대해 단순한 사기가 아닌 엄격하게 처벌될 수 있는 반사회적 범죄라는 점을 인식시키는 효과와 그러한 인식을 제고함으로써 보험범죄를 사전에 방지하는 효과를 기대할 수 있다. 이러한 관점에서 경찰은 특별법 제정을 통해 보험범죄에 대한 동기를 사전적으로 예방하여야 한다는 인식이 강한 것으로 판단된다.

보험사의 상위대안의 가중치를 부여한 종합적 우선순위 분석결과, 1순위는 경찰과 마찬가지로 ‘보험범죄 방지를 위한 특별법 제정’으로 나타났다. 2순위는 ‘정보 제공·공유 관련법의 강화’로 나타났으며, 3순위는 ‘형법상 보험사기죄 신설'로 나타났다. 보험사의 경우 1·2·3순위가 모두 상위수준 '법·제도 정비'의 하위수준인 것은 경찰 응답자가 보험범죄 감소방안에 법·제도 정비를 강조하고 있는 것과 크게 다르지 않다고 생각된다.

한편, 경찰 응답자가 법·제도 정비 이외에서 '자동차보험 의료비 지급의 적정화'를 차선으로 강조하고 있는 것에 비하여 보험사의 4순위는 '국민의 보험범죄 관련 의식개혁 캠페인'으로 나타났다. 또한 보험사의 '자동차보험 의료비 지급의 적정화'는 8순위로 매우 낮은 중요도로 나타났다. 이러한 결과는 경찰이 보험범죄 감소에 대한 보험사의 자구노력 가운데 보험사 의료비 지급에 문제가 있다고 인식하였다면, 보험사는 자사의 의료비 지급이 문제가 아니라 그러한 의료비를 통해 보험금을 챙기려는 국민들의 의식에 있다고 해석할 수 있다. 두 가지 대안들이 보험금 누수와 관련이 있다고 판단할 때, 두 집단의 상이한 결과는 누수보험금의 책임이 보험사의 부적절한 의료비 지급 및 기준에 있는지 혹은 그것을 악용하려는 국민들의 불합리한 의식에 있는지의 문제로 귀결된다고 판단된다.

경찰과 보험사의 우선순위를 비교한 결과 1순위는 두 집단 모두 '보험범죄 방지를 위한 특별법 제정'으로 나타나 보험범죄 감소를 위한 방안으로 특별법 제정이 가장 우선시해야 할 과제임을 알 수 있었다. 또한 2순위도 두 집단 모두 '정보 제공·공유 관련법의 강화'로 금융감독원, 경찰, 검찰, 보험사 및 관련기관들 간의 유기적인 정보 네트워크 구축을 위한 법제가 요구됨을 알 수 있었다.

이상의 보험범죄 감소를 위한 방안에 관한 경찰과 보험사의 AHP 분석결과를 종합하여 볼 때, 보험범죄 감소를 위해서는 보험범죄 감소 관련 특별법, 정보 제공·공유 관련법, 형법상 보험사기죄 신설 등 법·제도의 정비가 가장 중요한 방안임을 도출할 수 있었다.

끝으로, 보험범죄와 관련하여 향후 보험범죄를 감소시키기 위한 방안으로써 형사특별법의 제정 등 제도적 장치가 완비되면 보험범죄에 대한 경각심 제고로 범죄예방이 용이하고 실질적이고 지속적인 수사로 보험범죄의 척결이 가능할 뿐 아니라 보험금 누수방지를 통해서 다수의 선량한 보험계약자들을 보호하고, 건전한 보험산업의 발전에노 도모힐 수 있을 것이다.

2. 연구의 한계와 제언

본 연구는 날로 증가하는 보험범죄를 감소하기 위한 방안을 연구하였으며, 연구방법은 먼저 선행연구 등의 국내문헌과 대법원 판례를 검토하는 문헌연구를 통해 전체 보험범죄 중 75% 이상을 점하고 있는 자동차 관련 보험범죄를 중점적으로 살펴보았으며, 특히 보험 선진국들의 보험범죄 대처 방안과 외국 보험사들의 운영 실태를 우리나라의 실태와 상호 비교법적인 방법으로 분석해 본 후 문제점으로 도출된 법·제도 정비, 수사력 강화, 보험사 자구노력 등의 우선순위를 살펴보기 위해 경찰과 보험회사 등 두 집단을 설문조사하여 이를 계층화분석법(Analytic Hierarchy Process)을 통해 분석하여 보험범죄 감소에 필요한 요소의 우선순위와 우리의 실정에 적합한 특별법 제정의 필요성을 정책적 방안으로 제시하는 등의 순서로 연구를 수행하였다. 사실상 보험범죄를 연구하기 위해서는 범죄 혐의를 받고 복역 중인 보험관련 수형인 등을 대상으로 범죄요인을 밝혀 이를 분석해 보아야 하나 현실적인 어려움으로 연구의 한계가 있었고 본 연구는 보험범죄자를 적발하는 연구가 아닌 보험범죄를 감소시키기 위한 정책적 대안을 제시하는 계층화분석법을 통한 상호 비교법적인 연구를 택하여 보험범죄 감소방안으로 법·제도정비의 유형 중 보험범죄방지를 위한 특별법의 제정을 정책적 대안으로 제시하였으므로, 향후 연구에서는 보험범죄를 사전에 예방하고, 보험범죄율을 감소시키기 위한 보험회사 자구노력의 문제점과 대책에 대한 심층적인 연구도 함께 수행되어야 할 것이다.

참고문헌

1. 국내문헌

경찰교육원. (2010a). 『기본교육교재: 경위과정』.

__________. (2010b). 『직무과정교재: 교통실무』.

경찰종합학교. (2010). 『기본교육교재: 교통사고의 처리기준』.

경찰청. (2005). 『수사연구, 교통사고를 이용한 보험사기』.

_____. (2006). 『보험범죄 특별단속, 통계자료』.

_____. (2012). 『교통사고통계』.

_____. (2008). 『도로교통 안전백서』.

_____. (2009). 『범죄통계』.

공혁. (2005). 『보험범죄조사』. 대한손해보험협회.

국토해양부. (2008). 『2008년도 교통안전 연차보고서』.

권상열. (1987). 「대중화된 보험시대의 보험범죄」. 『수사연구』, 44.

권홍구. (2000). 「보험사기 적발 및 방지대책의 개선방안연구」. 성균관대학교 석사학위 논문.

권흥우. (1999). 「기승부리는 보험범죄 1조 원이 샌다」. 『신동아』.

금융감독원. (2000). 「보험사기 적발 실적 대폭 증가」, 보험사기1국.

__________. (2007a). 『보험사기 조사제도 및 조사사례』.

__________. (2007b). 『중국의 금융감독 제도』.

__________. (2012). 「정례프리핑 자료」(2012년 4월 24일).

__________. (2010). 「정례프리핑 자료」(2010년 3월 18일).

금융감독원·보험개발원. (2001). 「보험사기관리 Best Practic & Template 보고서」.

김광용. (1997). 「보험사기 조기적발을 위한 전문가 시스템의 개발: 퍼지이론 과AHP을 중심으로」. 『보험개발연구』, 제18권 제2호.

_____. (2001). 「데이터마이닝 기법의 성과평가 및 새로운 위험분류 측정치 에 관한 실증적 연구: 보험사기 데이터를 중심으로」. 『보험개발연구』, 제12권 제12호.

김용경. (1997). 『교통사고와 관련된 도덕적 위험의 현황과 대처 방안』.

김용준. (2005). 『범죄학』. 교학사.

김창섭. (2001). 「보험범죄 실태와 대책」. 『손해보험』, 391.

김철영. (1996). 「자동차보험의 보험범죄 유형별 사례분석」. 『손해보험』, 328.

김판근. (2000). 『민생범죄 예방과 검거』. 도서출판한글.

김헌수. (1999). 「보험사기 조기적발 모형에 관한 소고」. 대한손해보험협회.

______. (2003). 「비통계적 링크분석을 활용한 보험사기의 효과적 적발방법
　　　연구」. 『보험개발연구』, 39(2).

______. (2005). 「보험가입자의 연성 보험사기 행위에 대한 실험 분석적 검토」.
　　　『보험개발연구』, 16(2).

내남정. (1999a). 『보험범죄에 대한 효율적인 대응 방안』. 한국리스크관리학회.

______. (1999b). 「자동차보험의 현안문제와 효율적 대응 방안」. 『한국리스크
　　　관리학회특별세미나논문집』.

대법원. (1991). 1991.12.27. 선고 91다1165호.

______. (2000). 2000.2.11. 99다49064호.

대한손해보험협회. (1988). 「보험범죄의 현황과 효율적 대처 방안」. 『보험 범
　　　죄방지대책 세미나자료』.

박미숙. (2002). 「증권거래법상 불공정거래행위에 대한 강제조사권」, 『성균관
　　　법학』, 제14권 제1호.

박병선. (2009). "적수천석(滴水穿石)의 법칙". 한라일보(2009.6.11, 15면)

박상용. (1999). 「보험범죄의 특성과 대처 방안」. 『수사연구』.

박세민. (2009). 「보험사기에 대한 대응 방안 분석과 그 개선책에 대한 연구」.
　　　한국법학원. 『저스티스』, 통권 111호.

박일용·안철경. (1997). 『보험사기 성향 및 규모추정』. 보험개발원.

____________. (1999). 『보험사기 성향 및 규모추정』. 보험개발원.

박종현. (2005). 보험범죄. 『국회 입법정보』. 197.

법무부. (2006). 『법과생활』. 법무부인권과.

보험감독원. (1991). 『생명보험판례집』.

보험개발원. (2006). 「보험사기 조사권과 관련한 기초자료」. 보험개발원 보 험
　　　연구소산업연구팀.

__________. (2008). 2007년 『보험통계연감』.

서영제. (1998). 『보험범죄에 관한 연구』. 법무연수원. p.49.

서울경제. (1999). 보험특집, 우리나라 보험범죄와 특징.

서울고판. (1974). 서울고등법원 1974.7.11. 선고 74나194 판결.

________. (1984). 1984.8.24, 83나3776호.

손광기. (1999). 「보험사기 실태와 대응책」. 『보험법률』, 25.

손해보험협회. (2002a). 『보험범죄사례집』.

__________. (2002b). 『보험범죄의 유형별 수사방안 및 사례』. 보험방지센터.

__________. (2002c). 『보험아카데미 연수교재』.

__________. (2002d). 「2000년도 전 세계 보험시장 분석」. 『손해보험』, 2월호.

수사연구사. (2005). 「교통사고를 이용한 보험범죄」. 『수사연구』.

신동호. (1999). 「도난차량 감소책과 보험사기에 대한 연구」. 보험학회.

신의기. (2007). 「보험범죄의 위험성과 대책」. 『형사정책연구』.

신정훈. (2006). 「보험사기에 대한 현행 대처 방안의 문제점과 개선방안」. 『한
        국공안행정학회보』, 24(0).

신현기 외. (2003). 『비교경찰제도론』. 법문사.

안경옥. (2003). 「한국의 보험범죄의 실태와 대책」. 『형사정책연구』, 14(2).
        (통권 제54호).

안공혁. (2005). 『보험범죄조사』. 대한손해보험협회.

안병재. (2000). 『보험범죄의 현황과 대책』. 대한손해보험협회.

안철경·박일용. (1999). 『보험사기 적발 및 방지방안』. 보험개발원.

안철경·조혜원·김경환. (2002). 『국내외 보험사기관리 실태 분석; 선진사례
        및 설문분석을 중심으로』. 보험개발원.

양채열. (2006). 「보험사기범죄에 대한 분석: 고의 교통사고 유도 - 합의금 요구
        사건을 중심으로」. 『재무관리연구』, 23(1).

오세경. (2009). 『대법전』. 법전출판사.

유주선. (2008). 「보험사기의 문제점과 예방에 관한 고찰」. 『경영법률』, 18(4).

윤승진. (1991). 『보험자의 면책사유에 대한 고찰』. 법원행정처.

윤일현·이정호. (2006). 『현대생활과 보험』. 형설출판사.

이병희. (2001). 『보험범죄론』. 형설출판사.

______. (1999a). 「보험범죄에 관한 연구: 생명보험범죄를 중심으로」. 청주대
        박사학위논문.

______. (1999b). 『보험범죄와 범죄인의 특성에 관한 연구』, 한국법학회.

______. (2002). 『보험사기범죄의 실태와 방지방안』. 한국형사정책연구원.

이병희·탁희성·박형민. (2002). 『보험범죄의 형사판례분석』, 서울: 한국형
　　　사정책연구원.

이봉주. (2008). 『사례연구 보험경영(한국보험학회)』. 문영사.

이상현. (2002). 『범죄심리학(개정 9판)』. 박영사.

이승재. (2005). 소리 없는 대재앙, 보험사기 급증세, 문화일보.

이재복. (2001). 「보험범죄의 방지를 위한 법률적 대처 방안: 생명보험계약을
　　　중심으로」. 『기업법연구』, 8.

이종환. (2002). 『국내 차량도난 실태와 방지 대책』, 손해보험.

이홍무·이미역 역. (1997). 『보험과 범죄』. 月足一淸, 『生命保險犯罪: 事例
　　　解明 防止對策』, 東洋經濟新報社, 1986.

장인권. (2010). 「보험범죄에 관한 실증적 연구」. 경상대학교 대학원 박사학위
　　　논문.

정관형. (1999). 「보험에 있어서 도덕적 위험의 대처 방안에 관한 연구」. 외국
　　　어대학교 석사학위논문.

조광훈. (2010). 「자동차 교통사고를 가장한 보험사기의 발생원인과 대응방안」.
　　　『사법행정』, 제51권, (4).

조병인·전영실. (1998). 『차량절도의 실태와 대책』. 형사정책 연구원.

조철옥. (2003). 『경찰행정론』. 대영문화사.

조해균. (1990). 「보험범죄의 발생원인과 그 대처 방안에 관한 연구」. 『보험
　　　학회지』, 35.

＿＿＿. (1992). 『도덕적 위험관리』. 보험감독원 보험연수원.

＿＿＿. (1999). 『도덕적 위험관리』. 보험연수원.

조해균·양왕승. (2001). 『범국가적 차원의 보험사기 대처 방안에 관한 연구』.
　　　보험개발원 보험개발연구원.

진태국. (2009). 「보험사기의 현황 및 정책 방향」. 한국리스크관리학회.

최기원. (2003). 『상법학신론(하)』. 박영사.

최병규. (2006). 「보험사기의 문제점과 쟁점 분석」. 『상사판례연구』, 19(3).

최원석. (2004). 「교통사고의 효율적인 감소방안에 관한 연구」. 전북대학교 행
　　　정 대학원 석사학위논문.

최인섭 외 5인. (2002). 『한국의 금융범죄 실태와 사회적 대응 방안』. 한국형
　　　사정책연구원.

탁희성. (2000). 『보험범죄에 관한 연구』. 한국형사정책연구원.

한정갑. (2001). 『과학수사』. 대한문화사.

______. (2005). 『수사직무교재』. 경찰종합학교.

허웅. (2005). 「보험사기 방지방안 연구」. 성균관대학교 석사학위논문.

헌법재판소. (2009). 2009.2.26. 선고 2005헌마764 사건.

황만성·신의기·탁희성. (2006). 『우리나라의 보험사기 방지 선진화 방향 연구』. 한국형사정책연구원.

연합뉴스, "갈수록 조직화하는 보험사기", 2012.7.23. 등 1995∼2012간 국내 언론사 보험범죄 관련 보도내용

2. 국외문헌

Ajzen, I. (1985). From intentions to actions: A theory of planned behavior, Heidelberg, Springer.

Baldock, Tony. (1997). Insurance Fraud Trends & Issues in Crime and Criminal Justice, Australian Institute of Criminology, February.

Carroll, Eero, (1999). Emergence and Structuring of Social Insurance Institution: Comparative Studies on Social Policy and Unemployment Insurance. Akademitryck, AB, Thesis(Ph.D).

Conning and Co. (1996). Insurance Fraud: The Quiet Catastrophe. Conning Insurance Research & Publications.

Cummins, David J. and Tennyson, S. (1996). Moral Hazard in Insurance Claiming: Evidence from Automobile Insurance. Journal of Risk and Uncertainty, Vol.12.

Doerpinhaus, Helen I. (1991). An Analysis of Complaint Data in the Automobile Insurance Industry. Joural of Risk and Inusrance, Vol.58: 120-127.

Fishbein, M. and Ajzen, I. (1975). Belief, Attitude, Intension and Behavior: An Introduction to Theory and Research. Addison-Wesley Reading, MA. Addision-Wesley.

Heinrich, H. W. (1980). Industrial Accident Prevention, 5th ed. New York: McGraw-Hill.

Immergut, Ellen Margaretha. (1970). The Political Construction of Interests: National Health Insurance Politics in Sweden, France and Switzerland. UMI Reaserch Pr., sis(ph.D).

Insurance Research Council. (1996). Fraud and Buildup in Auto Injury Claims.

Kieholz, Walter & Liedtke, Patric M. (2001). Strategic Issues in Insurance: Essays in Honour of Orio Giarini. Blackwell Publisher.

Mayes, Rick. (2001). Universal Coverage: The Elusive Queet for National Healht Insuranc. lexington Books.

McGee, Andrew. (2001). The Modern Law of Lnsurane. Butterworths.

OECD. (2001). Insurance Statistics Yearbook Annuaire des Statitiques D'assurance 1992-1999.

Robert Hoyt E. (2005). The Prevention of Insurance Fraud in the U.S. AUTO, Life and Health Insurance Markets.

Saaty, Thomas. L. (1995). Decision Making for Leaders, New York: RWs Publication.

_______________. and Luis G. Vargas. (2000). Models, Methods, Concepts & Applications of the Analytic Hierarchy Process. Norwell, Massachusetts: Kluwer Academic Publishers.

Tennyson, S. (2002). Insurance Experience and Consumers' Attitudes Toward Insurance Fraud. Journal of Insurance Regulation, 21(2), Winter.

Usui, Chikako. (1988). The Origin and the Development of Modern Welfare States: a study of Societal Forces and World Influences on The Adoption of Social Insurance. UMI Reserch Pr., Thesis(Ph.D).

Wilson, J Q. and Kelling, G L. (1982). Broken Windows: The Police and Neighborhood Safety. Atlantic Monthly, Vol.249: 29-38.

http://www.dgv.de/preseservice/16813.htm.

부 록

AHP 설문작성 방법

S씨는 500만 원이라는 돈으로 중고자동차를 구입하려 합니다. S씨의 자동차구매기준은 가격과 주행거리, 그리고 출고시기라는 세 가지 기준을 가지고 있습니다. 이 세 가지 기준에 따라 AHP기법을 사용하여 자신의 선호에 가장 부합하는 차량을 구입하기 위해 다음과 같은 구조모형을 작성하였습니다.

● S씨는 최적의 차량선택을 목표로 하고, 이를 결정하는 주요요인으로 가격, 주행거리, 출고시기 간의 상대적 중요도를 구하고자 합니다.

평가항목 (A)	A가 절대 중요	A가 매우 중요	A가 중요	A가 약간 중요	비슷하게 중요	B가 약간 중요	B가 중요	B가 매우 중요	B가 절대적 중요	평가항목 (B)
	9	8 7	6 5	4 3	2 1 2	3 4	5 6	7 8	9	

평가항목 (A)	9	8	7	6	5	4	3	2	1	2	3	4	5	6	7	8	9	평가항목 (B)
가격					●													주행거리
가격								●										출고시기
주행거리											●							출고시기

● 만약 S씨가 위와 같이 표시하였다면 다음과 같은 결론을 얻을 수 있다.

① 가격과 주행거리의 비교에 있어서 S씨는 5를 선택하여 가격과 주행거리에 있어서는 가격이 더욱 중요한 것으로 판단

② 가격과 출고시기의 비교에 있어서 S씨는 2를 선택하여 가격이 출고시기에 비해 중요하지만 그 정도가 그리 크지 않음을 나타냄

③ 마지막으로 주행거리와 출고시기의 비교에 있어서 출고시기 쪽으로 치우쳐진 3을 선택함은 주행거리와 출고시기 이 둘 중에서는 출고시기가 약간 더 중요함을 의미함

● 컴퓨터 프로그램으로 계산한 결과 상대적 중요도는 가격, 출고시기, 주행거리의 순으로 0.58, 0.31, 0.11로 구해져 S씨는 최적의 차량을 선택하는 데 있어서 가격을 상대적으로 가장 중요하게 생각하고 있다는 것을 판단할 수 있는 것임

◎ 보험범죄감소방안에 관한 AHP 구조도

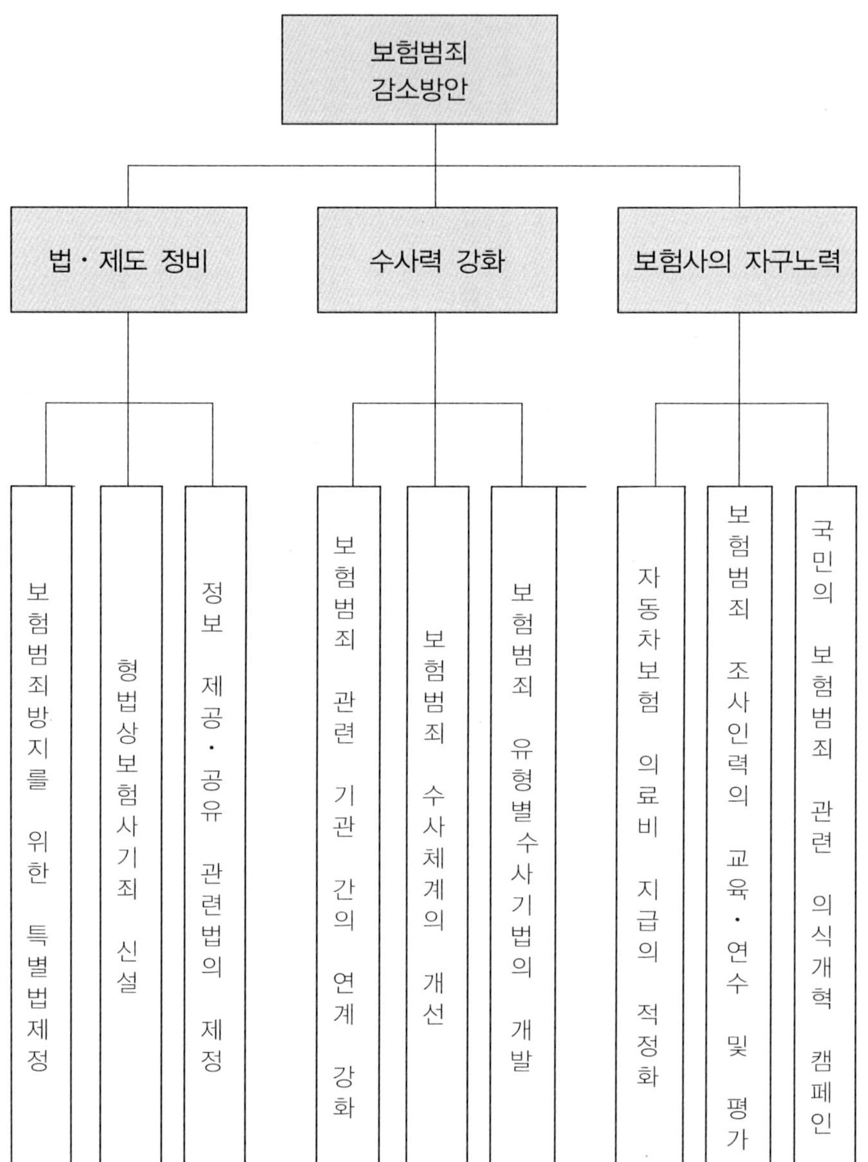

◎ 1차 수준의 중요도 파악

　1단계 상위변수 다음은 구조도에서 제시한 보험범죄 감소방안에 관한 각 항목의 중요도를 파악하기 위한 설문입니다. A항과 B항을 비교하여 상대적으로 어떤 항목이 얼마만큼 중요한 것인가를 ● 표시해 주시기 바랍니다.

평가 항목 (A)	A가 절대 중요	A가 매우 중요	A가 중요	A가 약간 중요	비슷하게 중요	B가 약간 중요	B가 중요	B가 매우 중요	B가 절대적 중요	평가 항목 (B)
A항	9 8 7	6 5 4	3	2 1 2	3	4 5 6	7	8 9			B항
법·제도정비										수사력강화
법·제도정비										보험사의 자구노력
수사력강화										보험사의 자구노력

◎ 2차 수준의 중요도 파악

2단계 하위변수 다음은 구조도에서 제시한 법·제도정비, 수사력 강화, 보험사의 자구노력에 대한 각 항목의 중요도를 파악하기 위한 설문입니다. A항과 B항을 비교하여 상대적으로 어떤 항목이 얼마만큼 중요한 것인가를 ● 표시해 주시기 바랍니다.

<법·제도 정비>

평가 항목 (A)	A가 절대 중요	A가 매우 중요	A가 중요	A가 약간 중요	비슷하게 중요	B가 약간 중요	B가 중요	B가 매우 중요	B가 절대적 중요	평가 항목 (B)
A항	9 8	7	6 5	4 3	2 1	2 3	4 5	6 7	8 9	B항
보험범죄방지를 위한 특별법 제정										형법상 보험사기죄 신설
보험범죄방지를 위한 특별법 제정										정보제공·공유관련법의 제정
형법상 보험사기죄 신설										정보제공·공유관련법의 제정

<수사력 강화>

평가 항목 (A)	A 가 절 대 중 요	A 가 매 우 중 요	A 가 중 요	A 가 약 간 중 요	비 슷 하 게 중 요	B 가 약 간 중 요	B 가 중 요	B 가 매 우 중 요	B 가 절 대 적 중 요	평가 항목 (B)
A항	9	8	7	6	5	4	3	2	1	2	3	4	5	6	7	8	9	B항
보험범죄 관련 기관 간의 연계 강화																		보험범죄 유형별 수사기법 의 개발
보험범죄 관련 기관 간의 연계 강화																		보험범죄 수사체계 의 개선
보험범죄 유형별 수사기법이 개발																		보험범죄 수사체계 의 개선

<보험사의 자구노력>

평가 항목 (A)	A가 절대 중요		A가 매우 중요		A가 중요		A가 약간 중요		비슷하게 중요	B가 약간 중요		B가 중요		B가 매우 중요		B가 절대적 중요		평가 항목 (B)
A항	9	8	7	6	5	4	3	2	1	2	3	4	5	6	7	8	9	B항
자동차보험 의료비지급 의 적정화																		국민의 보험범죄 관련 의식 개혁 캠페인
자동차보험 의료비지급 의 적정화																		보험범죄 수사인력의 교육·연수 및 평가
국민의 보험범죄 관련 의식 개혁 캠페인																		보험범죄 수사인력의 교육·연수 및 평가

● 귀하에 대한 일반적 질문입니다.

1. 성별	① 남자 ② 여자
2. 연령	① 20대 ② 30대 ③ 40대 ④ 50대 ⑤ 60대 이상
3. 소속기관	① 경찰 ② 보험회사 ③ 기타( )

보험업법

[시행 2012.7.22] [법률 제10866호, 2011.7.21, 타법개정]

제1장 총칙 〈개정 2010.7.23.〉

제1조(목적) 이 법은 보험업을 경영하는 자의 건전한 경영을 도모하고 보험계약자, 피보험자, 그 밖의 이해관계인의 권익을 보호함으로써 보험업의 건전한 육성과 국민경제의 균형 있는 발전에 기여함을 목적으로 한다.[전문개정 2010.7.23]

제2조(정의) 이 법에서 사용하는 용어의 뜻은 다음과 같다.
1. "보험상품"이란 위험보장을 목적으로 우연한 사건 발생에 관하여 금전 및 그 밖의 급여를 지급할 것을 약정하고 대가를 수수(授受)하는 계약(「국민건강보험법」에 따른 건강보험, 「고용보험법」에 따른 고용보험 등 보험계약자의 보호 필요성 및 금융거래 관행 등을 고려하여 대통령령으로 정하는 것은 제외한다)으로서 다음 각 목의 것을 말한다.
  가. 생명보험상품: 위험보장을 목적으로 사람의 생존 또는 사망에 관하여 약정한 금전 및 그 밖의 급여를 지급할 것을 약속하고 대가를 수수하는 계약으로서 대통령령으로 정하는 계약
  나. 손해보험상품: 위험보장을 목적으로 우연한 사건(다목에 따른 질병·상해 및 간병은 제외한다)으로 발생하는 손해(계약상 채무불이행 또는 법령상 의무불이행으로 발생하는 손해를 포함한다)에 관하여 금전 및 그 밖의 급여를 지급할 것을 약속하고 대가를 수수하는 계약으로서 대통령령으로 정하는 계약
  다. 제3보험상품: 위험보장을 목적으로 사람의 질병·상해 또는 이에 따른 간병에 관하여 금전 및 그 밖의 급여를 지급할 것을 약속하고 대가를 수수하는 계약으로서 대통령령으로 정하는 계약
2. "보험업"이란 보험상품의 취급과 관련하여 발생하는 보험의 인수(引受), 보험료 수수 및 보험금 지급 등을 영업으로 하는 것으로서 생명보험업·손해보험업 및 제3보험업을 말한다.
3. "생명보험업"이란 생명보험상품의 취급과 관련하여 발생하는 보험의 인수, 보험료 수수 및 보험금 지급 등을 영업으로 하는 것을 말한다.
4. "손해보험업"이란 손해보험상품의 취급과 관련하여 발생하는 보험의 인수, 보험료 수수 및 보험금 지급 등을 영업으로 하는 것을 말한다.
5. "제3보험업"이란 제3보험상품의 취급과 관련하여 발생하는 보험의 인수, 보험료 수수 및 보험금 지급 등을 영업으로 하는 것을 말한다.

6. "보험회사"란 제4조에 따른 허가를 받아 보험업을 경영하는 자를 말한다.

7. "상호회사"란 보험업을 경영할 목적으로 이 법에 따라 설립된 회사로서 보험계약자를 사원(社員)으로 하는 회사를 말한다.

8. "외국보험회사"란 대한민국 이외의 국가의 법령에 따라 설립되어 대한민국 이외의 국가에서 보험업을 경영하는 자를 말한다.

9. "보험설계사"란 보험회사·보험대리점 또는 보험중개사에 소속되어 보험계약의 체결을 중개하는 자[법인이 아닌 사단(社團)과 재단을 포함한다]로서 제84조에 따라 등록된 자를 말한다.

10. "보험대리점"이란 보험회사를 위하여 보험계약의 체결을 대리하는 자(법인이 아닌 사단과 재단을 포함한다)로서 제87조에 따라 등록된 자를 말한다.

11. "보험중개사"란 독립적으로 보험계약의 체결을 중개하는 자(법인이 아닌 사단과 재단을 포함한다)로서 제89조에 따라 등록된 자를 말한다.

12. "모집"이란 보험계약의 체결을 중개하거나 대리하는 것을 말한다.

13. "신용공여"란 대출 또는 유가증권의 매입(자금 지원적 성격인 것만 해당한다)이나 그 밖에 금융거래상의 신용위험이 따르는 보험회사의 직접적·간접적 거래로서 대통령령으로 정하는 바에 따라 금융위원회가 정하는 거래를 말한다.

14. "총 자산"이란 대차대조표에 표시된 자산에서 미상각신계약비(未償却新契約費), 영업권 등 대통령령으로 정하는 자산을 제외한 것을 말한다.

15. "자기자본"이란 납입자본금·자본잉여금·이익잉여금, 그 밖에 이에 준하는 것(자본조정은 제외한다)으로서 대통령령으로 정하는 항목의 합계액에서 영업권, 그 밖에 이에 준하는 것으로서 대통령령으로 정하는 항목의 합계액을 뺀 것을 말한다.

16. "동일차주"란 동일한 개인 또는 법인 및 이와 신용위험을 공유하는 자로서 대통령령으로 정하는 자를 말한다.

17. "대주주"란 다음 각 목의 어느 하나에 해당하는 주주를 말한다.

가. 최대주주: 보험회사의 의결권 있는 발행주식 총수를 기준으로 본인 및 그와 대통령령으로 정하는 특수한 관계에 있는 자(이하 "특수관계인"이라 한다)가 누구의 명의로 하든지 자기의 계산으로 소유하는 주식을 합하여 그 수가 가장 많은 경우의 그 본인

나. 주요주주: 누구의 명의로 하든지 자기의 계산으로 보험회사의 의결권 있는 발행주식 총수의 100분의 10 이상의 주식을 소유하는 자 또는 임원의 임면 등의 방법으로 그 보험회사의 주요 경영사항에 대하여 사실상의 영향력을 행사하는 주주로서 대통령령으로 정하는 자

18. "자회사"란 보험회사가 다른 회사(「민법」 또는 특별법에 따른 조합을 포함한다)의 의결권 있는 발행주식(출자지분을 포함한다) 총수의 100분의 15를 초과하여 소유하는 경우의 그 다른 회사를 말한다.

19. "전문보험계약자"란 보험계약에 관한 전문성, 자산규모 등에 비추어 보험계약의

내용을 이해하고 이행할 능력이 있는 자로서 다음 각 목의 어느 하나에 해당하는 자를 말한다. 다만, 전문보험계약자 중 대통령령으로 정하는 자가 일반보험계약자와 같은 대우를 받겠다는 의사를 보험회사에 서면으로 통지하는 경우 보험회사는 정당한 사유가 없으면 이에 동의하여야 하며, 보험회사가 동의한 경우에는 해당 보험계약자는 일반보험계약자로 본다.

　가. 국가

　나. 한국은행

　다. 대통령령으로 정하는 금융기관

　라. 주권상장법인

　마. 그 밖에 대통령령으로 정하는 자

20. "일반보험계약자"란 전문보험계약자가 아닌 보험계약자를 말한다.

[전문개정 2010.7.23]

제3조(보험계약의 체결) 누구든지 보험회사가 아닌 자와 보험계약을 체결하거나 중개 또는 대리하지 못한다. 다만, 대통령령으로 정하는 경우에는 그러하지 아니하다.[전문개정 2010.7.23]

제2장 보험업의 허가 등 〈개정 2010.7.23.〉

제4조(보험업의 허가) ① 보험업을 경영하려는 자는 다음 각 호에서 정하는 보험종목별로 금융위원회의 허가를 받아야 한다.

　1. 생명보험업의 보험종목

　가. 생명보험

　나. 연금보험(퇴직보험을 포함한다)

　다. 그 밖에 대통령령으로 정하는 보험종목

　2. 손해보험업의 보험종목

　가. 화재보험

　나. 해상보험(항공·운송보험을 포함한다)

　다. 자동차보험

　라. 보증보험

　마. 재보험(再保險)

　바. 그 밖에 대통령령으로 정하는 보험종목

　3. 제3보험업의 보험종목

　가. 상해보험

　나. 질병보험

다. 간병보험

라. 그 밖에 대통령령으로 정하는 보험종목

② 제1항에 따른 허가를 받은 자는 해당 보험종목의 재보험에 대한 허가를 받은 것으로 본다.

③ 생명보험업이나 손해보험업에 해당하는 보험종목의 전부(제1항제2호라목에 따른 보증보험 및 같은 호 마목에 따른 재보험은 제외한다)에 관하여 제1항에 따른 허가를 받은 자는 제3보험업에 해당하는 보험종목에 대한 허가를 받은 것으로 본다.

④ 생명보험업 또는 손해보험업에 해당하는 보험종목의 전부(제1항제2호라목에 따른 보증보험 및 같은 호 마목에 따른 재보험은 제외한다)에 관하여 제1항에 따른 허가를 받은 자는 경제질서의 건전성을 해친 사실이 없으면 해당 생명보험업 또는 손해보험업의 종목으로 신설되는 보험종목에 대한 허가를 받은 것으로 본다.

⑤ 제3보험업에 관하여 제1항에 따른 허가를 받은 자는 제10조제3호에 따른 보험종목을 취급할 수 있다.

⑥ 보험업의 허가를 받을 수 있는 자는 주식회사, 상호회사 및 외국보험회사로 제한하며, 제1항에 따라 허가를 받은 외국보험회사의 국내지점(이하 "외국보험회사국내지점"이라 한다)은 이 법에 따른 보험회사로 본다.

⑦ 금융위원회는 제1항에 따른 허가에 조건을 붙일 수 있다. [전문개정 2010.7.23]

제5조(허가신청서 등의 제출) 제4조제1항에 따라 허가를 받으려는 자는 신청서에 다음 각 호의 서류를 첨부하여 금융위원회에 제출하여야 한다. 다만, 보험회사가 취급하는 보험종목을 추가하려는 경우에는 제1호의 서류는 제출하지 아니할 수 있다.

1. 정관

2. 업무 시작 후 3년간의 사업계획서(추정재무제표를 포함한다)

3. 경영하려는 보험업의 보험종목별 사업방법서, 보험약관, 보험료 및 책임준비금의 산출방법서(이하 "기초서류"라 한다) 중 대통령령으로 정하는 서류

4. 제1호부터 제3호까지의 규정에 따른 서류 이외에 대통령령으로 정하는 서류 [전문개정 2010.7.23]

제6조(허가의 요건 등) ① 보험업의 허가를 받으려는 자(외국보험회사 및 제3항에 따라 보험종목을 추가하려는 보험회사는 제외한다)는 다음 각 호의 요건을 갖추어야 한다.

1. 제9조제1항 및 제2항에 따른 자본금 또는 기금을 보유할 것

2. 보험계약자를 보호할 수 있고 그 경영하려는 보험업을 수행하기 위하여 필요한 전문 인력과 전산설비 등 물적(物的) 시설을 충분히 갖추고 있을 것. 이 경우 대통령령으로 정하는 바에 따라 업무의 일부를 외부에 위탁하는 경우에는 그 위탁한 업무와 관련된 전문 인력과 물적 시설을 갖춘 것으로 본다.

3. 사업계획이 타당하고 건전할 것

4. 대주주(최대주주의 특수관계인인 주주를 포함한다. 이하 이 조에서 같다)가 제13조제1항 각 호의 어느 하나에 해당하지 아니하고, 충분한 출자능력과 건전한 재무상태를 갖추고 있으며, 건전한 경제질서를 해친 사실이 없을 것

② 보험업의 허가를 받으려는 외국보험회사는 다음 각 호의 요건을 갖추어야 한다.

1. 제9조제3항에 따른 영업기금을 보유할 것

2. 국내에서 경영하려는 보험업과 같은 보험업을 외국 법령에 따라 경영하고 있을 것

3. 자산상황·재무건전성 및 영업건전성이 국내에서 보험업을 경영하기에 충분하고, 국제적으로 인정받고 있을 것

4. 제1항 제2호 및 제3호의 요건을 갖출 것

③ 보험종목을 추가하여 허가를 받으려는 보험회사는 다음 각 호의 요건을 갖추어야 한다.

1. 제1항의 요건을 충족할 것(다만, 같은 항 제4호의 허가 요건은 같은 호에도 불구하고 대통령령으로 정하는 완화된 요건을 적용한다)

2. 대통령령으로 정하는 건전한 재무상태와 사회적 신용을 갖출 것

④ 보험회사는 제1항 제2호의 요건을 대통령령으로 정하는 바에 따라 보험업의 허가를 받은 이후에도 계속하여 유지하여야 한다. 다만, 보험회사의 경영건전성을 확보하고 보험가입자 등의 이익을 보호하기 위하여 대통령령으로 정하는 경우로서 금융위원회의 승인을 받은 경우에는 그러하지 아니하다.

⑤ 보험회사의 주식을 취득하여 대주주(대통령령으로 정하는 자는 제외한다)가 되려는 자는 제1항 제4호의 요건 중 건전한 경영을 위하여 대통령령으로 정하는 요건을 갖추어야 하며, 미리 금융위원회의 승인을 받아야 한다.

⑥ 금융위원회는 6개월 이내의 기간을 정하여 제5항에 따른 승인 없이 주식을 취득한 자에 대하여 그 주식을 처분할 것을 명할 수 있다.

⑦ 제5항에 따른 승인 없이 주식을 취득한 자는 그 승인을 받지 아니한 취득분에 대하여는 의결권을 행사할 수 없다.

⑧ 제1항부터 제6항까지의 규정에 따른 허가, 승인 및 명령의 세부 요건에 관하여 필요한 사항은 대통령령으로 정한다. [전문개정 2010.7.23]

제7조(예비허가) ① 제4조에 따른 허가(이하 이 조에서 "본허가"라 한다)를 신청하려는 자는 미리 금융위원회에 예비허가를 신청할 수 있다.

② 제1항에 따른 신청을 받은 금융위원회는 2개월 이내에 심사하여 예비허가 여부를 통지하여야 한다. 다만, 총리령으로 정하는 바에 따라 그 기간을 연장할 수 있다.

③ 금융위원회는 제2항에 따른 예비허가에 조건을 붙일 수 있다.

④ 금융위원회는 예비허가를 받은 자가 제3항에 따른 예비허가의 조건을 이행한 후

본허가를 신청하면 허가하여야 한다.

　⑤ 예비허가의 기준과 그 밖에 예비허가에 관하여 필요한 사항은 총리령으로 정한다.
[전문개정 2010.7.23]

　제8조(상호 또는 명칭) ① 보험회사는 그 상호 또는 명칭 중에 주로 경영하는 보험업의 종류를 표시하여야 한다.

　② 보험회사가 아닌 자는 그 상호 또는 명칭 중에 보험회사임을 표시하는 글자를 포함하여서는 아니 된다. [전문개정 2010.7.23]

　제9조(자본금 또는 기금) ① 보험회사는 300억 원 이상의 자본금 또는 기금을 납입함으로써 보험업을 시작할 수 있다. 다만, 보험회사가 제4조제1항에 따른 보험종목의 일부만을 취급하려는 경우에는 50억 원 이상의 범위에서 대통령령으로 자본금 또는 기금의 액수를 다르게 정할 수 있다.

　② 제1항에도 불구하고 전화·우편·컴퓨터통신 등 통신수단을 이용하여 대통령령으로 정하는 바에 따라 모집을 하는 보험회사는 제1항에 따른 자본금 또는 기금의 3분의 2에 상당하는 금액 이상을 자본금 또는 기금으로 납입함으로써 보험업을 시작할 수 있다.

　③ 외국보험회사가 대한민국에서 보험업을 경영하려는 경우에는 대통령령으로 정하는 영업기금을 제1항 또는 제2항의 자본금 또는 기금으로 본다. [전문개정 2010.7.23]

　제10조(보험업 겸영의 제한) 보험회사는 생명보험업과 손해보험업을 겸영(兼營)하지 못한다. 다만, 다음 각 호의 어느 하나에 해당하는 보험종목은 그러하지 아니하다.
　1. 생명보험의 재보험 및 제3보험의 재보험
　2. 다른 법령에 따라 겸영할 수 있는 보험종목으로서 대통령령으로 정하는 보험종목
　3. 대통령령으로 정하는 기준에 따라 제3보험의 보험종목에 부가되는 보험
　[전문개정 2010.7.23]

　제11조(보험회사의 겸영업무) 보험회사는 경영건전성을 해치거나 보험계약자 보호 및 건전한 거래질서를 해칠 우려가 없는 금융업무로서 다음 각 호에 규정된 업무를 할 수 있다. 이 경우 보험회사는 그 업무를 시작하려는 날의 7일 전까지 금융위원회에 신고하여야 한다.
　1. 대통령령으로 정하는 금융 관련 법령에서 정하고 있는 금융업무로서 해당 법령에서 보험회사가 할 수 있도록 한 업무
　2. 대통령령으로 정하는 금융업으로서 해당 법령에 따라 인가·허가·등록 등이 필요한 금융업무

　3. 그 밖에 보험회사의 경영건전성을 해치거나 보험계약자 보호 및 건전한 거래질서를 해칠 우려가 없다고 인정되는 금융업무로서 대통령령으로 정하는 금융업무 [전문개정 2010.7.23]

　제11조의2(보험회사의 부수업무) ① 보험회사는 보험업에 부수(附隨)하는 업무를 하려면 그 업무를 하려는 날의 7일 전까지 금융위원회에 신고하여야 한다.
　② 금융위원회는 제1항에 따른 부수업무에 관한 신고내용이 다음 각 호의 어느 하나에 해당하면 그 부수업무를 하는 것을 제한하거나 시정할 것을 명할 수 있다.
　1. 보험회사의 경영건전성을 해치는 경우
　2. 보험계약자 보호에 지장을 가져오는 경우
　3. 금융시장의 안정성을 해치는 경우
　③ 제2항에 따른 제한명령 또는 시정명령은 그 내용 및 사유가 구체적으로 적힌 문서로 하여야 한다.
　④ 금융위원회는 제1항에 따라 신고받은 부수업무 및 제2항에 따라 제한명령 또는 시정명령을 한 부수업무를 대통령령으로 정하는 방법에 따라 인터넷 홈페이지 등에 공고하여야 한다. [본조신설 2010.7.23]

　제11조의3(겸영업무·부수업무의 구분계리) 보험회사가 제11조 및 제11조의2에 따라 다른 금융업 또는 부수업무를 하는 경우에는 대통령령으로 정하는 바에 따라 그 업무를 보험업과 구분하여 계리(計理)하여야 한다.[본조신설 2010.7.23]

　제12조(외국보험회사 등의 국내사무소 설치 등) ① 외국보험회사, 외국에서 보험대리 및 보험중개를 업(業)으로 하는 자 또는 그 밖에 외국에서 보험과 관련된 업을 하는 자(이하 "외국보험회사등"이라 한다)는 보험시장에 관한 조사 및 정보의 수집이나 그 밖에 이와 비슷한 업무를 하기 위하여 국내에 사무소(이하 "국내사무소"라 한다)를 설치할 수 있다.
　② 외국보험회사 등이 제1항에 따라 국내사무소를 설치하는 경우에는 그 설치한 날부터 30일 이내에 금융위원회에 신고하여야 한다.
　③ 국내사무소는 다음 각 호의 어느 하나에 해당하는 행위를 하여서는 아니 된다.
　1. 보험업을 경영하는 행위
　2. 보험계약의 체결을 중개하거나 대리하는 행위
　3. 국내 관련 법령에 저촉되는 방법에 의하여 보험시장의 조사 및 정보의 수집을 하는 행위
　4. 그 밖에 국내사무소의 설치 목적에 위반되는 행위로서 대통령령으로 정하는 행위
　④ 국내사무소는 그 명칭 중에 사무소라는 글자를 포함하여야 한다.

⑤ 금융위원회는 국내사무소가 이 법 또는 이 법에 따른 명령 또는 처분을 위반한 경우에는 6개월 이내의 기간을 정하여 업무의 정지를 명하거나 국내사무소의 폐쇄를 명할 수 있다.[전문개정 2010.7.23]

제3장 보험회사 〈개정 2010.7.23.〉

제1절 임직원 〈개정 2010.7.23.〉

제13조(임원의 자격) ① 다음 각 호의 어느 하나에 해당하는 자는 보험회사의 임원(이사·감사 또는 사실상 이와 동등한 지위에 있는 자로서 대통령령으로 정하는 자를 말한다. 이하 이 장, 제76조제3항, 제89조의2 제1항 및 제130조제2호에서 같다)이 될 수 없다.

1. 미성년자·금치산자 또는 한정치산자
2. 파산선고를 받은 자로서 복권되지 아니한 자
3. 금고 이상의 실형을 선고받고 그 집행이 끝나거나(집행이 끝난 것으로 보는 경우를 포함한다) 집행이 면제된 날부터 5년이 지나지 아니한 자
4. 이 법 또는 이에 상당하는 외국의 법령이나 그 밖에 대통령령으로 정하는 금융관계 법률에 따라 벌금 이상의 형을 선고받고 그 집행이 끝나거나(집행이 끝난 것으로 보는 경우를 포함한다) 집행이 면제된 날부터 5년이 지나지 아니한 자
5. 금고 이상의 형의 집행유예를 선고받고 그 유예기간 중에 있는 자
6. 이 법 또는 대통령령으로 정하는 금융 관계 법률에 따라 영업의 인가·허가 등이 취소된 회사나 법인의 임직원이었던 자(그 취소사유의 발생에 직접 또는 이에 상응하는 책임이 있는 자로서 대통령령으로 정하는 자만 해당한다)로서 그 회사나 법인에 대한 취소처분이 있었던 날부터 5년이 지나지 아니한 자
7. 「금융산업의 구조개선에 관한 법률」 제10조제1항에 따라 금융위원회로부터 적기시정조치를 받거나 같은 법 제14조제2항에 따라 계약 이전의 결정 등 행정처분(이하 "적기 시정조치등"이라 한다)을 받은 금융기관(같은 법 제2조제1호에 따른 금융기관을 말한다)의 임직원으로 재직하거나 재직하였던 자(그 적기 시정조치 등을 받게 된 원인에 대하여 직접 또는 이에 상응하는 책임이 있는 자로서 대통령령으로 정하는 자만 해당한다)로서 그 적기 시정조치 등을 받은 날부터 2년이 지나지 아니한 자
8. 이 법 또는 이에 상당하는 외국의 법령이나 그 밖에 대통령령으로 정하는 금융관계 법률에 따라 해임되거나 징계면직된 자로서 해임 또는 징계면직된 날부터 5년이 지나지 아니한 자
9. 제135조 또는 대통령령으로 정하는 금융 관계 법률에 따라 재임 또는 재직 중이었더라면 해임 또는 징계면직의 조치를 받았을 것으로 통보된 퇴임한 임원 또는 퇴직한

직원으로서 그 통보가 있었던 날부터 5년(통보가 있었던 날부터 5년이 되는 날이 퇴임 또는 퇴직한 날부터 7년을 넘는 경우에는 퇴임 또는 퇴직한 날부터 7년으로 한다)이 지나지 아니한 자

② 보험회사의 임원은 보험업의 공익성 및 건전경영과 거래질서를 해칠 우려가 없는 자이어야 한다.

③ 제2항에 따른 임원의 자격요건에 관하여 구체적인 사항은 대통령령으로 정할 수 있다.

④ 보험회사의 임원으로 선임(選任)된 자가 제1항 각 호의 어느 하나에 해당하게 되거나 선임 당시 그에 해당하는 자이었음이 밝혀지면 해임된다.

⑤ 제4항에 따라 해임된 임원이 해임 전에 한 행위는 그 효력을 유지한다.
[전문개정 2010.7.23]

제14조(임원의 겸직 제한) 보험회사의 상근임원은 다른 영리법인의 상시적인 업무에 종사할 수 없다. 다만, 다음 각 호의 어느 하나에 해당하는 경우에는 그러하지 아니하다.

1. 해당 보험회사를 자회사로 하는 「금융지주회사법」에 따른 금융지주회사의 임원 또는 사용인이 되는 경우

2. 「채무자 회생 및 파산에 관한 법률」에 따라 관리인으로 선임되는 경우

3. 자회사의 임원 또는 사용인이 되는 경우(대통령령으로 정하는 경우는 제외한다)

4. 그 밖에 보험계약자와 이해가 상충될 우려가 없는 경우로서 대통령령으로 정하는 경우 [전문개정 2010.7.23]

제15조(사외이사의 선임 등) ① 보험회사(자산 등을 고려하여 대통령령으로 정하는 보험회사만 해당한다. 이하 이 조에서 같다)는 상시적인 업무에 종사하지 아니하는 이사로서 제4항 각 호의 어느 하나에 해당하는 자가 아닌 자(이하 "사외이사"라 한다)를 이사회에 3명 이상 두어야 하며, 사외이사의 수는 전체 이사수의 2분의 1 이상이어야 한다.

② 보험회사는 사외이사후보를 추천하기 위하여 「상법」 제393조의2에 따른 위원회(이하 "사외이사후보추천위원회"라 한다)를 설치하여야 한다. 이 경우 사외이사후보추천위원회는 사외이사가 총 위원의 2분의 1 이상이 되도록 구성하여야 한다.

③ 사외이사는 사외이사후보추천위원회의 추천을 받은 자 중 주주총회 또는 사원총회(이하 "주주총회등"이라 한다)에서 선임한다.

④ 다음 각 호의 어느 하나에 해당하는 자는 보험회사의 사외이사가 되지 못하며, 사외이사가 된 후 이에 해당하게 되면 그 직을 잃는다.

1. 제13조제1항 제1호부터 제9호까지의 어느 하나에 해당하는 자

2. 최대주주

3. 최대주주의 특수관계인

4. 주요주주 및 그의 배우자와 직계 존속·비속

5. 그 보험회사 또는 계열회사(「독점규제 및 공정거래에 관한 법률」에 따른 계열회사를 말한다. 이하 같다)의 상근(常勤) 임직원이거나 최근 2년 이내에 상근 임직원이었던 자

6. 그 보험회사의 상근 임원의 배우자 및 직계 존속·비속

7. 그 보험회사와 대통령령으로 정하는 중요한 거래관계가 있거나, 사업상 경쟁관계 또는 협력관계에 있는 법인의 상근 임직원이거나 최근 2년 이내에 상근 임직원이었던 자

8. 그 보험회사의 상근 임직원이 비상임이사로 있는 회사의 상근 임직원

9. 그 밖에 사외이사로서의 직무를 충실하게 이행하기 어렵거나 그 보험회사와 이해관계가 있거나 경영에 영향을 미칠 수 있는 자로서 대통령령으로 정하는 자

⑤ 보험회사는 사외이사의 사임 또는 사망 등의 사유로 이사회의 구성이 제1항의 요건에 적합하지 아니하게 되면 그 사유가 발생한 날 이후 최초로 소집되는 정기주주총회 등에서 이사회의 구성이 제1항의 요건에 적합하게 되도록 하여야 한다. [전문개정 2010.7.23]

제16조(감사위원회) ① 보험회사(자산 등을 고려하여 대통령령으로 정하는 보험회사만 해당한다)는 감사위원회(「상법」 제415조의2 제1항에 따른 감사위원회를 말한다. 이하 같다)를 설치하여야 한다.

② 감사위원회는 다음 각 호의 요건 모두에 적합하여야 한다.

1. 총 위원의 3분의 2 이상이 사외이사일 것

2. 위원 중 1명 이상은 대통령령으로 정하는 회계 또는 재무 전문가일 것

③ 다음 각 호의 어느 하나에 해당하는 자는 감사위원회의 사외이사가 아닌 위원이 되지 못하며, 감사위원회의 사외이사가 아닌 위원이 된 후 다음 각 호의 어느 하나에 해당하게 되면 그 직을 잃는다. 다만, 상근감사나 감사위원회의 사외이사가 아닌 위원으로 재임 중인 자는 제2호에 해당하더라도 감사위원회의 사외이사가 아닌 위원이 될 수 있다.

1. 제13조제1항 제1호부터 제9호까지의 규정 중 어느 하나에 해당하는 자

1의 2. 제15조제4항 제2호부터 제4호까지의 규정 중 어느 하나에 해당하는 자

2. 그 보험회사의 상근 임직원이거나 최근 2년 이내에 상근 임직원이었던 자

3. 그 밖에 그 보험회사의 경영에 영향을 미칠 수 있는 자로서 대통령령으로 정하는 자

④ 보험회사는 감사위원회 위원의 사임 또는 사망 등의 사유로 감사위원회의 구성이 제2항의 요건에 적합하지 아니하게 된 경우에는 그 사유가 발생한 날 이후 최초로 소집되는 정기주주총회 등에서 감사위원회의 구성이 제2항의 요건에 적합하게 되도록 하여야 한다.

⑤ 제1항에 따른 감사위원회의 구성에 관하여는 「상법」 제415조의2 제2항 단서를 적용하지 아니한다. [전문개정 2010.7.23]

제17조(내부통제기준 등) ① 보험회사는 법령을 준수하고 자산운용을 건전하게 하며 보험계약자를 보호하기 위하여 그 임직원이 직무를 수행할 때 따라야 할 기본적인 절차와 기준(이하 "내부통제기준"이라 한다)을 정하여야 한다.

② 보험회사는 내부통제기준의 준수 여부를 점검하고, 그 위반사항을 조사하여 감사 또는 감사위원회에 보고하는 자(이하 "준법감시인"이라 한다)를 1명 이상 두어야 한다.

③ 보험회사는 준법감시인을 임면하려면 이사회의 의결을 거쳐야 한다. 다만, 외국보험회사국내지점의 경우에는 그러하지 아니하다.

④ 준법감시인은 다음 각 호의 요건에 해당하는 자이어야 한다. <개정 2011.7.21.>

1. 다음 각 목의 어느 하나에 해당하는 경력이 있는 자일 것

가. 한국은행이나 「금융위원회의 설치 등에 관한 법률」 제38조에 따른 검사대상기관(이에 상당하는 외국금융기관을 포함한다)에서 10년 이상 근무한 경력이 있는 자

나. 금융 관계 분야의 석사학위 이상의 학위소지자로서 연구기관이나 대학에서 연구원 또는 조교수 이상으로 5년 이상 근무한 경력이 있는 자

다. 변호사·공인회계사 또는 보험계리사의 자격을 가진 자로서 그 자격과 관련된 업무에 5년 이상 종사한 경력이 있는 자

라. 기획재정부, 금융위원회, 「금융위원회의 설치 등에 관한 법률」에 따라 설립된 금융감독원(이하 "금융감독원"이라 한다) 또는 같은 법에 따른 증권선물위원회에서 5년 이상 근무한 경력이 있는 자로서 그 기관에서 퇴임하거나 퇴직한 후 5년이 지난 자

2. 제13조제1항 각 호의 어느 하나에 해당되지 아니하는 자일 것

3. 최근 5년간 대통령령으로 정하는 금융 관계 법령을 위반하여 금융위원회 또는 금융감독원 원장(이하 "금융감독원장"이라 한다)으로부터 주의·경고의 요구 이상에 해당하는 조치를 받은 사실이 없는 자일 것

⑤ 준법감시인은 선량한 관리자의 주의로 그 직무를 수행하여야 하며, 다음 각 호의 업무를 하는 직무를 담당하여서는 아니 된다.

1. 자산운용에 관한 업무

2. 해당 보험회사가 취급하는 보험에 관한 업무로서 대통령령으로 정하는 업무와 그에 딸린 업무

3. 제2호의 업무 이외에 해당 보험회사가 겸영하는 금융업무

⑥ 보험회사는 준법감시인이 그 직무를 수행할 때 임직원에게 자료나 정보의 제출을 요구하는 경우에는 그 임직원으로 하여금 성실히 따르도록 하여야 한다.

⑦ 보험회사는 준법감시인이었던 자에게 그 직무 수행과 관련된 이유로 인사(人事)에서 부당한 불이익을 주어서는 아니 된다.

⑧ 금융위원회는 효과적인 내부통제기준을 정하고 이를 엄격하게 준수하고 있다고 인정되는 보험회사에 대하여는 제133조에 따른 검사의 생략, 검사기간의 단축 또는 제134조에 따른 제재(制裁)를 감면할 수 있다.

⑨ 내부통제기준에 포함되어야 할 사항, 준법감시인의 준수사항 등에 관하여 필요한 사항은 대통령령으로 정한다. [전문개정 2010.7.23]

제2절 주식회사 〈개정 2010.7.23.〉

제18조(자본감소) ① 보험회사인 주식회사(이하 "주식회사"라 한다)가 자본감소를 결의한 경우에는 그 결의를 한 날부터 2주 이내에 결의의 요지와 대차대조표를 공고하여야 한다.

② 제1항에 따른 자본감소를 결의할 때 대통령령으로 정하는 자본감소를 하려면 미리 금융위원회의 승인을 받아야 한다.

③ 자본감소에 관하여는 제141조제2항·제3항, 제149조 및 제151조제3항을 준용한다. [전문개정 2010.7.23]

제19조(주식회사의 소수주주권의 행사) ① 6개월 이상 계속하여 주식회사(자산 등을 고려하여 대통령령으로 정하는 주식회사만 해당한다. 이하 이 조에서 같다)의 발행주식 총수의 10만분의 5 이상에 해당하는 주식을 대통령령으로 정하는 바에 따라 보유한 자는 「상법」 제403조(같은 법 제324조·제415조·제424조의2·제467조의2 및 제542조에서 준용하는 경우를 포함한다)에서 규정하는 주주의 권리를 행사할 수 있다.

② 6개월 이상 계속하여 주식회사의 발행주식 총수의 10만분의 250 이상(대통령령으로 정하는 주식회사의 경우에는 10만분의 125 이상)에 해당하는 주식을 대통령령으로 정하는 바에 따라 보유한 자는 「상법」 제385조(같은 법 제415조에서 준용하는 경우를 포함한다)·제402조 및 제539조에서 규정하는 주주의 권리를 행사할 수 있다.

③ 6개월 이상 계속하여 주식회사의 발행주식 총수의 1만분의 50 이상(대통령령으로 정하는 주식회사의 경우에는 1만분의 25 이상)에 해당하는 주식을 대통령령으로 정하는 바에 따라 보유한 자는 「상법」 제363조의2 및 제466조에서 규정하는 주주의 권리를 행사할 수 있다. 이 경우 같은 법 제363조의2에서 규정하는 주주의 권리를 행사하는 경우에는 의결권 있는 주식을 기준으로 한다.

④ 6개월 이상 계속하여 주식회사의 발행주식 총수의 1만분의 150 이상(대통령령으로 정하는 주식회사의 경우에는 1만분의 75 이상)에 해당하는 주식을 대통령령으로 정하는 바에 따라 보유한 자는 「상법」 제366조 및 제467조에서 규정하는 주주의 권리를 행사할 수 있다. 이 경우 같은 법 제366조에서 규정하는 주주의 권리를 행사하는 경우에는 의결권 있는 주식을 기준으로 한다.

⑤ 제1항에 따른 주주가 「상법」 제403조(같은 법 제324조·제415조·제424조의2·제467조의2 및 제542조에서 준용하는 경우를 포함한다)에 따른 소송을 제기하여 승소한 경우에는 주식회사에 대하여 소송비용과 그 밖에 소송으로 생긴 모든 비용의 지급을

청구할 수 있다. [전문개정 2010.7.23]

제20조(조직 변경) ① 주식회사는 그 조직을 변경하여 상호회사로 할 수 있다.
② 제1항에 따른 상호회사는 제9조에도 불구하고 기금의 총액을 300억 원 미만으로 하거나 설정하지 아니할 수 있다.
③ 제1항의 경우에는 손실 보전(補塡)에 충당하기 위하여 금융위원회가 필요하다고 인정하는 금액을 준비금으로 적립하여야 한다. [전문개정 2010.7.23]

제21조(조직 변경 결의) ① 주식회사의 조직 변경은 주주총회의 결의를 거쳐야 한다.
② 제1항의 결의는 「상법」 제434조에 따른다. [전문개정 2010.7.23]

제22조(조직 변경 결의의 공고와 통지) ① 주식회사가 조직 변경을 결의한 경우 그 결의를 한 날부터 2주 이내에 결의의 요지와 대차대조표를 공고하고 주주명부에 적힌 질권자(質權者)에게는 개별적으로 알려야 한다.
② 제1항의 경우에는 제141조제2항·제3항과 「상법」 제232조를 준용한다.
[전문개정 2010.7.23]

제23조(조직 변경 결의 공고 후의 보험계약) ① 주식회사는 제22조제1항에 따른 공고를 한 날 이후에 보험계약을 체결하려면 보험계약자가 될 자에게 조직 변경 절차가 진행 중임을 알리고 그 승낙을 받아야 한다.
② 제1항에 따른 승낙을 한 보험계약자는 조직 변경 절차를 진행하는 중에는 보험계약자가 아닌 자로 본다. [전문개정 2010.7.23]

제24조(보험계약자 총회의 소집) ① 제22조제1항의 공고에 대하여 제141조제2항에서 규정하는 기간에 이의를 제출한 보험계약자의 수와 그 보험금이 제141조제3항에서 규정하는 비율을 초과하지 아니하는 경우에는 이사는 「상법」 제232조에 따른 절차가 끝나면 7일 이내에 보험계약자 총회를 소집하여야 한다.
② 제1항의 경우 보험계약자에 대한 통지에 관하여는 「상법」 제353조를 준용한다.
[전문개정 2010.7.23]

제25조(보험계약자 총회 대행기관) ① 주식회사는 조직 변경을 결의할 때 보험계약자 총회를 갈음하는 기관에 관한 사항을 정할 수 있다.
② 제1항에 따른 기관에 대하여는 보험계약자 총회에 관한 규정을 준용한다.
③ 제1항에 따른 기관에 관한 사항을 정한 경우에는 그 기관의 구성방법을 제22조제1항에 따른 공고의 내용에 포함하여야 한다. [전문개정 2010.7.23]

제26조(보험계약자 총회의 결의방법) ① 보험계약자 총회는 보험계약자 과반수의 출석과 그 의결권의 4분의 3 이상의 찬성으로 결의한다.

② 보험계약자총회에 관하여는 제55조와 「상법」 제363조제1항·제2항, 제364조, 제367조, 제368조제3항·제4항, 제371조제2항, 제372조, 제373조 및 제376조부터 제381조까지의 규정을 준용한다. [전문개정 2010.7.23]

제27조(보험계약자 총회에서의 보고) 주식회사의 이사는 조직 변경에 관한 사항을 보험계약자 총회에 보고하여야 한다. [전문개정 2010.7.23]

제28조(보험계약자 총회의 결의 등) ① 보험계약자 총회는 정관의 변경이나 그 밖에 상호회사의 조직에 필요한 사항을 결의하여야 한다.

② 제21조제1항에 따른 결의는 제1항의 결의로 변경할 수 있다. 이 경우 주식회사의 채권자의 이익을 해치지 못한다.

③ 제2항에 따른 변경으로 주주에게 손해를 입히게 되는 경우에는 주주총회의 동의를 받아야 한다. 이 경우 제21조제2항을 준용한다.

④ 제1항의 결의에 관하여는 「상법」 제316조제2항을 준용한다. [전문개정 2010.7.23]

제29조(조직 변경의 등기) ① 주식회사가 그 조직을 변경한 경우에는 변경한 날부터 본점과 주된 사무소의 소재지에서는 2주 이내에, 지점과 종(從)된 사무소의 소재지에서는 3주 이내에 주식회사는 해산의 등기를 하고 상호회사는 제40조제2항에 따른 등기를 하여야 한다.

② 제1항에 따른 등기의 신청서에는 정관과 다음 각 호의 사항이 적힌 서류를 첨부하여야 한다.
1. 제21조제1항의 결의
2. 제22조제1항의 공고
3. 제28조의 결의 및 동의
4. 제141조제3항의 이의(異義)
5. 「상법」 제232조에 따른 절차를 마쳤음을 증명하는 내용 [전문개정 2010.7.23]

제30조(조직 변경에 따른 입사) 주식회사의 보험계약자는 조직 변경에 따라 해당 상호회사의 사원이 된다. [전문개정 2010.7.23]

제31조(「상법」 등의 준용) 주식회사의 조직 변경에 관하여는 제145조와 「상법」 제40조, 제339조, 제340조제1항·제2항, 제439조제1항, 제445조 및 제446조를 준용한다. 이 경우 「상법」 제446조 중 "제192조"는 "제238조"로 본다. [전문개정 2010.7.23]

제32조(보험계약자 등의 우선취득권) ① 보험계약자나 보험금을 취득할 자는 피보험자를 위하여 적립한 금액을 다른 법률에 특별한 규정이 없으면 주식회사의 자산에서 우선하여 취득한다.

② 제108조에 따라 특별계정이 설정된 경우에는 제1항은 특별계정과 그 밖의 계정을 구분하여 적용한다. [전문개정 2010.7.23]

제33조(예탁자산에 대한 우선변제권) ① 보험계약자나 보험금을 취득할 자는 피보험자를 위하여 적립한 금액을 주식회사가 이 법에 따른 금융위원회의 명령에 따라 예탁한 자산에서 다른 채권자보다 우선하여 변제를 받을 권리를 가진다.

② 제1항의 경우에는 제32조제2항을 준용한다. [전문개정 2010.7.23]

제3절 상호(相互)회사 〈개정 2010.7.23.〉

제1관 설립 〈개정 2010.7.23.〉

제34조(정관기재사항) 상호회사의 발기인은 정관을 작성하여 다음 각 호의 사항을 적고 기명날인하여야 한다.
1. 취급하려는 보험종목과 사업의 범위
2. 명칭
3. 사무소 소재지
4. 기금의 총액
5. 기금의 갹출자가 가질 권리
6. 기금과 설립비용의 상각 방법
7. 잉여금의 분배 방법
8. 회사의 공고 방법
9. 회사 성립 후 양수할 것을 약정한 자산이 있는 경우에는 그 자산의 가격과 양도인의 성명
10. 존립시기 또는 해산사유를 정한 경우에는 그 시기 또는 사유 [전문개정 2010.7.23]

제35조(명칭) 상호회사는 그 명칭 중에 상호회사라는 글자를 포함하여야 한다. [전문개정 2010.7.23]

제36조(기금의 납입) ① 상호회사의 기금은 금전 이외의 자산으로 납입하지 못한다.
② 기금의 납입에 관하여는 「상법」 제295조제1항, 제305조제1항·제2항 및 제318조를 준용한다. [전문개정 2010.7.23]

제37조(사원의 수) 상호회사는 100명 이상의 사원으로써 설립한다. [전문개정 2010.7.23]

제38조(입사청약서) ① 발기인이 아닌 자가 상호회사의 사원이 되려면 입사청약서 2부에 보험의 목적과 보험금액을 적고 기명날인하여야 한다. 다만, 상호회사가 성립한 후 사원이 되려는 자는 그러하지 아니하다.
② 발기인은 제1항에 따른 입사청약서를 다음 각 호의 사항을 포함하여 작성하고, 이를 비치(備置)하여야 한다.
1. 정관의 인증 연월일과 그 인증을 한 공증인의 이름
2. 제34조 각 호의 사항
3. 기금 갹출자의 이름·주소와 그 각자가 갹출하는 금액
4. 발기인의 이름과 주소
5. 발기인이 보수를 받는 경우에는 그 보수액
6. 설립 시 모집하려는 사원의 수
7. 일정한 시기까지 창립총회가 끝나지 아니하면 입사청약을 취소할 수 있다는 뜻
③ 상호회사 성립 전의 입사청약에 대하여는 「민법」 제107조제1항 단서를 적용하지 아니한다. [전문개정 2010.7.23]

제39조(창립총회) ① 상호회사의 발기인은 상호회사의 기금의 납입이 끝나고 사원의 수가 예정된 수가 되면 그날부터 7일 이내에 창립총회를 소집하여야 한다.
② 창립총회는 사원 과반수의 출석과 그 의결권의 4분의 3 이상의 찬성으로 결의한다.
③ 상호회사의 창립총회에 관하여는 제55조와 「상법」 제363조제1항·제2항, 제364조, 제368조제3항·제4항, 제371조제2항, 제372조, 제373조 및 제376조부터 제381조까지의 규정을 준용한다. [전문개정 2010.7.23]

제40조(설립등기) ① 상호회사의 설립등기는 창립총회가 끝난 날부터 2주 이내에 하여야 한다.
② 제1항에 따른 설립등기에는 다음 각 호의 사항이 포함되어야 한다.
1. 제34조 각 호의 사항
2. 이사와 감사의 이름 및 주소
3. 대표이사의 이름
4. 여러 명의 대표이사가 공동으로 회사를 대표할 것을 정한 경우에는 그 규정
③ 제1항과 제2항에 따른 설립등기는 이사 및 감사의 공동신청으로 하여야 한다.
[전문개정 2010.7.23]

제41조(등기부) 관할 등기소에 상호회사 등기부를 비치하여야 한다.
[전문개정 2010.7.23]

제42조(배상책임) 이사가 다음 각 호의 어느 하나에 해당하는 행위로 상호회사에 손해를 입힌 경우에는 사원총회의 동의가 없으면 그 손해에 대한 배상책임을 면제하지 못한다.
1. 위법한 이익 배당에 관한 의안을 사원총회에 제출하는 행위
2. 다른 이사에게 금전을 대부하는 행위
3. 그 밖의 부당한 거래를 하는 행위 [전문개정 2010.7.23]

제43조(발기인에 대한 소송) 상호회사의 발기인에 관하여는 제19조와 「상법」 제400조를 준용한다. [전문개정 2010.7.23]

제44조(「상법」의 준용) 상호회사에 관하여는 「상법」 제10조부터 제15조까지, 제17조, 제22조, 제23조, 제26조, 제27조, 제29조부터 제33조까지, 제35조, 제37조부터 제40조까지, 제87조부터 제89조까지, 제91조, 제92조, 제171조부터 제173조까지, 제176조, 제177조, 제181조부터 제183조까지, 제288조, 제289조제3항, 제292조, 제310조부터 제316조까지 및 제322조부터 제327조까지의 규정을 준용한다. [전문개정 2010.7.23]

제45조(「비송사건절차법」의 준용) 상호회사에 관하여는 「비송사건절차법」 제72조제1항·제2항, 제73조, 제77조, 제78조, 제80조, 제81조, 제84조, 제85조, 제90조부터 제100조까지, 제117조부터 제121조까지 및 제123조부터 제127조까지의 규정을 준용한다.
[전문개정 2010.7.23]

제45조의2(「상업등기법」의 준용) 상호회사에 관하여는 「상업등기법」 제3조, 제5조제2항·제3항, 제6조부터 제11조까지, 제14조, 제17조부터 제30조까지, 제53조부터 제55조까지, 제61조제2항, 제66조, 제67조, 제94조, 제95조, 제102조, 제114조부터 제128조까지 및 제131조를 준용한다. [본조신설 2010.7.23]

제2관 사원의 권리와 의무 〈개정 2010.7.23〉

제46조(간접책임) 상호회사의 사원은 회사의 채권자에 대하여 직접적인 의무를 지지 아니한다. [전문개정 2010.7.23]

제47조(유한책임) 상호회사의 채무에 관한 사원의 책임은 보험료를 한도로 한다.

제48조(상계의 금지) 상호회사의 사원은 보험료의 납입에 관하여 상계(相計)로써 회사에 대항하지 못한다. [전문개정 2010.7.23]

제49조(보험금액의 삭감) 상호회사는 정관으로 보험금액의 삭감에 관한 사항을 정하여야 한다. [전문개정 2010.7.23]

제50조(생명보험계약 등의 승계) 생명보험 및 제3보험을 목적으로 하는 상호회사의 사원은 회사의 승낙을 받아 타인으로 하여금 그 권리와 의무를 승계하게 할 수 있다.

제51조(손해보험의 목적의 양도) 손해보험을 목적으로 하는 상호회사의 사원이 보험의 목적을 양도한 경우에는 양수인은 회사의 승낙을 받아 양도인의 권리와 의무를 승계할 수 있다. [전문개정 2010.7.23]

제52조(사원명부) 상호회사의 사원명부에는 다음 각 호의 사항을 적어야 한다.
1. 사원의 이름과 주소
2. 각 사원의 보험계약의 종류, 보험금액 및 보험료 [전문개정 2010.7.23]

제53조(통지와 최고) 상호회사의 입사청약서나 사원에 대한 통지 및 최고(催告)에 관하여는 「상법」 제353조를 준용한다. 다만, 보험관계에 속하는 사항의 통지 및 최고에 관하여는 그러하지 아니하다. [전문개정 2010.7.23]

제3관 회사의 기관 <개정 2010.7.23>

제54조(사원총회 대행기관) ① 상호회사는 사원총회를 갈음할 기관을 정관으로 정할 수 있다.
② 제1항에 따른 기관에 대하여는 사원총회에 관한 규정을 준용한다.
[전문개정 2010.7.23]

제55조(의결권) 상호회사의 사원은 사원총회에서 각각 1개의 의결권을 가진다. 다만, 정관에 특별한 규정이 있는 경우에는 그러하지 아니하다.

제56조(총회소집청구권) ① 상호회사의 100분의 5 이상의 사원은 회의의 목적과 그 소집의 이유를 적은 서면을 이사에게 제출하여 사원총회의 소집을 청구할 수 있다. 다만, 이 권리의 행사에 관하여는 정관으로 다른 기준을 정할 수 있다.
② 제1항의 경우에는 「상법」 제366조제2항 및 제3항을 준용한다. [전문개정 2010.7.23]

제57조(서류의 비치와 열람 등) ① 상호회사의 이사는 정관과 사원총회 및 이사회의 의사록을 각 사무소에, 사원명부를 주된 사무소에 비치하여야 한다.

② 상호회사의 사원과 채권자는 영업시간 중에는 언제든지 제1항의 서류를 열람하거나 복사할 수 있고, 회사가 정한 비용을 내면 그 등본 또는 초본의 발급을 청구할 수 있다.

[전문개정 2010.7.23]

제58조(상호회사의 소수사원권의 행사) 상호회사에 관하여는 제19조를 준용한다. 이 경우 "발행주식 총수"는 "사원 총수"로, "주식을 대통령령으로 정하는 바에 따라 보유한 자"는 "사원"으로 본다. [전문개정 2010.7.23]

제59조(「상법」 등의 준용) ① 상호회사의 사원총회에 관하여는 「상법」 제362조, 제363조제1항·제2항, 제364조, 제365조제1항·제3항, 제367조, 제368조제1항·제3항·제4항, 제371조제2항, 제372조, 제373조 및 제375조부터 제381조까지의 규정을 준용한다.

② 상호회사의 이사에 관하여는 「상법」 제382조, 제383조제2항·제3항, 제385조, 제386조, 제388조, 제389조, 제393조, 제395조, 제398조, 제399조제1항, 제401조제1항, 제407조 및 제408조를 준용한다.

③ 상호회사의 감사에 관하여는 제19조와 「상법」 제382조, 제385조, 제386조, 제388조, 제394조, 제399조제1항, 제401조제1항, 제407조, 제410조부터 제412조까지, 제412조의2부터 제412조의4까지, 제413조, 제413조의2 및 제414조제3항을 준용한다. [전문개정 2010.7.23]

제4관 회사의 계산 〈개정 2010.7.23〉

제60조(손실보전준비금) ① 상호회사는 손실을 보전하기 위하여 각 사업연도의 잉여금 중에서 준비금을 적립하여야 한다.

② 제1항에 따른 준비금의 총액과 매년 적립할 최저액은 정관으로 정한다.

[전문개정 2010.7.23]

제61조(기금이자 지급 등의 제한) ① 상호회사는 손실을 보전하기 전에는 기금이자를 지급하지 못한다.

② 상호회사는 설립비용과 사업비의 전액을 상각(償却)하고 제60조제1항에 따른 준비금을 공제하기 전에는 기금의 상각 또는 잉여금의 분배를 하지 못한다.

③ 상호회사가 제1항 또는 제2항을 위반하여 기금이자의 지급, 기금의 상각 또는 잉여금의 분배를 한 경우에는 회사의 채권자는 이를 반환하게 할 수 있다. [전문개정 2010.7.23]

제62조(기금상각적립금) 상호회사가 기금을 상각할 때에는 상각하는 금액과 같은 금액을 적립하여야 한다. [전문개정 2010.7.23]

제63조(잉여금의 분배) 상호회사의 잉여금은 정관에 특별한 규정이 없으면 각 사업연도 말 당시 사원에게 분배한다. [전문개정 2010.7.23]

제64조(「상법」의 준용) 상호회사의 계산에 관하여는 「상법」 제447조, 제447조의2부터 제447조의4까지, 제448조부터 제450조까지, 제452조 및 제468조를 준용한다. [전문개정 2010.7.23]

제5관 정관의 변경 〈개정 2010.7.23〉

제65조(정관의 변경) ① 상호회사의 정관을 변경하려면 사원총회의 결의를 거쳐야 한다.
② 제1항의 경우에는 제55조와 「상법」 제363조제1항·제2항, 제364조, 제368조제3항·제4항, 제371조제2항, 제372조, 제373조, 제376조부터 제381조까지 및 제433조제2항을 준용한다. [전문개정 2010.7.23]

제6관 사원의 퇴사 〈개정 2010.7.23〉

제66조(퇴사이유) ① 상호회사의 사원은 다음 각 호의 사유로 퇴사한다.
1. 정관으로 정하는 사유의 발생
2. 보험관계의 소멸
② 상호회사의 사원이 사망한 경우에는 「상법」 제283조를 준용한다.
[전문개정 2010.7.23]

제67조(환급청구권) ① 상호회사에서 퇴사한 사원은 정관이나 보험약관으로 정하는 바에 따라 그 권리에 따른 금액의 환급을 청구할 수 있다.
② 퇴사한 사원이 회사에 대하여 부담한 채무가 있는 경우에는 회사는 제1항의 금액에서 그 채무액을 공제할 수 있다. [전문개정 2010.7.23]

제68조(환급기한 및 시효) ① 상호회사에서 퇴사한 사원의 권리에 따른 금액의 환급은 퇴사한 날이 속하는 사업연도가 종료한 날부터 3개월 이내에 하여야 한다.
② 퇴사원의 환급청구권은 제1항의 기간이 지난 후 2년 동안 행사하지 아니하면 시효로 소멸한다. [전문개정 2010.7.23]

제7관 해산 〈개정 2010.7.23〉

제69조(해산의 공고) ① 상호회사가 해산을 결의한 경우에는 그 결의가 제139조에 따라 인가를 받은 날부터 2주 이내에 결의의 요지와 대차대조표를 공고하여야 한다.
　② 제1항의 경우에는 제141조제2항부터 제4항까지, 제145조 및 제149조를 준용한다. [전문개정 2010.7.23]

제70조(「상법」의 준용) ① 상호회사에 관하여는 「상법」 제174조제3항, 제175조제1항, 제228조, 제232조, 제234조부터 제240조까지, 제522조제1항·제2항, 제526조제1항, 제527조제1항·제2항, 제528조제1항 및 제529조를 준용한다. 이 경우 「상법」 제528조제1항 중 "제317조"는 "「보험업법」 제40조"로 본다.
　② 「상법」 제175조제1항에 따른 선임에 관하여는 제39조제2항을 준용한다.
　[전문개정 2010.7.23]

제8관 청산 〈개정 2010.7.23〉

제71조(청산) 상호회사가 해산한 경우에는 합병과 파산의 경우가 아니면 이 관의 규정에 따라 청산을 하여야 한다. [전문개정 2010.7.23]

제72조(자산 처분의 순위 등) ① 상호회사의 청산인은 다음 각 호의 순위에 따라 회사자산을 처분하여야 한다.
　1. 일반채무의 변제
　2. 사원의 보험금액과 제158조제2항에 따라 사원에게 환급할 금액의 지급
　3. 기금의 상각
　② 제1항에 따른 처분을 한 후 남은 자산은 상호회사의 정관에 특별한 규정이 없으면 잉여금을 분배할 때와 같은 비율로 사원에게 분배하여야 한다. [전문개정 2010.7.23]

제73조(「상법」 등의 준용) 상호회사의 청산에 관하여는 제19조·제56조·제57조와 「상법」 제245조, 제253조부터 제255조까지, 제259조, 제260조 단서, 제264조, 제328조, 제362조, 제367조, 제373조제2항, 제376조, 제377조, 제382조제2항, 제386조, 제388조, 제389조, 제394조, 제398조, 제399조제1항, 제401조제1항, 제407조, 제408조, 제411조, 제412조, 제412조의2부터 제412조의4까지, 제413조, 제414조제3항, 제448조부터 제450조까지, 제531조부터 제537조까지, 제539조제1항, 제540조 및 제541조를 준용한다. [전문개정 2010.7.23]

제4절 외국보험회사국내지점 〈개정 2010.7.23〉

제74조(외국보험회사국내지점의 허가취소 등) ① 금융위원회는 외국보험회사의 본점이 다음 각 호의 어느 하나에 해당하게 되면 그 외국보험회사국내지점에 대하여 청문을 거쳐 보험업의 허가를 취소할 수 있다.

　1. 합병, 영업양도 등으로 소멸한 경우

　2. 위법행위, 불건전한 영업행위 등의 사유로 외국감독기관으로부터 제134조제2항에 따른 처분에 상당하는 조치를 받은 경우

　3. 휴업하거나 영업을 중지한 경우

② 금융위원회는 외국보험회사국내지점이 이 법 또는 이 법에 따른 명령이나 처분을 위반하거나 외국보험회사의 본점이 그 본국의 법령을 위반하는 등의 사유로 해당 외국보험회사국내지점의 보험업 수행이 어렵다고 인정되면 공익 또는 보험계약자 보호를 위하여 영업정지 또는 그 밖에 필요한 조치를 하거나 청문을 거쳐 보험업의 허가를 취소할 수 있다.

③ 외국보험회사국내지점은 그 외국보험회사의 본점이 제1항 각 호의 어느 하나에 해당하게 되면 그 사유가 발생한 날부터 7일 이내에 그 사실을 금융위원회에 알려야 한다. [전문개정 2010.7.23]

제75조(국내자산 보유의무) ① 외국보험회사국내지점은 대한민국에서 체결한 보험계약에 관하여 제120조에 따라 적립한 책임준비금 및 비상위험준비금에 상당하는 자산을 대한민국에서 보유하여야 한다.

② 제1항에 따라 대한민국에서 보유하여야 하는 자산의 종류 및 범위 등에 관하여는 대통령령으로 정한다. [전문개정 2010.7.23]

제76조(국내 대표자) ① 외국보험회사국내지점에 관하여는 「상법」 제209조를 준용한다.

② 외국보험회사국내지점의 대표자는 퇴임한 후에도 후임 대표자의 이름 및 주소에 관하여 「상법」 제614조제3항에 따른 등기가 있을 때까지는 계속하여 대표자의 권리와 의무를 가진다.

③ 외국보험회사국내지점의 대표자는 이 법에 따른 보험회사의 임원으로 본다. [전문개정 2010.7.23]

제77조(잔무처리자) ① 제4조에 따라 허가를 받은 외국보험회사의 본점이 보험업을 폐업하거나 해산한 경우 또는 대한민국에서의 보험업을 폐업하거나 그 허가가 취소된 경우에는 금융위원회가 필요하다고 인정하면 잔무(殘務)를 처리할 자를 선임하거나 해임할 수 있다.

② 제1항의 잔무처리자에 관하여는 제76조제1항 및 제157조를 준용한다.

③ 제1항의 경우에는 제160조를 준용한다. [전문개정 2010.7.23]

제78조(등기) ① 상호회사인 외국보험회사(이하 "외국상호회사"라 한다) 국내지점에 관하여는 제41조를 준용한다.

② 외국상호회사 국내지점이 등기를 신청하는 경우에는 그 외국상호회사 국내지점의 대표자는 신청서에 대한민국에서의 주된 영업소와 대표자의 이름 및 주소를 적고 다음 각 호의 서류를 첨부하여야 한다.

1. 대한민국에 주된 영업소가 있다는 것을 인정할 수 있는 서류

2. 대표자의 자격을 인정할 수 있는 서류

3. 회사의 정관이나 그 밖에 회사의 성격을 판단할 수 있는 서류

③ 제2항 각 호의 서류는 해당 외국상호회사 본국의 관할 관청이 증명한 것이어야 한다. [전문개정 2010.7.23]

제79조(「상법」의 준용) ① 외국상호회사 국내지점에 관하여는 「상법」 제1편제3장(제16조는 제외한다), 제22조·제23조 및 제24조, 제26조, 제1편제5장·제6장, 제2편제5장(제90조는 제외한다) 및 제177조를 준용한다.

② 외국보험회사국내지점이 대한민국에 종된 영업소를 설치하거나 외국보험회사국내지점을 위하여 모집을 하는 자가 영업소를 설치한 경우에는 「상법」 제619조 및 제620조제1항·제2항을 준용한다. [전문개정 2010.7.23]

제80조(「비송사건절차법」의 준용) 외국상호회사의 국내지점에 관하여는 「비송사건절차법」 제72조제3항, 제101조제2항 및 제128조를 준용한다. [전문개정 2010.7.23]

제80조의2(「상업등기법」의 준용) 외국상호회사의 국내지점에 관하여는 「상업등기법」 제3조, 제5조제2항·제3항, 제7조부터 제11조까지, 제14조, 제17조부터 제19조까지, 제22조부터 제24조까지, 제26조부터 제30조까지, 제53조, 제55조, 제61조제2항, 제66조, 제67조, 제113조부터 제119조까지, 제121조부터 제128조까지 및 제131조를 준용한다.

[본조신설 2010.7.23]

제81조(총회 결의의 의제) 제141조, 제142조, 제144조제1항 및 제146조제2항을 외국보험회사국내지점에 적용할 경우 제141조제1항 중 "제138조에 따른 결의를 한 날"은 "이전계약서를 작성한 날"로, 제142조 및 제144조제1항 중 "주주총회등의 결의가 있었던 때"는 각각 "이전계약서를 작성한 때"로, 제146조제2항 중 "보험계약 이전의 결의를 한 후"는 "이전계약서를 작성한 후"로 본다. [전문개정 2010.7.23]

제82조(적용 제외) ① 외국보험회사국내지점에 관하여는 제8조, 제15조, 제16조, 제138조·제139조 중 해산 및 합병에 관한 부분, 제141조제4항, 제148조, 제149조, 제151조부터 제154조까지, 제156조, 제157조 및 제159조부터 제161조까지의 규정을 적용하지 아니한다.

② 외국보험회사국내지점에 관하여는 제8장 중 총회의 결의에 관한 규정을 적용하지 아니한다. [전문개정 2010.7.23]

제4장 모집 〈개정 2010.7.23〉

제1절 모집종사자 〈개정 2010.7.23〉

제83조(모집할 수 있는 자) ① 모집을 할 수 있는 자는 다음 각 호의 어느 하나에 해당하는 자이어야 한다.

1. 보험설계사
2. 보험대리점
3. 보험중개사
4. 보험회사의 임원(대표이사·사외이사·감사 및 감사위원은 제외한다. 이하 이 장에서 같다) 또는 직원

② 제91조에 따른 금융기관보험대리점등은 대통령령으로 정하는 바에 따라 그 금융기관 소속 임직원이 아닌 자로 하여금 모집을 하게 하거나, 보험계약 체결과 관련한 상담 또는 소개를 하게 하고 상담 또는 소개의 대가를 지급하여서는 아니 된다. [전문개정 2010.7.23]

제84조(보험설계사의 등록) ① 보험회사·보험대리점 및 보험중개사(이하 이 절에서 "보험회사등" 이라 한다)는 소속 보험설계사가 되려는 자를 금융위원회에 등록하여야 한다.

② 다음 각 호의 어느 하나에 해당하는 자는 보험설계사가 되지 못한다.

1. 금치산자 또는 한정치산자
2. 파산선고를 받은 자로서 복권되지 아니한 자
3. 이 법에 따라 벌금 이상의 형을 선고받고 그 집행이 끝나거나(집행이 끝난 것으로 보는 경우를 포함한다) 집행이 면제된 날부터 2년이 지나지 아니한 자
4. 이 법에 따라 금고 이상의 형의 집행유예를 선고받고 그 유예기간 중에 있는 자
5. 이 법에 따라 보험설계사·보험대리점 또는 보험중개사의 등록이 취소된 후 2년이 지나지 아니한 자

6. 제5호에도 불구하고 이 법에 따라 보험설계사·보험대리점 또는 보험중개사 등록 취소 처분을 2회 이상 받은 경우 최종 등록취소 처분을 받은 날부터 3년이 지나지 아니한 자

7. 이 법에 따라 과태료 또는 과징금 처분을 받고 이를 납부하지 아니하거나 업무정지 및 등록취소 처분을 받은 보험대리점·보험중개사 소속의 임직원이었던 자(처분사유의 발생에 관하여 직접 또는 이에 상응하는 책임이 있는 자로서 대통령령으로 정하는 자만 해당한다)로서 과태료·과징금·업무정지 및 등록취소 처분이 있었던 날부터 2년이 지나지 아니한 자

8. 영업에 관하여 성년자와 같은 능력을 가지지 아니한 미성년자로서 그 법정대리인이 제1호부터 제7호까지의 규정 중 어느 하나에 해당하는 자

9. 법인 또는 법인이 아닌 사단이나 재단으로서 그 임원이나 관리인 중에 제1호부터 제7호까지의 규정 중 어느 하나에 해당하는 자가 있는 자

10. 이전에 모집과 관련하여 받은 보험료, 대출금 또는 보험금을 다른 용도에 유용(流用)한 후 3년이 지나지 아니한 자

③ 보험설계사의 구분·등록요건·영업기준 및 영업범위 등에 관하여 필요한 사항은 대통령령으로 정한다. [전문개정 2010.7.23]

제85조(보험설계사에 의한 모집의 제한) ① 보험회사 등은 다른 보험회사 등에 소속된 보험설계사에게 모집을 위탁하지 못한다.

② 보험설계사는 자기가 소속된 보험회사 등 이외의 자를 위하여 모집을 하지 못한다.

③ 다음 각 호의 어느 하나에 해당하는 경우에는 제1항 및 제2항을 적용하지 아니한다.

1. 생명보험회사 또는 제3보험업을 전업(專業)으로 하는 보험회사에 소속된 보험설계사가 1개의 손해보험회사를 위하여 모집을 하는 경우

2. 손해보험회사 또는 제3보험업을 전업으로 하는 보험회사에 소속된 보험설계사가 1개의 생명보험회사를 위하여 모집을 하는 경우

3. 생명보험회사나 손해보험회사에 소속된 보험설계사가 1개의 제3보험업을 전업으로 하는 보험회사를 위하여 모집을 하는 경우

④ 제3항을 적용받는 보험회사 및 보험설계사가 모집을 할 때 지켜야 할 사항은 대통령령으로 정한다. [전문개정 2010.7.23]

제85조의2(보험설계사 등의 교육) ① 보험회사등은 대통령령으로 정하는 바에 따라 소속 보험설계사에게 보험계약의 모집에 관한 교육을 하여야 한다.

② 법인이 아닌 보험대리점 및 보험중개사는 대통령령으로 정하는 바에 따라 제1항에 따른 교육을 받아야 한다. [본조신설 2010.7.23]

제85조의3(보험설계사에 대한 불공정 행위 금지) ① 보험회사등은 보험설계사에게 보험계약의 모집을 위탁할 때 다음 각 호의 행위를 하여서는 아니 된다.

1. 보험모집 위탁계약서를 교부하지 아니하는 행위

2. 위탁계약서상 계약사항을 이행하지 아니하는 행위

3. 그 밖에 대통령령으로 정하는 불공정한 행위

② 제175조에 따른 보험협회(이하 "보험협회"라 한다)는 보험설계사에 대한 보험회사 등의 불공정한 모집위탁행위를 막기 위하여 보험회사등이 지켜야 할 규약을 정할 수 있다. [본조신설 2010.7.23]

제86조(등록의 취소 등) ① 금융위원회는 보험설계사가 다음 각 호의 어느 하나에 해당하는 경우에는 그 등록을 취소하여야 한다.

1. 제84조제2항 각 호의 어느 하나에 해당하게 된 경우

2. 등록 당시 제84조제2항 각 호의 어느 하나에 해당하는 자이었음이 밝혀진 경우

3. 거짓이나 그 밖의 부정한 방법으로 제84조에 따른 등록을 한 경우

4. 이 법에 따라 업무정지 처분을 2회 이상 받은 경우

② 금융위원회는 보험설계사가 다음 각 호의 어느 하나에 해당하는 경우에는 6개월 이내의 기간을 정하여 그 업무의 정지를 명하거나 그 등록을 취소할 수 있다.

1. 모집에 관한 이 법의 규정을 위반한 경우

2. 이 법에 따른 명령이나 처분을 위반한 경우

3. 이 법에 따라 과태료 처분을 2회 이상 받은 경우

③ 금융위원회는 제1항 또는 제2항에 따라 등록을 취소하거나 업무의 정지를 명하려면 보험설계사에 대하여 청문을 하여야 한다.

④ 금융위원회는 보험설계사의 등록을 취소하거나 업무의 정지를 명한 경우에는 지체 없이 그 이유를 적은 문서로 보험설계사 및 해당 보험설계사가 소속된 보험회사 등에 그 뜻을 알려야 한다. [전문개정 2010.7.23]

제87조(보험대리점의 등록) ① 보험대리점이 되려는 자는 개인과 법인을 구분하여 대통령령으로 정하는 바에 따라 금융위원회에 등록하여야 한다.

② 다음 각 호의 어느 하나에 해당하는 자는 보험대리점이 되지 못한다.

1. 제84조제2항 각 호의 어느 하나에 해당하는 자

2. 보험설계사 또는 보험중개사로 등록된 자

3. 다른 보험회사 등의 임직원

4. 외국의 법령에 따라 제1호에 해당하는 것으로 취급되는 자

5. 그 밖에 경쟁을 실질적으로 제한하는 등 불공정한 모집행위를 할 우려가 있는 자로서 대통령령으로 정하는 자

③ 금융위원회는 제1항에 따른 등록을 한 보험대리점으로 하여금 금융위원회가 지정하는 기관에 영업보증금을 예탁하게 할 수 있다.

④ 보험대리점의 구분, 등록요건, 영업기준 및 영업보증금의 한도액 등에 관하여 필요한 사항은 대통령령으로 정한다. [전문개정 2010.7.23]

제87조의2(법인보험대리점 임원의 자격) ① 다음 각 호의 어느 하나에 해당하는 자는 법인인 보험대리점(이하 "법인보험대리점"이라 한다)의 임원(이사·감사 또는 사실상 이와 동등한 지위에 있는 자로서 대통령령으로 정하는 자를 말한다)이 되지 못한다.

1. 제13조제1항제1호·제2호 및 제5호에 해당하는 자

2. 제84조제2항제5호부터 제7호까지에 해당하는 자

3. 금고 이상의 실형을 선고받고 그 집행이 끝나거나(집행이 끝난 것으로 보는 경우를 포함한다) 집행이 면제된 날부터 3년이 지나지 아니한 자

4. 이 법에 따라 벌금 이상의 형을 선고받고 그 집행이 끝나거나(집행이 끝난 것으로 보는 경우를 포함한다) 집행이 면제된 날부터 3년이 지나지 아니한 자

② 제1항에 따른 임원의 자격요건에 관하여 구체적인 사항은 대통령령으로 정한다. [본조신설 2010.7.23]

제87조의3(법인보험대리점의 업무범위 등) ① 법인보험대리점은 보험계약자 보호 등을 해칠 우려가 없는 업무로서 대통령령으로 정하는 업무 또는 보험계약의 모집 업무 이외의 업무를 하지 못한다.

② 법인보험대리점은 경영현황 등 대통령령으로 정하는 업무상 주요 사항을 대통령령으로 정하는 바에 따라 공시하고 금융위원회에 알려야 한다.
[본조신설 2010.7.23]

제88조(보험대리점의 등록취소 등) ① 금융위원회는 보험대리점이 다음 각 호의 어느 하나에 해당하는 경우에는 그 등록을 취소하여야 한다.

1. 제87조제2항 각 호의 어느 하나에 해당하게 된 경우

2. 등록 당시 제87조제2항 각 호의 어느 하나에 해당하는 자이었음이 밝혀진 경우

3. 거짓이나 그 밖에 부정한 방법으로 제87조에 따른 등록을 한 경우

4. 제87조의3제1항을 위반한 경우

5. 제101조를 위반한 경우

② 금융위원회는 보험대리점이 다음 각 호의 어느 하나에 해당하는 경우에는 6개월 이내의 기간을 정하여 그 업무의 정지를 명하거나 그 등록을 취소할 수 있다.

1. 모집에 관한 이 법의 규정을 위반한 경우

2. 이 법에 따른 명령이나 처분을 위반한 경우

3. 해당 보험대리점 소속 보험설계사가 제1호 및 제2호에 해당하는 경우

③ 보험대리점에 관하여는 제86조제3항 및 제4항을 준용한다. [전문개정 2010.7.23]

제89조(보험중개사의 등록) ① 보험중개사가 되려는 자는 개인과 법인을 구분하여 대통령령으로 정하는 바에 따라 금융위원회에 등록하여야 한다.

② 다음 각 호의 어느 하나에 해당하는 자는 보험중개사가 되지 못한다.

1. 제84조제2항 각 호의 어느 하나에 해당하는 자

2. 보험설계사 또는 보험대리점으로 등록된 자

3. 다른 보험회사 등의 임직원

4. 제87조제2항제4호 및 제5호에 해당하는 자

5. 부채가 자산을 초과하는 법인

③ 금융위원회는 제1항에 따른 등록을 한 보험중개사가 보험계약 체결 중개와 관련하여 보험계약자에게 입힌 손해의 배상을 보장하기 위하여 보험중개사로 하여금 금융위원회가 지정하는 기관에 영업보증금을 예탁하게 하거나 보험 가입, 그 밖에 필요한 조치를 하게 할 수 있다.

④ 보험중개사의 구분, 등록요건, 영업기준 및 영업보증금의 한도액 등에 관하여 필요한 사항은 대통령령으로 정한다. [전문개정 2010.7.23]

제89조의2(법인보험중개사 임원의 자격) ① 다음 각 호의 어느 하나에 해당하는 자는 법인인 보험중개사(이하 "법인보험중개사"라 한다)의 임원이 되지 못한다.

1. 제13조제1항제1호·제2호 및 제5호에 해당하는 자

2. 제84조제2항제5호부터 제7호까지에 해당하는 자

3. 금고 이상의 실형을 선고받고 그 집행이 끝나거나(집행이 끝난 것으로 보는 경우를 포함한다) 집행이 면제된 날부터 3년이 지나지 아니한 자

4. 이 법에 따라 벌금 이상의 형을 선고받고 그 집행이 끝나거나(집행이 끝난 것으로 보는 경우를 포함한다) 집행이 면제된 날부터 3년이 지나지 아니한 자

② 제1항에 따른 임원의 자격요건에 관하여 구체적인 사항은 대통령령으로 정한다. [본조신설 2010.7.23]

제89조의3(법인보험중개사의 업무범위 등) ① 법인보험중개사는 보험계약자 보호 등을 해칠 우려가 없는 업무로서 대통령령으로 정하는 업무 또는 보험계약의 모집 업무 이외의 업무를 하지 못한다.

② 법인보험중개사는 경영현황 등 대통령령으로 정하는 업무상 주요사항을 대통령령으로 정하는 바에 따라 공시하고 금융위원회에 알려야 한다. [본조신설 2010.7.23]

제90조(보험중개사의 등록취소 등) ① 금융위원회는 보험중개사가 다음 각 호의 어

느 하나에 해당하는 경우에는 그 등록을 취소하여야 한다.

1. 제89조제2항 각 호의 어느 하나에 해당하게 된 경우. 다만, 같은 항 제5호의 경우 일시적으로 부채가 자산을 초과하는 법인으로서 대통령령으로 정하는 법인인 경우에는 그러하지 아니하다.

2. 등록 당시 제89조제2항 각 호의 어느 하나에 해당하는 자이었음이 밝혀진 경우

3. 거짓이나 그 밖의 부정한 방법으로 제89조에 따른 등록을 한 경우

3의 2. 제89조의3제1항을 위반한 경우

4. 제101조를 위반한 경우

② 금융위원회는 보험중개사가 다음 각 호의 어느 하나에 해당하는 경우에는 6개월 이내의 기간을 정하여 그 업무의 정지를 명하거나 그 등록을 취소할 수 있다.

1. 모집에 관한 이 법의 규정을 위반한 경우

2. 이 법에 따른 명령이나 처분을 위반한 경우

3. 해당 보험중개사 소속 보험설계사가 제1호 및 제2호에 해당하는 경우

③ 보험중개사에 관하여는 제86조제3항 및 제4항을 준용한다. [전문개정 2010.7.23]

제91조(금융기관보험대리점 등의 영업기준) ① 다음 각 호의 어느 하나에 해당하는 기관(이하 "금융기관"이라 한다)은 제87조 또는 제89조에 따라 보험대리점 또는 보험중개사로 등록할 수 있다.

1. 「은행법」에 따라 설립된 은행

2. 「자본시장과 금융투자업에 관한 법률」에 따른 투자매매업자 또는 투자중개업자

3. 「상호저축은행법」에 따른 상호저축은행

4. 그 밖에 다른 법률에 따라 금융업무를 하는 기관으로서 대통령령으로 정하는 기관

② 제1항에 따라 보험대리점 또는 보험중개사로 등록한 금융기관(이하 "금융기관보험대리점등"이라 한다)이 모집할 수 있는 보험상품의 범위는 금융기관에서의 판매 용이성(容易性), 불공정거래 가능성 등을 고려하여 대통령령으로 정한다.

③ 금융기관보험대리점 등의 모집방법, 모집에 종사하는 모집인의 수, 영업기준 등과 그 밖에 필요한 사항은 대통령령으로 정한다. [전문개정 2010.7.23]

제91조의2(금융기관보험대리점 등에 대한 특례) 금융기관보험대리점 등에 대하여는 제87조의2제1항 및 제87조의3을 적용하지 아니한다. [본조신설 2010.7.23]

제92조(보험중개사의 의무 등) ① 보험중개사는 보험계약의 체결을 중개할 때 그 중개와 관련된 내용을 대통령령으로 정하는 바에 따라 장부에 적고 보험계약자에게 알려야 하며, 그 수수료에 관한 사항을 비치하여 보험계약자가 열람할 수 있도록 하여야 한다.

② 보험중개사는 보험회사의 임직원이 될 수 없으며, 보험계약의 체결을 중개하면서

보험회사·보험설계사·보험대리점·보험계리사 및 손해사정사의 업무를 겸할 수 없다.
[전문개정 2010.7.23]

제93조(신고사항) ① 보험설계사·보험대리점 또는 보험중개사는 다음 각 호의 어느 하나에 해당하는 경우에는 지체 없이 그 사실을 금융위원회에 신고하여야 한다.
1. 제84조·제87조 및 제89조에 따른 등록을 신청할 때 제출한 서류에 적힌 사항이 변경된 경우
2. 제84조제2항 각 호의 어느 하나에 해당하게 된 경우
3. 모집업무를 폐지한 경우
4. 개인의 경우에는 본인이 사망한 경우
5. 법인의 경우에는 그 법인이 해산한 경우
6. 법인이 아닌 사단 또는 재단의 경우에는 그 단체가 소멸한 경우
7. 보험대리점 또는 보험중개사가 소속 보험설계사와 보험모집에 관한 위탁을 해지한 경우
8. 제85조제3항에 따라 보험설계사가 다른 보험회사를 위하여 모집을 한 경우나, 보험대리점 또는 보험중개사가 생명보험계약의 모집과 손해보험계약의 모집을 겸하게 된 경우
② 제1항제4호의 경우에는 그 상속인, 같은 항 제5호의 경우에는 그 청산인·업무집행임원이었던 자 또는 파산관재인, 같은 항 제6호의 경우에는 그 관리인이었던 자가 각각 제1항의 신고를 하여야 한다.
③ 보험회사는 모집을 위탁한 보험설계사 또는 보험대리점이 제1항 각 호의 어느 하나에 해당하는 사실을 알게 된 경우에는 제1항 및 제2항에도 불구하고 그 사실을 금융위원회에 신고하여야 한다.
④ 보험대리점 및 보험중개사에 관하여는 제3항을 준용한다. 이 경우 "보험설계사 또는 보험대리점"은 "보험설계사"로 본다. [전문개정 2010.7.23]

제94조(등록수수료) 제84조·제87조 및 제89조에 따라 보험설계사·보험대리점 또는 보험중개사가 되려는 자가 등록을 신청하는 경우에는 총리령으로 정하는 바에 따라 수수료를 내야 한다. [전문개정 2010.7.23]

제2절 모집 관련 준수사항 〈개정 2010.7.23〉

제95조(보험안내자료) ① 모집을 위하여 사용하는 보험안내자료(이하 "보험안내자료"라 한다)에는 다음 각 호의 사항을 명백하고 알기 쉽게 적어야 한다.
1. 보험회사의 상호나 명칭 또는 보험설계사·보험대리점 또는 보험중개사의 이름·상

호나 명칭

2. 보험 가입에 따른 권리·의무에 관한 주요 사항

3. 보험약관으로 정하는 보장에 관한 사항

3의 2. 보험금 지급제한 조건에 관한 사항

4. 해약환급금에 관한 사항

5. 「예금자보호법」에 따른 예금자보호와 관련된 사항

6. 그 밖에 보험계약자를 보호하기 위하여 대통령령으로 정하는 사항

② 보험안내자료에 보험회사의 자산과 부채에 관한 사항을 적는 경우에는 제118조에 따라 금융위원회에 제출한 서류에 적힌 사항과 다른 내용의 것을 적지 못한다.

③ 보험안내자료에는 보험회사의 장래의 이익 배당 또는 잉여금 분배에 대한 예상에 관한 사항을 적지 못한다. 다만, 보험계약자의 이해를 돕기 위하여 금융위원회가 필요하다고 인정하여 정하는 경우에는 그러하지 아니하다.

④ 방송·인터넷 홈페이지 등 그 밖의 방법으로 모집을 위하여 보험회사의 자산 및 부채에 관한 사항과 장래의 이익 배당 또는 잉여금 분배에 대한 예상에 관한 사항을 불특정 다수인에게 알리는 경우에는 제2항 및 제3항을 준용한다. [전문개정 2010.7.23]

제95조의2(설명의무 등) ① 보험회사 또는 보험의 모집에 종사하는 자는 일반보험계약자에게 보험계약 체결을 권유하는 경우에는 보험료, 보장범위, 보험금 지급제한 사유 등 대통령령으로 정하는 보험계약의 중요 사항을 일반보험계약자가 이해할 수 있도록 설명하여야 한다.

② 보험회사 또는 보험의 모집에 종사하는 자는 제1항에 따라 설명한 내용을 일반보험계약자가 이해하였음을 서명, 기명날인, 녹취, 그 밖에 대통령령으로 정하는 방법으로 확인을 받아야 한다.

③ 보험회사는 보험계약의 체결 시부터 보험금 지급 시까지의 주요 과정을 대통령령으로 정하는 바에 따라 일반보험계약자에게 설명하여야 한다. 다만, 일반보험계약자가 설명을 거부하는 경우에는 그러하지 아니하다.

④ 보험회사는 일반보험계약자가 보험금 지급을 요청한 경우에는 대통령령으로 정하는 바에 따라 보험금의 지급절차 및 지급내역 등을 설명하여야 하며, 보험금을 감액하여 지급하거나 지급하지 아니하는 경우에는 그 사유를 설명하여야 한다. [본조신설 2010.7.23]

제95조의3(적합성의 원칙) ① 보험회사 또는 보험의 모집에 종사하는 자는 일반보험계약자가 보험계약을 체결하기 전에 면담 또는 질문을 통하여 보험계약자의 연령, 재산 상황, 보험가입의 목적 등 대통령령으로 정하는 사항을 파악하고 일반보험계약자의 서명(「전자서명법」 제2조제2호에 따른 전자서명을 포함한다), 기명날인, 녹취, 그 밖에 대통령령으로 정하는 방법으로 확인을 받아 유지·관리하여야 하며, 확인받은 내용은 일

반보험계약자에게 지체 없이 제공하여야 한다.

② 보험회사 또는 보험의 모집에 종사하는 자는 일반보험계약자의 연령, 재산상황, 보험가입의 목적 등에 비추어 그 일반보험계약자에게 적합하지 아니하다고 인정되는 보험계약의 체결을 권유하여서는 아니 된다.

③ 제1항 및 제2항을 적용받는 보험상품은 대통령령으로 정한다.

④ 보험회사 및 보험의 모집에 종사하는 자가 제1항에 따라 확인을 받아야 할 내용 및 확인 내용의 유지·관리기간은 대통령령으로 정한다. [본조신설 2010.7.23]

제95조의4(모집광고 관련 준수사항) ① 보험회사 또는 보험의 모집에 종사하는 자가 보험상품에 관하여 광고를 하는 경우에는 보험계약자가 보험상품의 내용을 오해하지 아니하도록 명확하고 공정하게 전달하여야 한다.

② 보험회사 또는 보험의 모집에 종사하는 자가 보험상품에 관하여 광고를 하는 경우에는 다음 각 호의 내용이 포함되어야 한다.

1. 보험계약 체결 전에 상품설명서 및 약관을 읽어 볼 것을 권유하는 내용

2. 보험계약자가 기존에 체결했던 보험계약을 해지하고 다른 보험계약을 체결하면 보험인수가 거절되거나 보험료가 인상되거나 보장내용이 달라질 수 있다는 내용

3. 변액보험 계약과 관련하여 대통령령으로 정하는 내용

4. 그 밖에 대통령령으로 정하는 내용

③ 보험회사 또는 보험의 모집에 종사하는 자가 보험상품에 대하여 광고를 하는 경우에는 다음 각 호의 행위를 하여서는 아니 된다.

1. 보험금 지급한도, 지급제한 조건, 면책사항, 감액지급 사항 등을 누락하거나 충분히 고지하지 아니하여 제한 없이 보험금을 수령할 수 있는 것으로 오인하게 하는 행위

2. 보장금액이 큰 특정 내용만을 강조하거나 고액 보험금 수령 사례 등을 소개하여 보험금을 많이 지급하는 것으로 오인하게 하는 행위

3. 보험료를 일할로 분할하여 표시하거나 보험료 산출기준(보험가입금액, 보험료 납입기간, 보험기간, 성별, 연령 등)을 불충분하게 설명하여 보험료가 저렴한 것으로 오인하게 하는 행위

4. 만기 시 자동갱신되는 보험상품의 경우 갱신 시 보험료가 인상될 수 있음을 보험계약자가 인지할 수 있도록 충분히 고지하지 아니하는 행위

5. 금리 및 투자실적에 따라 만기환급금이 변동이 될 수 있는 보험상품의 경우 만기환급금이 보험만기일에 확정적으로 지급되는 것으로 오인하게 하는 행위

6. 그 밖에 보험계약자 보호를 위하여 대통령령으로 정하는 행위

④ 제1항 및 제2항 각 호에 관한 구체적인 내용, 보험회사 또는 보험의 모집에 종사하는 자가 광고를 하는 방법 및 절차, 그 밖에 필요한 사항은 대통령령으로 정한다.

⑤ 보험회사 또는 보험의 모집에 종사하는 자가 광고를 할 때 「표시·광고의 공정화에 관한 법률」 제4조제1항에 따른 표시·광고사항이 있는 경우에는 같은 법에서 정

하는 바에 따른다.

⑥ 보험협회는 필요하면 보험회사 또는 보험의 모집에 종사하는 자로부터 광고물을 미리 제출받아 보험회사 등의 광고가 이 법이 정한 광고기준을 지키는지를 확인할 수 있다. [본조신설 2010.7.23]

제95조의5(중복계약 체결 확인 의무) ① 보험회사 또는 보험의 모집에 종사하는 자는 대통령령으로 정하는 보험계약을 모집하기 전에 보험계약자가 되려는 자의 동의를 얻어 모집하고자 하는 보험계약과 동일한 위험을 보장하는 보험계약을 체결하고 있는지를 확인하여야 하며 확인한 내용을 보험계약자가 되려는 자에게 즉시 알려야 한다.

② 제1항의 중복계약 체결의 확인 절차 등에 관하여 필요한 사항은 대통령령으로 정한다. [본조신설 2010.7.23]

제96조(통신수단을 이용한 모집·철회 및 해지 등 관련 준수사항) ① 전화·우편·컴퓨터통신 등 통신수단을 이용하여 모집을 하는 자는 제83조에 따라 모집을 할 수 있는 자이어야 하며, 다른 사람의 평온한 생활을 침해하는 방법으로 모집을 하여서는 아니 된다.

② 보험회사는 다음 각 호의 어느 하나에 해당하는 경우 통신수단을 이용할 수 있도록 하여야 한다.

1. 보험계약을 청약한 자가 청약의 내용을 확인·정정 요청하거나 청약을 철회하고자 하는 경우

2. 보험계약자가 체결한 계약의 내용을 확인하고자 하는 경우

3. 보험계약자가 체결한 계약을 해지하고자 하는 경우(보험계약자가 계약을 체결하기 전에 통신수단을 이용한 계약해지에 동의한 경우에 한한다)

③ 제1항에 따른 통신수단을 이용하여 모집을 하는 방법과 제2항에 따른 통신수단을 이용한 청약 철회 등을 하는 방법에 관하여 필요한 사항은 대통령령으로 정한다. [전문개정 2010.7.23]

제97조(보험계약의 체결 또는 모집에 관한 금지행위) ① 보험계약의 체결 또는 모집에 종사하는 자는 그 체결 또는 모집에 관하여 다음 각 호의 어느 하나에 해당하는 행위를 하여서는 아니 된다.

1. 보험계약자나 피보험자에게 보험상품의 내용을 사실과 다르게 알리거나 그 내용의 중요한 사항을 알리지 아니하는 행위

2. 보험계약자나 피보험자에게 보험상품의 내용의 일부에 대하여 비교의 대상 및 기준을 분명하게 밝히지 아니하거나 객관적인 근거 없이 다른 보험상품과 비교하여 그 보험상품이 우수하거나 유리하다고 알리는 행위

3. 보험계약자나 피보험자가 보험상품의 중요한 사항을 보험회사에 알리는 것을 방해하거나 알리지 아니할 것을 권유하는 행위

4. 보험계약자나 피보험자가 보험상품의 중요한 사항에 대하여 부실한 사항을 보험회사에 알릴 것을 권유하는 행위

5. 보험계약자 또는 피보험자로 하여금 이미 성립된 보험계약(이하 이 조에서 "기존보험계약"이라 한다)을 부당하게 소멸시킴으로써 새로운 보험계약(대통령령으로 정하는 바에 따라 기존보험계약과 보장 내용 등이 비슷한 경우만 해당한다. 이하 이 조에서 같다)을 청약하게 하거나 새로운 보험계약을 청약하게 함으로써 기존보험계약을 부당하게 소멸시키거나 그 밖에 부당하게 보험계약을 청약하게 하거나 이러한 것을 권유하는 행위

6. 실제 명의인이 아닌 자의 보험계약을 모집하거나 실제 명의인의 동의가 없는 보험계약을 모집하는 행위

7. 보험계약자 또는 피보험자의 자필서명이 필요한 경우에 보험계약자 또는 피보험자로부터 자필서명을 받지 아니하고 서명을 대신하거나 다른 사람으로 하여금 서명하게 하는 행위

8. 다른 모집 종사자의 명의를 이용하여 보험계약을 모집하는 행위

9. 보험계약자 또는 피보험자와의 금전대차의 관계를 이용하여 보험계약자 또는 피보험자로 하여금 보험계약을 청약하게 하거나 이러한 것을 요구하는 행위

10. 정당한 이유 없이 「장애인차별금지 및 권리구제 등에 관한 법률」 제2조에 따른 장애인의 보험가입을 거부하는 행위

② 제1항제2호에 따른 보험상품의 내용의 일부에 대한 비교 금지규정은 다음 각 호의 어느 하나에 해당하는 자가 보험계약자의 합리적인 보험상품 선택을 위하여 비교하는 경우에는 적용하지 아니한다.

1. 제85조제3항에 따라 다른 보험회사를 위하여 모집을 하는 보험설계사

2. 제87조에 따라 등록한 보험대리점 중 각각 2 이상의 생명보험업을 경영하는 보험회사·손해보험업을 경영하는 보험회사(보증보험업만을 경영하는 보험회사는 제외한다) 또는 제3보험업을 경영하는 보험회사와 모집에 관한 위탁계약을 체결한 보험대리점

3. 제89조에 따라 등록한 보험중개사

③ 보험계약의 체결 또는 모집에 종사하는 자가 다음 각 호의 어느 하나에 해당하는 행위를 한 경우에는 제1항제5호를 위반하여 기존보험계약을 부당하게 소멸시키거나 소멸하게 하는 행위를 한 것으로 본다.

1. 기존보험계약이 소멸된 날부터 1개월 이내에 새로운 보험계약을 청약하게 하거나 새로운 보험계약을 청약하게 한 날부터 1개월 이내에 기존보험계약을 소멸하게 하는 행위. 다만, 보험계약자가 기존 보험계약 소멸 후 새로운 보험계약 체결 시 손해가 발생할 가능성이 있다는 사실을 알고 있음을 자필로 서명하는 등 대통령령으로 정하는 바에 따라 본인의 의사에 따른 행위임이 명백히 증명되는 경우에는 그러하지 아니하다.

2. 기존보험계약이 소멸된 날부터 6개월 이내에 새로운 보험계약을 청약하게 하거나 새로운 보험계약을 청약하게 한 날부터 6개월 이내에 기존보험계약을 소멸하게 하는 경우로서 해당 보험계약자 또는 피보험자에게 기존보험계약과 새로운 보험계약의 보험기간 및 예정 이자율 등 대통령령으로 정하는 중요한 사항을 비교하여 알리지 아니하는 행위

④ 보험계약자는 보험계약의 체결 또는 모집에 종사하는 자(보험중개사는 제외한다. 이하 이 항에서 같다)가 제1항제5호를 위반하여 기존보험계약을 소멸시키거나 소멸하게 하였을 때에는 그 보험계약의 체결 또는 모집에 종사하는 자가 속하거나 모집을 위탁한 보험회사에 대하여 그 보험계약이 소멸한 날부터 6개월 이내에 소멸된 보험계약의 부활을 청구하고 새로운 보험계약은 취소할 수 있다.

⑤ 제4항에 따라 보험계약의 부활의 청구를 받은 보험회사는 특별한 사유가 없으면 소멸된 보험계약의 부활을 승낙하여야 한다.

⑥ 제4항과 제5항에 따라 보험계약의 부활을 청구하는 절차 및 방법과 그 밖에 보험계약의 부활에 관하여 필요한 사항은 대통령령으로 정한다. [전문개정 2010.7.23]

제98조(특별이익의 제공 금지) 보험계약의 체결 또는 모집에 종사하는 자는 그 체결 또는 모집과 관련하여 보험계약자나 피보험자에게 다음 각 호의 어느 하나에 해당하는 특별이익을 제공하거나 제공하기로 약속하여서는 아니 된다.

1. 금품(대통령령으로 정하는 금액을 초과하지 아니하는 금품은 제외한다)
2. 기초서류에서 정한 사유에 근거하지 아니한 보험료의 할인 또는 수수료의 지급
3. 기초서류에서 정한 보험금액보다 많은 보험금액의 지급 약속
4. 보험계약자나 피보험자를 위한 보험료의 대납(代納)
5. 보험계약자나 피보험자가 해당 보험회사로부터 받은 대출금에 대한 이자의 대납
6. 보험료로 받은 수표 또는 어음에 대한 이자 상당액의 대납
7. 「상법」 제682조에 따른 제3자에 대한 청구권 대위행사의 포기 [전문개정 2010.7.23]

제99조(수수료 지급 등의 금지) ① 보험회사는 제83조에 따라 모집할 수 있는 자 이외의 자에게 모집을 위탁하거나 모집에 관하여 수수료, 보수, 그 밖의 대가를 지급하지 못한다. 다만, 다음 각 호의 어느 하나에 해당하는 경우에는 그러하지 아니하다.

1. 기초서류에서 정하는 방법에 따른 경우
2. 보험회사가 대한민국 밖에서 외국보험사와 공동으로 원보험계약(原保險契約)을 인수하거나 대한민국 밖에서 외국의 모집조직(외국의 법령에 따라 모집을 할 수 있도록 허용된 경우만 해당한다)을 이용하여 원보험계약 또는 재보험계약을 인수하는 경우
3. 그 밖에 대통령령으로 정하는 경우

② 모집에 종사하는 자는 다음 각 호의 어느 하나에 해당하는 경우 이외에는 타인에

게 모집을 하게 하거나 그 위탁을 하거나, 모집에 관하여 수수료·보수나 그 밖의 대가
를 지급하지 못한다.

  1. 보험설계사: 같은 보험회사 등에 소속된 다른 보험설계사에 대한 경우

  2. 보험대리점: 같은 보험회사와 모집에 관한 위탁계약이 체결된 다른 보험대리점이
나 소속 보험설계사에 대한 경우

  3. 보험중개사: 다른 보험중개사나 소속 보험설계사에 대한 경우

  ③ 보험중개사는 대통령령으로 정하는 경우 이외에는 보험계약 체결의 중개와 관련
한 수수료나 그 밖의 대가를 보험계약자에게 청구할 수 없다. [전문개정 2010.7.23]

  제100조(금융기관보험대리점등의 금지행위 등) ① 금융기관보험대리점등은 모집을
할 때 다음 각 호의 어느 하나에 해당하는 행위를 하여서는 아니 된다.

  1. 대출 등 해당 금융기관이 제공하는 용역(이하 이 조에서 "대출등"이라 한다)을 제
공하는 조건으로 대출등을 받는 자에게 그 금융기관이 대리 또는 중개하는 보험계약을
체결할 것을 요구하거나 특정한 보험회사와 보험계약을 체결할 것을 요구하는 행위

  2. 대출등을 받는 자의 동의를 미리 받지 아니하고 보험료를 대출등의 거래에 포함
시키는 행위

  3. 해당 금융기관의 임직원(제83조에 따라 모집할 수 있는 자는 제외한다)에게 모집
을 하도록 하거나 이를 용인하는 행위

  4. 해당 금융기관의 점포 외의 장소에서 모집을 하는 행위

  5. 모집과 관련이 없는 금융거래를 통하여 취득한 개인정보를 미리 그 개인의 동의
를 받지 아니하고 모집에 이용하는 행위

  6. 그 밖에 제1호부터 제5호까지의 행위와 비슷한 행위로서 대통령령으로 정하는 행위

  ② 금융기관보험대리점등은 모집을 할 때 다음 각 호의 사항을 지켜야 한다.

  1. 해당 금융기관이 대출등을 받는 자에게 보험계약의 청약을 권유하는 경우 대출등을
받는 자가 그 금융기관이 대리하거나 중개하는 보험계약을 체결하지 아니하더라도 대출
등을 받는 데 영향이 없음을 알릴 것

  2. 해당 금융기관이 보험회사가 아니라 보험대리점 또는 보험중개사라는 사실과 보험
계약의 이행에 따른 지급책임은 보험회사에 있음을 보험계약을 청약하는 자에게 알릴 것

  3. 보험을 모집하는 장소와 대출등을 취급하는 장소를 보험계약을 청약하는 자가 쉽
게 알 수 있을 정도로 분리할 것

  4. 제1호부터 제3호까지의 사항과 비슷한 사항으로서 대통령령으로 정하는 사항

  ③ 금융기관보험대리점등이나 금융기관보험대리점등이 되려는 자는 보험계약 체결을
대리하거나 중개하는 조건으로 보험회사에 대하여 다음 각 호의 어느 하나의 행위를 하
여서는 아니 된다.

  1. 해당 금융기관을 계약자로 하는 보험계약의 할인을 요구하거나 그 금융기관에 대
한 신용공여, 자금지원 및 보험료 등의 예탁을 요구하는 행위

2. 보험계약 체결을 대리하거나 중개하면서 발생하는 비용 또는 손실을 보험회사에 부당하게 떠넘기는 행위

3. 그 밖에 금융기관의 우월적 지위를 이용하여 부당한 요구 등을 하는 행위로서 대통령령으로 정하는 행위

④ 제3항에 따른 행위의 구체적 기준은 대통령령으로 정하는 바에 따라 금융위원회가 정한다. [전문개정 2010.7.23]

제101조(자기계약의 금지) ① 보험대리점 또는 보험중개사는 자기 또는 자기를 고용하고 있는 자를 보험계약자 또는 피보험자로 하는 보험을 모집하는 것을 주된 목적으로 하지 못한다.

② 보험대리점 또는 보험중개사가 모집한 자기 또는 자기를 고용하고 있는 자를 보험계약자나 피보험자로 하는 보험의 보험료 누계액(累計額)이 그 보험대리점 또는 보험중개사가 모집한 보험의 보험료의 100분의 50을 초과하게 된 경우에는 그 보험대리점 또는 보험중개사는 제1항을 적용할 때 자기 또는 자기를 고용하고 있는 자를 보험계약자 또는 피보험자로 하는 보험을 모집하는 것을 그 주된 목적으로 한 것으로 본다. [전문개정 2010.7.23]

제3절 보험계약자의 권리 〈개정 2010.7.23〉

제102조(모집을 위탁한 보험회사의 배상책임) ① 보험회사는 그 임직원·보험설계사 또는 보험대리점(보험대리점 소속 보험설계사를 포함한다. 이하 이 조에서 같다)이 모집을 하면서 보험계약자에게 손해를 입힌 경우 배상할 책임을 진다. 다만, 보험회사가 보험설계사 또는 보험대리점에 모집을 위탁하면서 상당한 주의를 하였고 이들이 모집을 하면서 보험계약자에게 손해를 입히는 것을 막기 위하여 노력한 경우에는 그러하지 아니하다.

② 제1항은 해당 임직원·보험설계사 또는 보험대리점에 대한 보험회사의 구상권(求償權) 행사를 방해하지 아니한다.

③ 제1항에 따라 발생한 청구권에 관하여는 「민법」 제766조를 준용한다.

[전문개정 2010.7.23]

제102조의2(보험계약자 등의 의무) 보험계약자, 피보험자, 보험금을 취득할 자, 그 밖에 보험계약에 관하여 이해관계가 있는 자는 보험사기행위를 하여서는 아니 된다. [전문개정 2010.7.23]

제103조(영업보증금에 대한 우선변제권) 보험계약자나 보험금을 취득할 자가 보험중

개사의 보험계약체결 중개행위와 관련하여 손해를 입은 경우에는 그 손해액을 제89조 제3항에 따른 영업보증금에서 다른 채권자보다 우선하여 변제받을 권리를 가진다. [전문개정 2010.7.23]

제5장 자산운용 〈개정 2010.7.23〉

제1절 자산운용의 원칙 〈개정 2010.7.23〉

제104조(자산운용의 원칙) ① 보험회사는 그 자산을 운용할 때 안정성·유동성·수익성 및 공익성이 확보되도록 하여야 한다.

② 보험회사는 선량한 관리자의 주의로써 그 자산을 운용하여야 한다.

[전문개정 2010.7.23]

제105조(금지 또는 제한되는 자산운용) 보험회사는 그 자산을 다음 각 호의 어느 하나에 해당하는 방법으로 운용하여서는 아니 된다.

1. 대통령령으로 정하는 업무용 부동산이 아닌 부동산(저당권 등 담보권의 실행으로 취득하는 부동산은 제외한다)의 소유

2. 제108조제1항제2호에 따라 설정된 특별계정을 통한 부동산의 소유

3. 상품이나 유가증권에 대한 투기를 목적으로 하는 자금의 대출

4. 직접·간접을 불문하고 해당 보험회사의 주식을 사도록 하기 위한 대출

5. 직접·간접을 불문하고 정치자금의 대출

6. 해당 보험회사의 임직원에 대한 대출(보험약관에 따른 대출 및 금융위원회가 정하는 소액대출은 제외한다)

7. 자산운용의 안정성을 크게 해칠 우려가 있는 행위로서 대통령령으로 정하는 행위

[전문개정 2010.7.23]

제106조(자산운용의 방법 및 비율) ① 보험회사는 일반계정(제108조제1항제1호 및 제4호의 특별계정을 포함한다. 이하 이 조에서 같다)에 속하는 자산과 제108조제1항제2호에 따른 특별계정(이하 이 조에서 특별계정이라 한다)에 속하는 자산을 운용할 때 다음 각 호의 비율을 초과할 수 없다.

1. 동일한 개인 또는 법인에 대한 신용공여

가. 일반계정: 총 자산의 100분의 3

나. 특별계정: 각 특별계정 자산의 100분의 5

2. 동일한 법인이 발행한 채권 및 주식 소유의 합계액

가. 일반계정: 총 자산의 100분의 7

나. 특별계정: 각 특별계정 자산의 100분의 10

3. 동일차주에 대한 신용공여 또는 그 동일차주가 발행한 채권 및 주식 소유의 합계액

가. 일반계정: 총 자산의 100분의 12

나. 특별계정: 각 특별계정 자산의 100분의 15

4. 동일한 개인·법인, 동일차주 또는 대주주(그의 특수관계인을 포함한다. 이하 이 절에서 같다)에 대한 총 자산의 100분의 1을 초과하는 거액 신용공여의 합계액

가. 일반계정: 총 자산의 100분의 20

나. 특별계정: 각 특별계정 자산의 100분의 20

5. 대주주 및 대통령령으로 정하는 자회사에 대한 신용공여

가. 일반계정: 자기자본의 100분의 40(자기자본의 100분의 40에 해당하는 금액이 총 자산의 100분의 2에 해당하는 금액보다 큰 경우에는 총 자산의 100분의 2)

나. 특별계정: 각 특별계정 자산의 100분의 2

6. 대주주 및 대통령령으로 정하는 자회사가 발행한 채권 및 주식 소유의 합계액

가. 일반계정: 자기자본의 100분의 60(자기자본의 100분의 60에 해당하는 금액이 총 자산의 100분의 3에 해당하는 금액보다 큰 경우에는 총 자산의 100분의 3)

나. 특별계정: 각 특별계정 자산의 100분의 3

7. 동일한 자회사에 대한 신용공여

가. 일반계정: 자기자본의 100분의 10

나. 특별계정: 각 특별계정 자산의 100분의 4

8. 부동산의 소유

가. 일반계정: 총 자산의 100분의 25

나. 특별계정: 각 특별계정 자산의 100분의 15

9. 「외국환거래법」에 따른 외국환이나 외국부동산의 소유(외화표시 보험에 대하여 지급보험금과 같은 외화로 보유하는 자산의 경우에는 금융위원회가 정하는 바에 따라 책임준비금을 한도로 자산운용비율의 산정 대상에 포함하지 아니한다)

가. 일반계정: 총 자산의 100분의 30

나. 특별계정: 각 특별계정 자산의 100분의 20

10. 「자본시장과 금융투자업에 관한 법률」에 따른 파생상품거래(금융위원회가 정하는 바에 따른 위험회피 수단 요건에 해당하는 경우는 제외한다)를 위한 대통령령으로 정하는 바에 따른 위탁증거금(장외파생상품거래의 경우에는 약정금액)의 합계액

가. 일반계정: 총 자산의 100분의 6(장외파생상품거래에 관하여는 총 자산의 100분의 3 미만)

나. 특별계정: 각 특별계정 자산의 100분의 6(장외파생상품거래에 관하여는 각 특별계정 자산의 100분의 3 미만)

② 제1항 각 호에 따른 자산운용비율은 자산운용의 건전성 향상 또는 보험계약자 보호에 필요한 경우에는 대통령령으로 정하는 바에 따라 그 비율의 100분의 50의 범위에서 인하하거나, 발행주체 및 투자수단 등을 구분하여 별도로 정할 수 있다.

③ 제1항에도 불구하고 대통령령으로 정하는 금액 이하의 특별계정에 대하여는 일반계정에 포함하여 자산운용비율을 적용한다. [전문개정 2010.7.23]

제107조(자산운용 제한에 대한 예외) 다음 각 호의 어느 하나에 해당하는 경우에는 제106조를 적용하지 아니한다. 다만, 제1호의 사유로 자산운용비율을 초과하게 된 경우에는 해당 보험회사는 그 비율을 초과하게 된 날부터 1년 이내(대통령령으로 정하는 사유에 해당하는 경우에는 금융위원회가 정하는 바에 따라 그 기간을 연장할 수 있다)에 제106조에 적합하도록 하여야 한다.

1. 보험회사의 자산가격의 변동, 담보권의 실행, 그 밖에 보험회사의 의사와 관계없는 사유로 자산상태가 변동된 경우

2. 다음 각 목의 어느 하나에 해당하는 경우로서 금융위원회의 승인을 받은 경우

가. 보험회사가 제123조에 따라 재무건전성 기준을 지키기 위하여 필요한 경우

나. 「기업구조조정 촉진법」에 따른 출자전환 또는 채무재조정 등 기업의 구조조정을 지원하기 위하여 필요한 경우

다. 그 밖에 보험계약자의 이익을 보호하기 위하여 필수적인 경우 [전문개정 2010.7.23]

제108조(특별계정의 설정·운용) ① 보험회사는 다음 각 호의 어느 하나에 해당하는 계약에 대하여는 대통령령으로 정하는 바에 따라 그 준비금에 상당하는 자산의 전부 또는 일부를 그 밖의 자산과 구별하여 이용하기 위한 계정(이하 "특별계정"이라 한다)을 각각 설정하여 운용할 수 있다.

1. 「조세특례제한법」 제86조의2에 따른 연금저축계약

2. 「근로자퇴직급여 보장법」 제16조제2항에 따른 보험계약 및 법률 제7379호 근로자퇴직급여보장법 부칙 제2조제1항에 따른 퇴직보험계약

3. 변액보험계약(보험금이 자산운용의 성과에 따라 변동하는 보험계약을 말한다)

4. 그 밖에 금융위원회가 필요하다고 인정하는 보험계약

② 보험회사는 특별계정에 속하는 자산은 다른 특별계정에 속하는 자산 및 그 밖의 자산과 구분하여 계리하여야 한다.

③ 보험회사는 특별계정에 속하는 이익을 그 계정상의 보험계약자에게 분배할 수 있다.

④ 특별계정에 속하는 자산의 운용방법 및 평가, 이익의 분배, 자산운용실적의 비교·공시, 운용전문인력의 확보, 의결권 행사의 제한 등 보험계약자 보호에 필요한 사항은 대통령령으로 정한다. [전문개정 2010.7.23]

제109조(다른 회사에 대한 출자 제한) 보험회사는 다른 회사의 의결권 있는 발행주식

(출자지분을 포함한다) 총수의 100분의 15를 초과하는 주식을 소유할 수 없다. 다만, 제115조에 따라 금융위원회의 승인(신고로써 갈음하는 경우를 포함한다)을 받은 자회사의 주식은 그러하지 아니하다. [전문개정 2010.7.23]

제110조(자금지원 관련 금지행위) ① 보험회사는 다른 금융기관(「금융산업의 구조개선에 관한 법률」 제2조제1호에 따른 금융기관을 말한다. 이하 이 조에서 같다) 또는 회사와 다음 각 호의 행위를 하여서는 아니 된다.
1. 제106조와 제108조에 따른 자산운용한도의 제한을 피하기 위하여 다른 금융기관 또는 회사의 의결권 있는 주식을 서로 교차하여 보유하거나 신용공여를 하는 행위
2. 「상법」 제341조와 「자본시장과 금융투자업에 관한 법률」 제165조의2에 따른 자기주식 취득의 제한을 피하기 위한 목적으로 서로 교차하여 주식을 취득하는 행위
3. 그 밖에 보험계약자의 이익을 크게 해칠 우려가 있는 행위로서 대통령령으로 정하는 행위
② 보험회사는 제1항을 위반하여 취득한 주식에 대하여는 의결권을 행사할 수 없다.
③ 금융위원회는 제1항을 위반하여 주식을 취득하거나 신용공여를 한 보험회사에 대하여 그 주식의 처분 또는 공여한 신용의 회수를 명하는 등 필요한 조치를 할 수 있다.
[전문개정 2010.7.23]

제110조의2(불공정한 대출의 금지 등) ① 보험회사는 다음 각 호의 어느 하나에 해당하는 불공정한 대출을 하여서는 아니 된다.
1. 대출을 조건으로 차주(借主)의 의사에 반하여 보험가입을 강요하는 행위
2. 부당하게 담보를 요구하거나 연대보증을 요구하는 행위
3. 보험회사 또는 그 임직원이 대출업무와 관련하여 부당한 편익을 제공받는 행위
4. 보험회사가 우월적 지위를 이용하여 보험회사 이용자의 권익을 부당하게 침해하는 행위
② 제1항에 따른 불공정한 대출의 구체적인 유형 및 기준은 대통령령으로 정한다.
③ 금융위원회는 제1항의 위반행위가 있는 경우에는 해당 보험회사에 대하여 불공정한 대출의 중지 또는 시정조치를 명할 수 있다. [본조신설 2010.7.23]

제111조(대주주와의 거래제한 등) ① 보험회사는 직접 또는 간접으로 그 보험회사의 대주주와 다음 각 호의 행위를 하여서는 아니 된다.
1. 대주주가 다른 회사에 출자하는 것을 지원하기 위한 신용공여
2. 자산을 대통령령으로 정하는 바에 따라 무상으로 양도하거나 일반적인 거래 조건에 비추어 해당 보험회사에 뚜렷하게 불리한 조건으로 자산에 대하여 매매·교환·신용공여 또는 재보험계약을 하는 행위

② 보험회사는 그 보험회사의 대주주에 대하여 대통령령으로 정하는 금액 이상의 신용공여를 하거나 그 보험회사의 대주주가 발행한 채권 또는 주식을 대통령령으로 정하는 금액 이상으로 취득하려는 경우에는 미리 이사회의 의결을 거쳐야 한다. 이 경우 이사회는 재적이사 전원의 찬성으로 의결하여야 한다.

③ 보험회사는 그 보험회사의 대주주와 다음 각 호의 어느 하나에 해당하는 행위를 하였을 때에는 7일 이내에 그 사실을 금융위원회에 보고하고 인터넷 홈페이지 등을 이용하여 공시하여야 한다.

1. 대통령령으로 정하는 금액 이상의 신용공여

2. 해당 보험회사의 대주주가 발행한 채권 또는 주식을 대통령령으로 정하는 금액 이상으로 취득하는 행위

3. 해당 보험회사의 대주주가 발행한 주식에 대한 의결권을 행사하는 행위

④ 보험회사는 해당 보험회사의 대주주에 대한 신용공여나 그 보험회사의 대주주가 발행한 채권 또는 주식의 취득에 관한 사항을 대통령령으로 정하는 바에 따라 분기별로 금융위원회에 보고하고, 인터넷 홈페이지 등을 이용하여 공시하여야 한다.

⑤ 보험회사의 대주주는 해당 보험회사의 이익에 반하여 대주주 개인의 이익을 위하여 다음 각 호의 어느 하나에 해당하는 행위를 하여서는 아니 된다.

1. 부당한 영향력을 행사하기 위하여 해당 보험회사에 대하여 외부에 공개되지 아니한 자료 또는 정보의 제공을 요구하는 행위. 다만, 제19조제5항(제58조에 따라 준용되는 경우를 포함한다)에 해당하는 경우는 제외한다.

2. 경제적 이익 등 반대급부를 제공하는 조건으로 다른 주주 또는 출자자와 담합(談合)하여 해당 보험회사의 인사 또는 경영에 부당한 영향력을 행사하는 행위

3. 제106조제1항제4호 및 제5호에서 정한 비율을 초과하여 보험회사로부터 신용공여를 받는 행위

4. 제106조제1항제6호에서 정한 비율을 초과하여 보험회사에게 대주주의 채권 및 주식을 소유하게 하는 행위

5. 그 밖에 보험회사의 이익에 반하여 대주주 개인의 이익을 위한 행위로서 대통령령으로 정하는 행위

⑥ 금융위원회는 보험회사의 대주주(회사만 해당한다)의 부채가 자산을 초과하는 등 재무구조가 부실하여 보험회사의 경영건전성을 뚜렷하게 해칠 우려가 있는 경우로서 대통령령으로 정하는 경우에는 그 보험회사에 대하여 다음 각 호의 조치를 할 수 있다.

1. 대주주에 대한 신규 신용공여 금지

2. 대주주가 발행한 유가증권의 신규 취득 금지

3. 그 밖에 대주주에 대한 자금지원 성격의 거래제한 등 대통령령으로 정하는 조치

[전문개정 2010.7.23]

제112조(대주주 등에 대한 자료 제출 요구) 금융위원회는 보험회사 또는 그 대주주가 제106조 및 제111조를 위반한 혐의가 있다고 인정되는 경우에는 보험회사 또는 그 대주주에 대하여 필요한 자료의 제출을 요구할 수 있다. [전문개정 2010.7.23]

제113조(타인을 위한 채무보증의 금지) 보험회사는 타인을 위하여 그 소유자산을 담보로 제공하거나 채무보증을 할 수 없다. 다만, 이 법 및 대통령령으로 정하는 바에 따라 채무보증을 할 수 있는 경우에는 그러하지 아니하다. [전문개정 2010.7.23]

제114조(자산평가의 방법 등) 보험회사가 취득·처분하는 자산의 평가방법, 채권 발행 또는 자금차입의 제한 등에 관하여 필요한 사항은 대통령령으로 정한다. [전문개정 2010.7.23]

제2절 자회사 〈개정 2010.7.23〉

제115조(자회사의 소유) ① 보험회사는 다음 각 호의 어느 하나에 해당하는 업무를 주로 하는 회사를 금융위원회의 승인을 받아 자회사로 소유할 수 있다. 다만, 보험업 경영과 밀접한 관련이 있는 업무 등으로서 대통령령으로 정하는 업무를 주로 하는 회사를 자회사로 소유하려는 경우에는 신고로써 승인을 갈음할 수 있다.
  1. 「금융산업의 구조개선에 관한 법률」 제2조제1호에 따른 금융기관이 경영하는 금융업
  2. 「신용정보의 이용 및 보호에 관한 법률」에 따른 신용정보업(같은 법 제2조제12호에 따른 신용평가업무는 제외한다)
  3. 보험계약의 유지·해지·변경 또는 부활 등을 관리하는 업무
  4. 그 밖에 보험업의 건전성을 저해하지 아니하는 업무로서 대통령령으로 정하는 업무
  ② 제1항제1호에도 불구하고 보험회사의 대주주가 「은행법」 제16조의2제1항에 따른 비금융주력자인 경우에는 그 보험회사는 「은행법」에 따른 은행을 자회사로 소유할 수 없다.
  ③ 보험회사가 소유하고 있는 자회사가 업무를 추가하거나 변경하는 경우에는 제1항을 준용한다.
  ④ 제1항에 따른 승인의 요건 등 필요한 사항은 대통령령으로 정한다.
[전문개정 2010.7.23]

제116조(자회사와의 금지행위) 보험회사는 자회사와 다음 각 호의 행위를 하여서는 아니 된다.
  1. 자산을 대통령령으로 정하는 바에 따라 무상으로 양도하거나 일반적인 거래 조건에 비추어 해당 보험회사에 뚜렷하게 불리한 조건으로 매매·교환·신용공여 또는 재보험계약을 하는 행위
  2. 자회사가 소유하는 주식을 담보로 하는 신용공여 및 자회사가 다른 회사에 출자

하는 것을 지원하기 위한 신용공여

3. 자회사 임직원에 대한 대출(보험약관에 따른 대출과 금융위원회가 정하는 소액대출은 제외한다) [전문개정 2010.7.23]

제117조(자회사에 관한 보고의무 등) ① 보험회사는 자회사를 소유하게 된 날부터 15일 이내에 그 자회사의 정관과 대통령령으로 정하는 서류를 금융위원회에 제출하여야 한다.

② 보험회사는 자회사의 사업연도가 끝난 날부터 3개월 이내에 자회사의 대차대조표와 대통령령으로 정하는 서류를 금융위원회에 제출하여야 한다.

③ 보험회사의 자회사가 대통령령으로 정하는 자회사인 경우에는 제1항 및 제2항에 따른 제출서류 일부를 대통령령으로 정하는 바에 따라 제출하지 아니할 수 있다. [전문개정 2010.7.23]

제6장 계산 〈개정 2010.7.23〉

제118조(재무제표 등의 제출) ① 보험회사는 매년 대통령령으로 정하는 날에 그 장부를 폐쇄하여야 하고 장부를 폐쇄한 날부터 3개월 이내에 금융위원회가 정하는 바에 따라 재무제표(부속명세서를 포함한다) 및 사업보고서를 금융위원회에 제출하여야 한다.

② 보험회사는 매월의 업무 내용을 적은 보고서를 다음 달 말일까지 금융위원회가 정하는 바에 따라 금융위원회에 제출하여야 한다.

③ 보험회사는 제1항 및 제2항에 따른 제출서류를 대통령령으로 정하는 바에 따라 전자문서로 제출할 수 있다. [전문개정 2010.7.23]

제119조(서류의 비치 등) 보험회사는 제118조제1항에 따른 재무제표 및 사업보고서를 일반인이 열람할 수 있도록 금융위원회에 제출하는 날부터 본점과 지점, 그 밖의 영업소에 비치하거나 전자문서로 제공하여야 한다. [전문개정 2010.7.23]

제120조(책임준비금 등의 적립) ① 보험회사는 결산기마다 보험계약의 종류에 따라 대통령령으로 정하는 책임준비금과 비상위험준비금을 계상(計上)하고 따로 작성한 장부에 각각 기재하여야 한다.

② 제1항에 따른 책임준비금과 비상위험준비금의 계상에 관하여 필요한 사항은 총리령으로 정한다.

③ 금융위원회는 제1항에 따른 책임준비금과 비상위험준비금의 적정한 계상과 관련하여 필요한 경우에는 보험회사의 자산 및 비용, 그 밖에 대통령령으로 정하는 사항에 관한 회계처리기준을 정할 수 있다. [전문개정 2010.7.23]

제121조(배당보험계약의 구분계리 등) ① 보험회사는 배당보험계약(해당 보험계약으로부터 발생하는 이익의 일부를 보험회사가 보험계약자에게 배당하기로 약정한 보험계약을 말한다. 이하 이 조에서 같다)에 대하여는 대통령령으로 정하는 바에 따라 다른 보험계약과 구분하여 계리하여야 한다.

② 보험회사는 대통령령으로 정하는 바에 따라 배당보험계약의 보험계약자에게 배당을 할 수 있다.

③ 제2항에 따른 보험계약자에 대한 배당기준은 배당보험계약자의 이익과 보험회사의 재무건전성 등을 고려하여 정하여야 한다. [전문개정 2010.7.23]

제121조의2(배당보험계약 이외의 보험계약에 대한 구분계리) 보험회사는 배당보험계약 이외의 보험계약에 대하여 자산의 효율적 관리와 계약자 보호를 위하여 필요한 경우에는 보험계약별로 대통령령으로 정하는 바에 따라 금융위원회의 승인을 받아 자산 또는 손익을 구분하여 계리할 수 있다. [전문개정 2010.7.23]

제122조(재평가적립금의 사용에 관한 특례) 보험회사가 「자산재평가법」에 따른 재평가를 한 경우 그 재평가에 따른 재평가적립금은 같은 법 제28조제2항 각 호에 따른 처분 이외에 금융위원회의 허가를 받아 보험계약자에 대한 배당을 위하여도 처분할 수 있다. [전문개정 2010.7.23]

제7장 감독 〈개정 2010.7.23〉

제123조(재무건전성의 유지) ① 보험회사는 보험금 지급능력과 경영건전성을 확보하기 위하여 다음 각 호의 사항에 관하여 대통령령으로 정하는 재무건전성 기준을 지켜야 한다.

1. 자본의 적정성에 관한 사항
2. 자산의 건전성에 관한 사항
3. 그 밖에 경영건전성 확보에 필요한 사항

② 금융위원회는 보험회사가 제1항에 따른 기준을 지키지 아니하여 경영건전성을 해칠 우려가 있다고 인정되는 경우에는 대통령령으로 정하는 바에 따라 자본금 또는 기금의 증액명령, 주식 등 위험자산의 소유 제한 등 필요한 조치를 할 수 있다. [전문개정 2010.7.23]

제124조(공시 등) ① 보험회사는 보험계약자를 보호하기 위하여 필요한 사항으로서 대통령령으로 정하는 사항을 금융위원회가 정하는 바에 따라 즉시 공시하여야 한다.

② 보험협회는 보험료·보험금 등 보험계약에 관한 사항으로서 대통령령으로 정하는

사항을 금융위원회가 정하는 바에 따라 비교·공시할 수 있다.

③ 보험협회가 제2항에 따른 비교·공시를 하는 경우에는 대통령령으로 정하는 바에 따라 보험상품공시위원회를 구성하여야 한다.

④ 보험회사는 제2항에 따른 비교·공시에 필요한 정보를 보험협회에 제공하여야 한다.

⑤ 보험협회 이외의 자가 보험계약에 관한 사항을 비교·공시하는 경우에는 제2항에 따라 금융위원회가 정하는 바에 따라 객관적이고 공정하게 비교·공시하여야 한다.

⑥ 금융위원회는 제2항 및 제5항에 따른 비교·공시가 거짓이거나 사실과 달라 보험계약자 등을 보호할 필요가 있다고 인정되는 경우에는 공시의 중단이나 시정조치 등을 요구할 수 있다. [전문개정 2010.7.23]

제125조(상호협정의 인가) ① 보험회사가 그 업무에 관한 공동행위를 하기 위하여 다른 보험회사와 상호협정을 체결(변경하거나 폐지하려는 경우를 포함한다)하려는 경우에는 대통령령으로 정하는 바에 따라 금융위원회의 인가를 받아야 한다. 다만, 대통령령으로 정하는 경미한 사항을 변경하려는 경우에는 신고로써 갈음할 수 있다.

② 금융위원회는 공익 또는 보험업의 건전한 발전을 위하여 특히 필요하다고 인정되는 경우에는 보험회사에 대하여 제1항에 따른 협정의 체결·변경 또는 폐지를 명하거나 그 협정의 전부 또는 일부에 따를 것을 명할 수 있다.

③ 금융위원회는 제1항 또는 제2항에 따라 상호협정의 체결·변경 또는 폐지의 인가를 하거나 협정에 따를 것을 명하려면 미리 공정거래위원회와 협의하여야 한다. 다만, 대통령령으로 정하는 경미한 사항을 변경하려는 경우에는 그러하지 아니하다. [전문개정 2010.7.23]

제126조(정관변경의 보고) 보험회사는 정관을 변경한 경우에는 변경한 날부터 7일 이내에 금융위원회에 알려야 한다. [전문개정 2010.7.23]

제127조(기초서류의 신고) ① 보험회사는 취급하려는 보험상품에 관한 기초서류를 작성하여야 한다.

② 보험회사는 기초서류를 작성하거나 변경하려는 경우 그 내용이 다음 각 호의 어느 하나에 해당하는 경우에는 미리 금융위원회에 신고하여야 한다.

1. 법령의 제정·개정에 따라 새로운 보험상품이 도입되거나 보험상품 가입이 의무가 되는 경우

2. 보험회사가 금융기관보험대리점등을 통하여 모집하는 경우

3. 보험계약자 보호 등을 위하여 대통령령으로 정하는 경우

③ 금융위원회는 기초서류의 내용이 제2항 각 호의 어느 하나에 해당하지 아니하더라도 보험계약자 보호 등을 위하여 필요하다고 인정되면 보험회사에 대하여 기초서류에

관한 자료 제출을 요구할 수 있다.

④ 제2항 및 제3항에 따른 신고 또는 제출의 절차 및 방법과 그 밖에 필요한 사항은 대통령령으로 정한다. [전문개정 2010.7.23]

제127조의2(기초서류의 변경 권고) ① 금융위원회는 보험회사가 제127조제2항에 따라 신고한 기초서류의 내용 및 같은 조 제3항에 따라 제출한 기초서류에 관한 자료의 내용이 제128조의3 및 제129조를 위반하는 경우에는 대통령령으로 정하는 바에 따라 기초서류의 변경을 권고할 수 있다.

② 제1항에 따른 변경권고는 그 내용 및 사유가 구체적으로 적힌 문서로 하여야 한다. [본조신설 2010.7.23]

제127조의3(기초서류 기재사항 준수의무) 보험회사는 기초서류에 기재된 사항을 준수하여야 한다. [본조신설 2010.7.23]

제128조(기초서류에 대한 확인) ① 금융위원회는 보험회사가 제127조제2항에 따라 기초서류를 신고할 때 필요하면 금융감독원의 확인을 받도록 할 수 있다.

② 금융위원회는 보험회사가 제127조제2항에 따라 기초서류를 신고하는 경우 보험료 및 책임준비금 산출방법서에 대하여 제176조에 따른 보험요율 산출기관 또는 대통령령으로 정하는 보험계리업자(이하 "독립계리업자"라 한다)의 검증확인서를 첨부하도록 할 수 있다.

[전문개정 2010.7.23]

제128조의2(기초서류 관리기준) ① 보험회사는 기초서류를 작성하거나 변경할 때 지켜야 할 절차와 기준(이하 "기초서류관리기준"이라 한다)을 정하고 이를 지켜야 한다.

② 기초서류관리기준에는 다음 각 호의 사항이 포함되어야 한다.

1. 기초서류 작성·변경의 절차 및 기준

2. 기초서류의 적정성에 대한 내부·외부 검증 절차 및 방법

3. 기초서류 작성 오류에 대한 통제 및 수정 방법

4. 기초서류 작성 및 관리과정을 감시·통제·평가하는 방법 및 관련 임직원 또는 제181조제2항에 따른 선임계리사의 역할과 책임

5. 그 밖에 기초서류관리기준의 제정·개정 절차 등 대통령령으로 정하는 사항

③ 보험회사는 기초서류관리기준을 제정·개정하는 경우에는 금융위원회에 보고하여야 하며, 금융위원회는 해당 기준이나 그 운용이 부당하다고 판단되면 기준의 변경 또는 는 업무의 개선을 명할 수 있다.

④ 제1항부터 제3항까지에 규정한 사항 외에 기초서류관리기준의 작성 및 운용 등에 필요한 사항은 대통령령으로 정한다. [본조신설 2010.7.23]

제128조의3(기초서류 작성·변경 원칙) ① 보험회사는 기초서류를 작성·변경할 때 다음 각 호의 사항을 지켜야 한다.

1. 이 법 또는 다른 법령에 위반되는 내용을 포함하지 아니할 것
2. 정당한 사유 없는 보험계약자의 권리 축소 또는 의무 확대 등 보험계약자에게 불리한 내용을 포함하지 아니할 것
3. 그 밖에 보험계약자 보호, 재무건전성 확보 등을 위하여 대통령령으로 정하는 바에 따라 금융위원회가 정하는 기준에 적합할 것

② 보험회사가 기초서류를 작성·변경할 때 그 내용이 제127조제2항 각 호의 어느 하나에 해당하지 아니하면 제1항 각 호의 사항을 지켜 작성·변경한 것으로 추정(推定)한다. [본조신설 2010.7.23]

제128조의4(보험약관 이해도 평가) ① 금융위원회는 보험소비자와 보험의 모집에 종사하는 자 등 대통령령으로 정하는 자(이하 이 조에서 "보험소비자등"이라 한다)를 대상으로 보험약관에 대하여 보험약관의 이해도를 평가하고 그 결과를 대통령령으로 정하는 바에 따라 공시할 수 있다. <개정 2011.5.19>

② 금융위원회는 보험소비자등의 보험약관에 대한 이해도를 평가하기 위해 평가대행기관을 지정할 수 있다. <개정 2011.5.19>

③ 제2항에 따라 지정된 평가대행기관은 조사대상 보험약관에 대하여 보험소비자등의 이해도를 평가하고 그 결과를 금융위원회에 보고하여야 한다. <개정 2011.5.19>

④ 보험약관 이해도 평가에 수반되는 비용의 부담, 평가 시기, 평가 방법 등 평가에 관한 사항은 금융위원회가 정한다. [본조신설 2010.7.23]

제129조(보험요율 산출의 원칙) 보험회사는 보험요율을 산출할 때 객관적이고 합리적인 통계자료를 기초로 대수(大數)의 법칙 및 통계신뢰도를 바탕으로 하여야 하며, 다음 각 호의 사항을 지켜야 한다.

1. 보험요율이 보험금과 그 밖의 급부(給付)에 비하여 지나치게 높지 아니할 것
2. 보험요율이 보험회사의 재무건전성을 크게 해칠 정도로 낮지 아니할 것
3. 보험요율이 보험계약자 간에 부당하게 차별적이지 아니할 것 [전문개정 2010.7.23]

제130조(보고사항) 보험회사는 다음 각 호의 어느 하나에 해당하는 사유가 발생한 경우에는 그 사유가 발생한 날부터 5일 이내에 금융위원회에 보고하여야 한다.

1. 상호나 명칭을 변경한 경우
2. 임원을 선임하거나 해임한 경우
3. 본점의 영업을 중지하거나 재개(再開)한 경우
4. 최대주주가 변경된 경우

5. 대주주가 소유하고 있는 주식 총수가 의결권 있는 발행주식 총수의 100분의 1 이상만큼 변동된 경우

6. 그 밖에 해당 보험회사의 업무 수행에 중대한 영향을 미치는 경우로서 대통령령으로 정하는 경우ᄁ[전문개정 2010.7.23]

제131조(금융위원회의 명령권) ① 금융위원회는 보험회사의 업무운영이 적정하지 아니하거나 자산상황이 불량하여 보험계약자 및 피보험자 등의 권익을 해칠 우려가 있다고 인정되는 경우에는 다음 각 호의 어느 하나에 해당하는 조치를 명할 수 있다.

1. 업무집행방법의 변경
2. 금융위원회가 지정하는 기관에의 자산 예탁
3. 자산의 장부가격 변경
4. 불건전한 자산에 대한 적립금의 보유
5. 가치가 없다고 인정되는 자산의 손실처리
6. 그 밖에 대통령령으로 정하는 필요한 조치

② 금융위원회는 보험회사의 업무 및 자산상황, 그 밖의 사정의 변경으로 공익 또는 보험계약자의 보호와 보험회사의 건전한 경영을 크게 해칠 우려가 있거나 보험회사의 기초서류에 법령을 위반하거나 보험계약자에게 불리한 내용이 있다고 인정되는 경우에는 청문을 거쳐 기초서류의 변경 또는 그 사용의 정지를 명할 수 있다. 다만, 대통령령으로 정하는 경미한 사항에 관하여 기초서류의 변경을 명하는 경우에는 청문을 하지 아니할 수 있다.

③ 금융위원회는 제2항에 따라 기초서류의 변경을 명하는 경우 보험계약자·피보험자 또는 보험금을 취득할 자의 이익을 보호하기 위하여 특히 필요하다고 인정하면 이미 체결된 보험계약에 대하여도 장래에 향하여 그 변경의 효력이 미치게 할 수 있다.

④ 금융위원회는 제3항에도 불구하고 제2항에 따라 변경명령을 받은 기초서류 때문에 보험계약자·피보험자 또는 보험금을 취득할 자가 부당한 불이익을 받을 것이 명백하다고 인정되는 경우에는 이미 체결된 보험계약에 따라 납입된 보험료의 일부를 되돌려주거나 보험금을 증액하도록 할 수 있다.

⑤ 보험회사는 제2항에 따른 명령을 받은 경우에는 대통령령으로 정하는 바에 따라 그 요지를 공고하여야 한다. [전문개정 2010.7.23]

제131조의2(보험금 지급불능 등에 대한 조치) 금융위원회는 보험회사의 파산 또는 보험금 지급불능 우려 등 보험계약자의 이익을 크게 해칠 우려가 있다고 인정되는 경우에는 보험계약 체결 제한, 보험금 전부 또는 일부의 지급정지 또는 그 밖에 필요한 조치를 명할 수 있다. [본조신설 2010.7.23]

제132조(준용) 국내사무소·보험대리점 및 보험중개사에 관하여는 제131조제1항을

준용한다. 이 경우 "보험회사"는 "국내사무소"·"보험대리점" 또는 "보험중개사"로 본다. [전문개정 2010.7.23]

제133조(자료 제출 및 검사 등) ① 금융위원회는 공익 또는 보험계약자 등을 보호하기 위하여 보험회사에 이 법에서 정하는 감독업무의 수행과 관련한 주주 현황, 그 밖에 사업에 관한 보고 또는 자료 제출을 명할 수 있다.
② 보험회사는 그 업무 및 자산상황에 관하여 금융감독원의 검사를 받아야 한다.
③ 금융감독원장은 제2항에 따른 검사를 할 때 필요하다고 인정하면 보험회사에 대하여 업무 또는 자산에 관한 보고, 자료의 제출, 관계인의 출석 및 의견의 진술을 요구할 수 있다.
④ 제2항에 따라 검사를 하는 자는 그 권한을 표시하는 증표를 지니고 이를 관계인에게 내보여야 한다.
⑤ 금융감독원장은 제2항에 따라 검사를 한 경우에는 그 결과에 따라 필요한 조치를 하고, 그 내용을 금융위원회에 보고하여야 한다.
⑥ 금융감독원장은 「주식회사의 외부감사에 관한 법률」에 따라 보험회사가 선임한 외부감사인에게 그 보험회사를 감사한 결과 알게 된 정보나 그 밖에 경영건전성과 관련되는 자료의 제출을 요구할 수 있다. [전문개정 2010.7.23]

제134조(보험회사에 대한 제재) ① 금융위원회는 보험회사(그 소속 임직원을 포함한다)가 이 법 또는 이 법에 따른 규정·명령 또는 지시를 위반하여 보험회사의 건전한 경영을 해칠 우려가 있다고 인정되는 경우에는 금융감독원장의 건의에 따라 다음 각 호의 어느 하나에 해당하는 조치를 하거나 금융감독원장으로 하여금 제1호의 조치를 하게 할 수 있다.
1. 보험회사에 대한 주의·경고 또는 그 임직원에 대한 주의·경고·문책의 요구
2. 해당 위반행위에 대한 시정명령
3. 임원의 해임권고·직무정지의 요구
4. 6개월 이내의 영업의 일부정지
② 금융위원회는 보험회사가 다음 각 호의 어느 하나에 해당하는 경우에는 6개월 이내의 기간을 정하여 영업 전부의 정지를 명하거나 청문을 거쳐 보험업의 허가를 취소할 수 있다.
1. 거짓이나 그 밖의 부정한 방법으로 보험업의 허가를 받은 경우
2. 허가의 내용 또는 조건을 위반한 경우
3. 영업의 정지기간 중에 영업을 한 경우
4. 제1항제2호에 따른 시정명령을 이행하지 아니한 경우
③ 금융위원회는 금융감독원장의 건의에 따라 보험회사가 제1항에 따른 조치, 제2항

에 따른 영업정지 또는 허가취소 처분을 받은 사실을 대통령령으로 정하는 바에 따라 공표하도록 할 수 있다. [전문개정 2010.7.23]

제135조(퇴임한 임원 등에 대한 조치 내용의 통보) ① 금융위원회는 보험회사의 퇴임한 임원 또는 퇴직한 직원이 재임 또는 재직 중이었더라면 제134조제1항제1호 및 제3호에 해당하는 조치를 받았을 것으로 인정되는 경우에는 그 조치의 내용을 금융감독원장으로 하여금 그 보험회사의 장에게 통보하도록 할 수 있다.

② 제1항에 따른 통보를 받은 보험회사의 장은 이를 해당 임직원에게 알리고, 인사기록부에 기록·유지하여야 한다. [전문개정 2010.7.23]

제136조(준용) ① 국내사무소·보험대리점 및 보험중개사에 관하여는 제133조 및 제134조를 준용한다. 이 경우 "보험회사"는 각각 "국내사무소"·"보험대리점" 또는 "보험중개사"로 본다.

② 보험업과 밀접하게 관련된 업무로서 대통령령으로 정하는 업무를 하는 자회사에 관하여는 제133조를 준용한다. 이 경우 "보험회사"는 "자회사"로 본다.

③ 보험업과 밀접하게 관련된 업무로서 대통령령으로 정하는 업무를 보험회사로부터 위탁받은 자에 관하여는 제133조를 준용한다. 이 경우 "보험회사"는 "위탁받은 자"로 본다. [전문개정 2010.7.23]

제8장 해산·청산 〈개정 2010.7.23〉

제1절 해산 〈개정 2010.7.23〉

제137조(해산사유 등) ① 보험회사는 다음 각 호의 사유로 해산한다.
1. 존립기간의 만료, 그 밖에 정관으로 정하는 사유의 발생
2. 주주총회 등의 결의
3. 회사의 합병
4. 보험계약 전부의 이전
5. 회사의 파산
6. 보험업의 허가취소
7. 해산을 명하는 재판

② 보험회사가 제1항제6호의 사유로 해산하면 금융위원회는 7일 이내에 그 보험회사의 본점과 지점 또는 각 사무소 소재지의 등기소에 그 등기를 촉탁(囑託)하여야 한다.

③ 등기소는 제2항의 촉탁을 받으면 7일 이내에 그 등기를 하여야 한다.

[전문개정 2010.7.23]

제138조(해산·합병 등의 결의) 해산·합병과 보험계약의 이전에 관한 결의는 제39조제2항 또는 「상법」 제434조에 따라 하여야 한다. [전문개정 2010.7.23]

제139조(해산·합병 등의 인가) 해산의 결의·합병과 보험계약의 이전은 금융위원회의 인가를 받아야 한다. <개정 2008.2.29>

제140조(보험계약 등의 이전) ① 보험회사는 계약의 방법으로 책임준비금 산출의 기초가 같은 보험계약의 전부를 포괄하여 다른 보험회사에 이전할 수 있다.

② 보험회사는 제1항에 따른 계약에서 회사자산을 이전할 것을 정할 수 있다. 다만, 금융위원회가 그 보험회사의 채권자의 이익을 보호하기 위하여 필요하다고 인정하는 자산은 유보하여야 한다. [전문개정 2010.7.23]

제141조(보험계약 이전 결의의 공고와 이의 제기) ① 보험계약을 이전하려는 보험회사는 제138조에 따른 결의를 한 날부터 2주 이내에 계약 이전의 요지와 각 보험회사의 대차대조표를 공고하여야 한다.

② 제1항에 따른 공고에는 이전될 보험계약의 보험계약자로서 이의가 있는 자는 일정한 기간 동안 이의를 제출할 수 있다는 뜻을 덧붙여야 한다. 다만, 그 기간은 1개월 이상으로 하여야 한다.

③ 제2항의 기간에 이의를 제기한 보험계약자가 이전될 보험계약자 총수의 10분의 1을 초과하거나 그 보험금액이 이전될 보험금 총액의 10분의 1을 초과하는 경우에는 보험계약을 이전하지 못한다. 제143조에 따라 계약조항의 변경을 정하는 경우에 이의를 제기한 보험계약자로서 그 변경을 받을 자가 변경을 받을 보험계약자 총수의 10분의 1을 초과하거나 그 보험금액이 변경을 받을 보험계약자의 보험금 총액의 10분의 1을 초과하는 경우에도 또한 같다.

④ 상호회사가 제54조제1항의 기관에 의하지 아니하고 보험계약 이전의 결의를 한 경우에는 제2항 및 제3항을 적용하지 아니한다. [전문개정 2010.7.23]

제142조(신계약의 금지) 보험계약을 이전하려는 보험회사는 주주총회 등의 결의가 있었던 때부터 보험계약을 이전하거나 이전하지 아니하게 될 때까지 그 이전하려는 보험계약과 같은 종류의 보험계약을 하지 못한다. [전문개정 2010.7.23]

제143조(계약조건의 변경) 보험회사는 보험계약의 전부를 이전하는 경우에 이전할 보험계약에 관하여 이전계약의 내용으로 다음 각 호의 사항을 정할 수 있다.
1. 계산의 기초의 변경
2. 보험금액의 삭감과 장래 보험료의 감액
3. 계약조항의 변경 [전문개정 2010.7.23]

제144조(자산 처분의 금지 등) ① 제143조에 따라 보험금액을 삭감하기로 정하는 경우에는 보험계약을 이전하려는 보험회사는 주주총회 등의 결의가 있었던 때부터 보험계약을 이전하거나 이전하지 아니하게 될 때까지 그 자산을 처분하거나 채무를 부담하려는 행위를 하지 못한다. 다만, 보험업을 유지하기 위하여 필요한 비용을 지출하는 경우 또는 자산의 보전이나 그 밖의 특별한 필요에 따라 금융위원회의 허가를 받아 자산을 처분하는 경우에는 그러하지 아니하다.

② 보험계약이 이전된 경우에는 보험계약에 따라 발생한 채권으로서 제1항에 따라 지급이 정지된 것에 관하여 이전계약에서 정한 보험금액 삭감의 비율에 따라 그 금액을 삭감하여 지급하여야 한다.

③ 제143조에 따라 계약조항의 변경을 정하는 경우에 그 변경을 하려는 보험회사에 대하여도 제1항을 적용한다. 다만, 보험계약으로 발생한 채무를 변제하거나 금융위원회의 허가를 받아 그 변경과 관계없는 행위를 하는 경우에는 그러하지 아니하다. [전문개정 2010.7.23]

제145조(보험계약 이전의 공고) 보험회사는 보험계약을 이전한 경우에는 7일 이내에 그 취지를 공고하여야 한다. 보험계약을 이전하지 아니하게 된 경우에도 또한 같다. [전문개정 2010.7.23]

제146조(권리·의무의 승계) ① 보험계약을 이전한 보험회사가 그 보험계약에 관하여 가진 권리와 의무는 보험계약을 이전받은 보험회사가 승계한다. 이전계약으로써 이전할 것을 정한 자산에 관하여도 또한 같다.

② 보험계약 이전의 결의를 한 후 이전할 보험계약에 관하여 발생한 수지(收支)나 그 밖에 이전할 보험계약 또는 자산에 관하여 발생한 변경은 이전을 받은 보험회사에 귀속된다. [전문개정 2010.7.23]

제147조(계약 이전으로 인한 입사) 보험계약이 이전된 경우 이전을 받은 보험회사가 상호회사인 경우에는 그 보험계약자는 그 상호회사에 입사한다. [전문개정 2010.7.23]

제148조(해산 후의 계약 이전 결의) ① 보험회사는 해산한 후에도 3개월 이내에는 보험계약 이전을 결의할 수 있다.

② 제1항의 경우에는 제158조를 적용하지 아니한다. 다만, 보험계약을 이전하지 아니하게 된 경우에는 그러하지 아니하다. [전문개정 2010.7.23]

제149조(해산등기의 신청) 보험계약의 이전에 따른 해산등기의 신청서에는 다음 각 호의 모든 서류를 첨부하여야 한다.

　1. 이전계약서

　2. 각 보험회사 주주총회 등의 의사록

　3. 제141조의 공고 및 이의에 관한 서류

　4. 보험계약 이전의 인가를 증명하는 서류

[전문개정 2010.7.23]

　제150조(영업양도·양수의 인가) 보험회사는 그 영업을 양도·양수하려면 금융위원회의 인가를 받아야 한다. [전문개정 2010.7.23]

　제151조(합병 결의의 공고) ① 보험회사가 합병을 결의한 경우에는 그 결의를 한 날부터 2주 이내에 합병계약의 요지와 각 보험회사의 대차대조표를 공고하여야 한다.

　② 합병의 경우에는 제141조제2항부터 제4항까지, 제145조 및 제149조를 준용한다.

　③ 제1항 및 제2항에 따른 합병은 이의를 제기한 보험계약자나 그 밖에 보험계약으로 발생한 권리를 가진 자에 대하여도 그 효력이 미친다. [전문개정 2010.7.23]

　제152조(계약조건의 변경) ① 보험회사가 합병을 하는 경우에는 합병계약으로써 그 보험계약에 관한 계산의 기초 또는 계약조항의 변경을 정할 수 있다.

　② 제1항에 따라 계약조항의 변경을 정하는 경우 그 변경을 하려는 보험회사에 관하여는 제142조 및 제144조제3항을 준용한다. [전문개정 2010.7.23]

　제153조(상호회사의 합병) ① 상호회사는 다른 보험회사와 합병할 수 있다.

　② 제1항의 경우 합병 후 존속하는 보험회사 또는 합병으로 설립되는 보험회사는 상호회사이어야 한다. 다만, 합병하는 보험회사의 한 쪽이 주식회사인 경우에는 합병 후 존속하는 보험회사 또는 합병으로 설립되는 보험회사는 주식회사로 할 수 있다.

　③ 상호회사와 주식회사가 합병하는 경우에는 이 법 또는 「상법」의 합병에 관한 규정에 따른다.

　④ 합병계약서에 적을 사항이나 그 밖에 합병에 관하여 필요한 사항은 대통령령으로 정한다. [전문개정 2010.7.23]

　제154조(합병의 경우의 사원관계) ① 제153조에 따른 합병이 있는 경우 합병 후 존속하는 보험회사 또는 합병으로 설립되는 보험회사가 상호회사인 경우에는 합병으로 해산하는 보험회사의 보험계약자는 그 회사에 입사하고, 주식회사인 경우에는 상호회사의 사원은 그 지위를 잃는다. 다만, 보험관계에 속하는 권리와 의무는 합병계약에서 정하는 바에 따라 합병 후 존속하는 주식회사 또는 합병으로 설립된 주식회사가 승계한다.

　② 제1항에 따라 합병 후 존속하는 상호회사에 입사할 자는 「상법」 제526조제1항에

따른 사원총회에서 사원과 같은 권리를 가진다. 다만, 합병계약에 따로 정한 것이 있으면 그러하지 아니하다.

③ 합병으로 설립되는 상호회사의 창립총회에 관하여는 제39조제2항·제55조와 「상법」 제311조, 제312조, 제316조제2항, 제363조제1항·제2항, 제364조, 제368조제3항·제4항, 제371조제2항, 제372조, 제373조 및 제376조부터 제381조까지의 규정을 준용한다. [전문개정 2010.7.23]

제155조(정리계획서의 제출) 보험회사가 그 보험업의 전부 또는 일부를 폐업하려는 경우에는 그 60일 전에 사업 폐업에 따른 정리계획서를 금융위원회에 제출하여야 한다. [전문개정 2010.7.23]

<h2 align="center">제2절 청산 〈개정 2010.7.23〉</h2>

제156조(청산인) ① 보험회사가 보험업의 허가취소로 해산한 경우에는 금융위원회가 청산인을 선임한다.

② 「상법」 제193조·제252조 및 제531조제2항에 따른 청산인은 금융위원회가 선임한다. 이 경우 이해관계인의 청구 없이 선임할 수 있다.

③ 제1항과 제2항의 경우에는 「상법」 제255조제2항을 준용한다.

④ 금융위원회는 다음 각 호의 어느 하나에 해당하는 자의 청구에 따라 청산인을 해임할 수 있다.

1. 감사

2. 3개월 전부터 계속하여 자본금의 100분의 5 이상의 주식을 가진 주주

3. 100분의 5 이상의 사원

⑤ 상호회사는 제4항에 따른 청구를 하는 사원에 관하여 정관으로 다른 기준을 정할 수 있다.

⑥ 금융위원회는 중요한 사유가 있으면 제4항의 청구 없이 청산인을 해임할 수 있다. [전문개정 2010.7.23]

제157조(청산인의 보수) 제156조에 따라 청산인을 선임하는 경우에는 청산 중인 회사로 하여금 금융위원회가 정하는 보수를 지급하게 할 수 있다. [전문개정 2010.7.23]

제158조(해산 후의 보험금 지급) ① 보험회사는 제137조제1항제2호·제6호 또는 제7호의 사유로 해산한 경우에는 보험금 지급 사유가 해산한 날부터 3개월 이내에 발생한 경우에만 보험금을 지급하여야 한다.

② 보험회사는 제1항의 기간이 지난 후에는 피보험자를 위하여 적립한 금액이나 아

직 지나지 아니한 기간에 대한 보험료를 되돌려주어야 한다. [전문개정 2010.7.23]

제159조(채권신고기간 내의 변제) 보험회사에 관하여 「상법」 제536조제2항을 적용할 때 "법원"은 "금융위원회"로 본다. [전문개정 2010.7.23]

제160조(청산인의 감독) 금융위원회는 청산인을 감독하기 위하여 보험회사의 청산업무와 자산상황을 검사하고, 자산의 공탁을 명하며, 그 밖에 청산의 감독상 필요한 명령을 할 수 있다. [전문개정 2010.7.23]

제161조(해산 후의 강제관리) ① 금융위원회는 해산한 보험회사의 업무 및 자산상황으로 보아 필요하다고 인정하는 경우에는 업무와 자산의 관리를 명할 수 있다.
② 제1항의 명령이 있는 경우에는 제148조제2항을 준용한다. [전문개정 2010.7.23]

제9장 관계자에 대한 조사 〈개정 2010.7.23〉

제162조(조사대상 및 방법 등) ① 금융위원회는 다음 각 호의 어느 하나에 해당하는 경우에는 보험회사, 보험계약자, 피보험자, 보험금을 취득할 자, 그 밖에 보험계약에 관하여 이해관계가 있는 자(이하 이 장에서 "관계자"라 한다)에 대한 조사를 할 수 있다.
　1. 이 법 및 이 법에 따른 명령 또는 조치를 위반한 사실이 있는 경우
　2. 공익 또는 건전한 보험거래질서의 확립을 위하여 필요한 경우
② 금융위원회는 제1항에 따른 조사를 위하여 필요하다고 인정되는 경우에는 관계자에게 다음 각 호의 사항을 요구할 수 있다.
　1. 조사사항에 대한 사실과 상황에 대한 진술서의 제출
　2. 조사에 필요한 장부, 서류, 그 밖의 물건의 제출
③ 제1항 및 제2항의 조사에 관하여는 제133조제4항을 준용한다.
④ 금융위원회는 관계자가 제1항에 따른 조사를 방해하거나 제2항에 따라 제출하는 자료를 거짓으로 작성하거나 그 제출을 게을리한 경우에는 관계자가 소속된 단체의 장에게 관계자에 대한 문책 등을 요구할 수 있다. [전문개정 2010.7.23]

제163조(보험조사협의회) ① 제162조제1항에 따른 조사업무를 효율적으로 수행하기 위하여 금융위원회에 보건복지부, 금융감독원, 보험 관련 기관 및 단체 등으로 구성되는 보험조사협의회를 둘 수 있다.
② 제1항에 따른 보험조사협의회의 구성·운영 등에 관하여 필요한 사항은 대통령령으로 정한다. [전문개정 2010.7.23]

제164조(조사 관련 정보의 공표) 금융위원회는 관계자에 대한 조사실적, 처리결과, 그 밖에 관계자의 위법행위 예방에 필요한 정보 및 자료를 대통령령으로 정하는 바에 따라 공표할 수 있다. [전문개정 2010.7.23]

제10장 손해보험계약의 제3자 보호 〈개정 2010.7.23〉

제165조(제3자의 보험금 지급보장) 손해보험회사는 손해보험계약의 제3자가 보험사고로 입은 손해에 대한 보험금의 지급을 이 장에서 정하는 바에 따라 보장하여야 한다. [전문개정 2010.7.23]

제166조(적용범위) 이 장의 규정은 법령에 따라 가입이 강제되는 손해보험계약(자동차보험계약의 경우에는 법령에 따라 가입이 강제되지 아니하는 보험계약을 포함한다. 이하 이 장에서 같다)으로서 대통령령으로 정하는 손해보험계약에만 적용한다. 다만, 대통령령으로 정하는 법인을 계약자로 하는 손해보험계약에는 적용하지 아니한다. [전문개정 2010.7.23]

제167조(지급불능의 보고) ① 손해보험회사는 「예금자보호법」 제2조제7호의 사유로 손해보험계약의 제3자에게 보험금을 지급하지 못하게 된 경우에는 즉시 그 사실을 보험협회 중 손해보험회사로 구성된 협회(이하 "손해보험협회"라 한다)의 장에게 보고하여야 한다.
② 손해보험회사는 「예금자보호법」 제2조제7호나목에 따른 보험업 허가취소 등이 있었던 날부터 3개월 이내에 제3자에게 보험금을 지급하여야 할 사유가 발생하면 즉시 그 사실을 손해보험협회의 장에게 보고하여야 한다. [전문개정 2010.7.23]

제168조(출연) ① 손해보험회사는 손해보험계약의 제3자에 대한 보험금의 지급을 보장하기 위하여 수입보험료 및 책임준비금을 고려하여 대통령령으로 정하는 비율을 곱한 금액을 손해보험협회에 출연(出捐)하여야 한다.
② 손해보험회사는 제167조에 따른 지급불능 보고를 한 후 제1항의 출연을 할 수 있다.
③ 제1항과 제2항에 따른 출연금의 납부방법 및 절차에 관하여 필요한 사항은 대통령령으로 정한다. [전문개정 2010.7.23]

제169조(보험금의 지급) ① 손해보험협회의 장은 제167조에 따른 보고를 받으면 금융위원회의 확인을 거쳐 손해보험계약의 제3자에게 대통령령으로 정하는 보험금을 지급하여야 한다.

② 제1항에 따른 보험금의 지급방법 및 절차 등에 관하여 필요한 사항은 대통령령으로 정한다. [전문개정 2010.7.23]

제170조(자료 제출 요구) 손해보험협회의 장은 제168조에 따른 출연금을 산정하고 제169조에 따른 보험금을 지급하기 위하여 필요한 범위에서 손해보험회사의 업무 및 자산상황에 관한 자료 제출을 요구할 수 있다. [전문개정 2010.7.23]

제171조(자금의 차입) ① 손해보험협회는 제169조에 따른 보험금의 지급을 위하여 필요한 경우에는 정부, 「예금자보호법」 제3조에 따른 예금보험공사, 그 밖에 대통령령으로 정하는 금융기관으로부터 금융위원회의 승인을 받아 자금을 차입할 수 있다.
② 손해보험회사는 제168조제1항에 따라 그 손해보험회사가 출연하여야 하는 금액의 범위에서 제1항에 따른 손해보험협회의 차입에 대하여 보증할 수 있다. [전문개정 2010.7.23]

제172조(출연금 등의 구분계리) 제168조에 따른 출연금 및 제171조에 따른 차입금은 손해보험협회의 일반예산과 구분하여 계리하여야 한다. [전문개정 2010.7.23]

제173조(구상권) 손해보험협회는 제169조에 따라 보험금을 지급한 경우에는 해당 손해보험회사에 대하여 구상권을 가진다. [전문개정 2010.7.23]

제174조(정산) 손해보험협회는 제168조에 따라 손해보험회사로부터 출연받은 금액으로 제169조에 따른 보험금을 지급하고 남거나 부족한 금액이 있는 경우 또는 제173조에 따른 구상권의 행사로 수입(收入)한 금액이 있는 경우에는 정산하여야 한다. [전문개정 2010.7.23]

제11장 보험 관계 단체 등 〈개정 2010.7.23〉

제1절 보험협회 등 〈개정 2010.7.23〉

제175조(보험협회) ① 보험회사는 상호 간의 업무질서를 유지하고 보험업의 발전에 기여하기 위하여 보험협회를 설립할 수 있다.
② 보험협회는 법인으로 한다.
③ 보험협회는 정관으로 정하는 바에 따라 다음 각 호의 업무를 한다.
1. 보험회사 간의 건전한 업무질서의 유지
1의 2. 제85조의3제2항에 따른 보험회사 등이 지켜야 할 규약의 제정·개정
2. 보험상품의 비교·공시 업무

3. 정부로부터 위탁받은 업무

4. 제1호·제1호의2 및 제2호의 업무에 부수하는 업무

5. 그 밖에 대통령령으로 정하는 업무 [전문개정 2010.7.23]

제176조(보험요율 산출기관) ① 보험회사는 보험금의 지급에 충당되는 보험료(이하 "순보험료"라 한다)를 결정하기 위한 요율(이하 "순보험요율"이라 한다)을 공정하고 합리적으로 산출하고 보험과 관련된 정보를 효율적으로 관리·이용하기 위하여 금융위원회의 인가를 받아 보험요율 산출기관을 설립할 수 있다.

② 보험요율 산출기관은 법인으로 한다.

③ 보험요율 산출기관은 정관으로 정하는 바에 따라 다음 각 호의 업무를 한다.

1. 순보험요율의 산출·검증 및 제공

2. 보험 관련 정보의 수집·제공 및 통계의 작성

3. 보험에 대한 조사·연구

4. 설립 목적의 범위에서 정부기관, 보험회사, 그 밖의 보험 관계 단체로부터 위탁받은 업무

5. 제1호부터 제3호까지의 업무에 딸린 업무

6. 그 밖에 대통령령으로 정하는 업무

④ 보험요율 산출기관은 보험회사가 적용할 수 있는 순보험요율을 산출하여 금융위원회에 신고할 수 있다.

⑤ 보험요율 산출기관은 순보험요율 산출 등 이 법에서 정하는 업무 수행을 위하여 보험 관련 통계를 체계적으로 통합·집적(集積)하여야 하며 필요한 경우 보험회사에 자료의 제출을 요청할 수 있다. 이 경우 보험회사는 이에 따라야 한다.

⑥ 보험회사가 제4항에 따라 보험요율 산출기관이 신고한 순보험요율을 적용하는 경우에는 순보험료에 대하여 제127조제2항에 따른 변경신고를 한 것으로 본다.

⑦ 보험회사는 이 법에 따라 금융위원회에 제출하는 기초서류를 보험요율 산출기관으로 하여금 확인하게 할 수 있다.

⑧ 보험요율 산출기관은 그 업무와 관련하여 정관으로 정하는 바에 따라 보험회사로부터 수수료를 받을 수 있다.

⑨ 보험요율 산출기관은 보험계약자의 권익을 보호하기 위하여 필요하다고 인정되는 경우에는 다음 각 호의 어느 하나에 해당하는 자료를 공표할 수 있다.

1. 순보험요율 산출에 관한 자료

2. 보험 관련 각종 조사·연구 및 통계자료

⑩ 보험요율 산출기관은 순보험요율을 산출하기 위하여 필요한 경우에는 교통법규 위반에 관한 개인정보를 보유하고 있는 기관의 장으로부터 그 정보를 제공받아 보험회사가 보험계약자에게 적용할 순보험료의 산출에 이용하게 할 수 있다.

⑪ 보험요율 산출기관은 순보험요율을 산출하기 위하여 필요하면 질병에 관한 통계를 보유하고 있는 기관의 장으로부터 그 질병에 관한 통계를 제공받아 보험회사로 하여금 보험계약자에게 적용할 순보험료의 산출에 이용하게 할 수 있다.

⑫ 보험요율 산출기관은 이 법 또는 다른 법률에 따라 제공받아 보유하는 개인정보를 다음 각 호의 어느 하나에 해당하는 경우 외에는 타인에게 제공할 수 없다.

1. 보험회사의 순보험료 산출에 필요한 경우

2. 「신용정보의 이용 및 보호에 관한 법률」 제33조 각 호에서 정하는 사유에 따른 경우

3. 정부로부터 위탁받은 업무를 하기 위하여 필요한 경우

4. 이 법에서 정하고 있는 보험요율 산출기관의 업무를 하기 위하여 필요한 경우로서 대통령령으로 정하는 경우

⑬ 보험요율 산출기관이 제10항에 따라 제공받는 개인정보와 제11항에 따라 제공받는 질병에 관한 통계 이용의 범위·절차 및 방법 등에 관하여 필요한 사항은 대통령령으로 정한다.

⑭ 보험요율 산출기관이 제12항에 따라 개인정보를 제공하는 절차·방법 등에 관하여 필요한 사항은 대통령령으로 정한다. [전문개정 2010.7.23]

제177조(개인정보이용자의 의무) 제176조제10항에 따라 제공받은 교통법규 위반에 관한 개인정보와 그 밖에 보험계약과 관련하여 보험계약자 등으로부터 제공받은 질병에 관한 개인정보를 이용하여 순보험료의 산출 또는 적용 업무에 종사하거나 종사하였던 자는 그 업무상 알게 된 개인정보를 누설하거나 타인에게 이용하도록 제공하는 등 부당한 목적을 위하여 사용하여서는 아니 된다. [전문개정 2010.7.23]

제178조(그 밖의 보험 관계 단체) ① 보험설계사, 보험대리점, 보험중개사, 보험계리사, 손해사정사, 그 밖에 보험 관계 업무에 종사하는 자는 공익이나 보험계약자 및 피보험자 등을 보호하고 모집질서를 유지하기 위하여 각각 단체를 설립할 수 있다.

② 제1항에 따른 보험 관계 단체는 법인으로 한다.

③ 제1항에 따른 보험 관계 단체는 정관으로 정하는 바에 따라 다음 각 호의 업무를 한다.

1. 회원 간의 건전한 업무질서 유지

2. 회원에 대한 연수·교육 업무

3. 정부·금융감독원 또는 보험협회로부터 위탁받은 업무

4. 제1호 및 제2호에 딸린 업무

5. 그 밖에 대통령령으로 정하는 업무 [전문개정 2010.7.23]

제179조(감독) 보험협회, 보험요율 산출기관 및 제178조에 따른 보험 관계 단체에 관

하여는 제131조제1항 · 제133조 · 제134조 및 제135조를 준용한다. [전문개정 2010.7.23]

제180조(「민법」의 준용) 보험협회, 보험요율 산출기관 및 제178조에 따른 보험 관계 단체에 관하여는 이 법 또는 이 법에 따른 명령에 특별한 규정이 없으면 「민법」 중 사단법인에 관한 규정을 준용한다. [전문개정 2010.7.23]

제2절 보험계리 및 손해사정 〈개정 2010.7.23〉

제181조(보험계리) ① 보험회사는 보험계리에 관한 업무(기초서류의 내용 및 배당금 계산 등의 정당성 여부를 확인하는 것을 말한다)를 보험계리사를 고용하여 담당하게 하거나, 보험계리를 업으로 하는 자(이하 "보험계리업자"라 한다)에게 위탁하여야 한다.

② 보험회사는 제184조제1항에 따라 보험계리에 관한 업무를 검증하고 확인하는 보험계리사(이하 "선임계리사"라 한다)를 선임하여야 한다.

③ 제1항과 제2항에 따른 보험계리사, 선임계리사 또는 보험계리업자의 구체적인 업무범위와 위탁 · 선임에 관한 절차는 총리령으로 정한다. [전문개정 2010.7.23]

제182조(보험계리사) ① 보험계리사가 되려는 자는 금융감독원장이 실시하는 시험에 합격하고 일정 기간의 실무수습을 마친 후 금융위원회에 등록하여야 한다.

② 제1항에 따른 시험 과목 및 시험 면제와 실무수습 기간 등에 관하여 필요한 사항은 총리령으로 정한다. [전문개정 2010.7.23]

제183조(보험계리업) ① 보험계리를 업으로 하려는 자는 금융위원회에 등록하여야 한다.

② 보험계리를 업으로 하려는 법인은 대통령령으로 정하는 수 이상의 보험계리사를 두어야 한다.

③ 제1항에 따른 등록을 하려는 자는 총리령으로 정하는 수수료를 내야 한다.

④ 그 밖에 보험계리업의 등록 및 영업기준 등에 관하여 필요한 사항은 대통령령으로 정한다. [전문개정 2010.7.23]

제184조(선임계리사의 의무 등) ① 선임계리사는 기초서류의 내용 및 보험계약에 따른 배당금의 계산 등이 정당한지 여부를 검증하고 확인하여야 한다.

② 선임계리사는 보험회사가 기초서류관리기준을 지키는지를 점검하고 이를 위반하는 경우에는 조사하여 그 결과를 이사회에 보고하여야 하며, 기초서류에 법령을 위반한 내용이 있다고 판단하는 경우에는 금융위원회에 보고하여야 한다.

③ 선임계리사·보험계리사 또는 보험계리업자는 그 업무를 할 때 다음 각 호의 행위를 하여서는 아니 된다.
1. 고의로 진실을 숨기거나 거짓으로 보험계리를 하는 행위
2. 업무상 알게 된 비밀을 누설하는 행위
3. 타인으로 하여금 자기의 명의로 보험계리업무를 하게 하는 행위
4. 그 밖에 공정한 보험계리업무의 수행을 해치는 행위로서 대통령령으로 정하는 행위
④ 보험회사가 선임계리사를 선임한 경우에는 그 선임일이 속한 사업연도의 다음 사업연도부터 연속하는 3개 사업연도가 끝나는 날까지 그 선임계리사를 해임할 수 없다. 다만, 다음 각 호의 어느 하나에 해당하는 경우에는 그러하지 아니하다.
1. 선임계리사가 회사의 기밀을 누설한 경우
2. 선임계리사가 그 업무를 게을리하여 회사에 손해를 발생하게 한 경우
3. 선임계리사가 계리업무와 관련하여 부당한 요구를 하거나 압력을 행사한 경우
4. 제192조에 따른 금융위원회의 해임 요구가 있는 경우
⑤ 선임계리사의 요건 및 권한과 업무 수행의 독립성 보장에 관하여 필요한 사항은 대통령령으로 정한다.
⑥ 금융위원회는 선임계리사에게 그 업무범위에 속하는 사항에 관하여 의견을 제출하게 할 수 있다. [전문개정 2010.7.23]

제185조(손해사정) 대통령령으로 정하는 보험회사는 손해사정사를 고용하여 보험사고에 따른 손해액 및 보험금의 사정(이하 "손해사정"이라 한다)에 관한 업무를 담당하게 하거나 손해사정사 또는 손해사정을 업으로 하는 자(이하 "손해사정업자"라 한다)를 선임하여 그 업무를 위탁하여야 한다. 다만, 보험사고가 외국에서 발생하거나 보험계약자 등이 금융위원회가 정하는 기준에 따라 손해사정사를 따로 선임한 경우에는 그러하지 아니하다.
[전문개정 2010.7.23]

제186조(손해사정사) ① 손해사정사가 되려는 자는 금융감독원장이 실시하는 시험에 합격하고 일정 기간의 실무수습을 마친 후 금융위원회에 등록하여야 한다.
② 제1항에 따른 손해사정사의 등록, 시험 과목 및 시험 면제와 실무수습 기간 등에 관하여 필요한 사항은 총리령으로 정한다.
③ 손해사정사는 금융위원회가 정하는 바에 따라 업무와 관련된 보조인을 둘 수 있다. [전문개정 2010.7.23]

제187조(손해사정업) ① 손해사정을 업으로 하려는 자는 금융위원회에 등록하여야 한다.
② 손해사정을 업으로 하려는 법인은 대통령령으로 정하는 수 이상의 손해사정사를

두어야 한다.

③ 제1항에 따른 등록을 하려는 자는 총리령으로 정하는 수수료를 내야 한다.

④ 그 밖에 손해사정업의 등록 및 영업기준 등에 관하여 필요한 사항은 대통령령으로 정한다. [전문개정 2010.7.23]

제188조(손해사정사 등의 업무) 손해사정사 또는 손해사정업자의 업무는 다음 각 호와 같다.

1. 손해 발생 사실의 확인

2. 보험약관 및 관계 법규 적용의 적정성 판단

3. 손해액 및 보험금의 사정

4. 제1호부터 제3호까지의 업무와 관련된 서류의 작성·제출의 대행

5. 제1호부터 제3호까지의 업무 수행과 관련된 보험회사에 대한 의견의 진술 [전문개정 2010.7.23]

제189조(손해사정사의 의무 등) ① 보험회사로부터 손해사정업무를 위탁받은 손해사정사 또는 손해사정업자는 손해사정업무를 수행한 후 지체 없이 손해사정서를 보험회사에 내어 주고, 그 중요한 내용을 알려주어야 한다.

② 보험계약자 등이 선임한 손해사정사 또는 손해사정업자는 손해사정업무를 수행한 후 지체 없이 보험회사 및 보험계약자 등에 대하여 손해사정서를 내어 주고, 그 중요한 내용을 알려주어야 한다.

③ 손해사정사 또는 손해사정업자는 손해사정업무를 수행할 때 보험계약자, 그 밖의 이해관계자들의 이익을 부당하게 침해하여서는 아니 되며, 다음 각 호의 행위를 하여서는 아니 된다.

1. 고의로 진실을 숨기거나 거짓으로 손해사정을 하는 행위

2. 업무상 알게 된 보험계약자 등에 관한 개인정보를 누설하는 행위

3. 타인으로 하여금 자기의 명의로 손해사정업무를 하게 하는 행위

4. 정당한 사유 없이 손해사정업무를 지연하거나 충분한 조사를 하지 아니하고 손해액 또는 보험금을 산정하는 행위

5. 보험회사 및 보험계약자 등에 대하여 이미 제출받은 서류와 중복되는 서류나 손해사정과 관련이 없는 서류를 요청함으로써 손해사정을 지연하는 행위

6. 그 밖에 공정한 손해사정업무의 수행을 해치는 행위로서 대통령령으로 정하는 행위 [전문개정 2010.7.23]

제190조(등록의 취소) 보험계리사·선임계리사·보험계리업자·손해사정사 및 손해사정업자에 관하여는 제86조를 준용한다. 이 경우 제86조제1항제3호에서 "제84조"는

각각 "제182조제1항"·"제183조제1항"·"제186조제1항" 또는 "제187조제1항"으로 본다. [전문개정 2010.7.23]

　제191조(손해배상의 보장) 금융위원회는 보험계리업자 또는 손해사정업자가 그 업무를 할 때 고의 또는 과실로 타인에게 손해를 발생하게 한 경우 그 손해의 배상을 보장하기 위하여 보험계리업자 또는 손해사정업자에게 금융위원회가 지정하는 기관에의 자산 예탁, 보험 가입, 그 밖에 필요한 조치를 하게 할 수 있다. [전문개정 2010.7.23]

　제192조(감독) ① 금융위원회는 보험계리사·선임계리사·보험계리업자·손해사정사 또는 손해사정업자가 그 직무를 게을리하거나 직무를 수행하면서 부적절한 행위를 하였다고 인정되는 경우에는 기간을 정하여 업무의 정지를 명하거나 해임하게 할 수 있다.
　② 보험계리업자 및 손해사정업자에 관하여는 제131조제1항·제133조 및 제134조제1항을 준용한다. 이 경우 "보험회사" 는 각각 "보험계리업자", "손해사정업자"로 본다. [전문개정 2010.7.23]

<h2 style="text-align:center">제12장 보칙 〈개정 2010.7.23〉</h2>

　제193조(공제에 대한 협의) ① 금융위원회는 법률에 따라 운영되는 공제업과 이 법에 따른 보험업 간의 균형 있는 발전을 위하여 필요하다고 인정하는 경우에는 그 공제업을 운영하는 자에게 기초서류에 해당하는 사항에 관한 협의를 요구할 수 있다.
　② 제1항의 요구를 받은 자는 정당한 사유가 없으면 그 요구에 따라야 한다.
[전문개정 2010.7.23]

　제194조(업무의 위탁) ① 다음 각 호의 업무는 보험협회에 위탁한다.
1. 제84조에 따른 보험설계사의 등록업무
2. 제87조에 따른 보험대리점의 등록업무
② 다음 각 호의 업무는 금융감독원장에게 위탁한다.
1. 제89조에 따른 보험중개사의 등록업무
2. 제182조에 따른 보험계리사의 등록업무
3. 제183조에 따른 보험계리를 업으로 하려는 자의 등록업무
4. 제186조에 따른 손해사정사의 등록업무

5. 제187조에 따른 손해사정을 업으로 하려는 자의 등록업무
③ 금융위원회는 이 법에 따른 업무의 일부를 대통령령으로 정하는 바에 따라 금융감독원장에게 위탁할 수 있다.

④ 금융감독원장은 이 법에 따른 업무의 일부를 대통령령으로 정하는 바에 따라 보험협회의 장, 보험요율 산출기관의 장 또는 제178조에 따른 보험 관계 단체의 장, 자격검정 등을 목적으로 설립된 기관에 위탁할 수 있다. [전문개정 2010.7.23]

제195조(허가 등의 공고) ① 금융위원회는 제4조제1항에 따른 허가를 하거나 제74조제1항 또는 제134조제2항에 따라 허가를 취소한 경우에는 지체 없이 그 내용을 관보에 공고하고 인터넷 홈페이지 등을 이용하여 일반인에게 알려야 한다.
② 금융위원회는 다음 각 호의 사항을 인터넷 홈페이지 등을 이용하여 일반인에게 알려야 한다.
1. 제4조에 따라 허가받은 보험회사
2. 제12조에 따라 설치된 국내사무소
3. 제125조에 따라 인가된 상호협정
③ 금융감독원장은 다음 각 호의 사항을 인터넷 홈페이지 등을 이용하여 일반인에게 알려야 한다.
1. 제89조에 따라 등록된 보험중개사
2. 제182조에 따라 등록된 보험계리사 및 제183조에 따라 등록된 보험계리업자
3. 제186조에 따라 등록된 손해사정사 및 제187조에 따라 등록된 손해사정업자
④ 보험협회는 제87조에 따라 등록된 보험대리점을 인터넷 홈페이지 등을 이용하여 일반인에게 알려야 한다. [전문개정 2010.7.23]

제196조(과징금) ① 금융위원회는 보험회사가 제95조의4, 제98조, 제99조, 제106조, 제111조, 제127조, 제127조의3, 제128조의3, 제131조를 위반한 경우에는 다음 각 호의 구분에 따라 과징금을 부과할 수 있다.
1. 제95조의4제1항부터 제3항까지를 위반하여 광고하는 경우: 해당 보험계약의 연간 수입보험료의 100분의 20 이하
2. 제98조를 위반하여 특별이익을 제공하거나 제공하기로 약속하는 경우: 특별이익의 제공 대상이 된 해당 보험계약의 연간 수입보험료의 100분의 50 이하
3. 제99조제1항을 위반하여 모집을 할 수 있는 자 이외의 자에게 모집을 위탁한 경우: 해당 보험계약의 수입보험료의 100분의 20 이하
4. 제106조제1항제1호부터 제3호까지의 규정에 따른 신용공여 등의 한도를 초과한 경우: 초과한 신용공여액 등의 100분의 10 이하
5. 제106조제1항제5호에 따른 신용공여의 한도를 초과한 경우: 초과한 신용공여액의 100분의 20 이하
6. 제106조제1항제6호에 따른 채권 또는 주식의 소유한도를 초과한 경우: 초과 소유한 채권 또는 주식의 장부가액 합계액의 100분의 20 이하

7. 제111조제1항을 위반하여 신용공여를 하거나 자산의 매매 또는 교환 등을 한 경우: 해당 신용공여액 또는 해당 자산의 장부가액의 100분의 20 이하

8. 제127조를 위반한 경우: 해당 보험계약의 연간 수입보험료의 100분의 20 이하

9. 제127조의3을 위반한 경우: 해당 보험계약의 연간 수입보험료의 100분의 20 이하

10. 제128조의3을 위반하여 기초서류를 작성·변경한 경우: 해당 보험계약의 연간 수입보험료의 100분의 20 이하

11. 제131조제2항 및 제4항에 따라 금융위원회로부터 기초서류의 변경·사용중지 명령 또는 보험료환급·보험금증액 명령을 받은 경우: 해당 보험계약의 연간 수입보험료의 100분의 20 이하

② 금융위원회는 보험회사의 소속 임직원 또는 소속 보험설계사가 제95조의2·제96조제1항·제97조제1항을 위반한 경우에는 그 보험회사에 대하여 해당 보험계약의 수입보험료의 100분의 20 이하의 범위에서 과징금을 부과할 수 있다. 다만, 보험회사가 그 위반행위를 막기 위하여 해당 업무에 관하여 상당한 주의와 감독을 게을리하지 아니한 경우에는 그러하지 아니하다.

③ 제98조, 제106조제1항제1호부터 제3호까지·제5호·제6호 또는 제111조제1항을 위반한 자에게는 정상(情狀)에 따라 제200조 또는 제202조에 따른 벌칙과 제1항에 따른 과징금을 병과(倂科)할 수 있다.

④ 제1항부터 제3항까지의 규정에 따른 과징금의 부과 및 징수 절차 등에 관하여는 「은행법」 제65조의4부터 제65조의8까지의 규정을 준용한다. [전문개정 2010.7.23]

제13장 벌칙 〈개정 2010.7.23〉

제197조(벌칙) ① 보험계리사, 손해사정사 또는 상호회사의 발기인, 제70조제1항에서 준용하는 「상법」 제175조제1항에 따른 설립위원·이사·감사, 제59조에서 준용하는 「상법」 제386조제2항 및 제407조제1항에 따른 직무대행자나 지배인, 그 밖에 사업에 관하여 어떠한 종류의 사항이나 특정한 사항을 위임받은 사용인이 그 임무를 위반하여 재산상의 이익을 취득하거나 제3자로 하여금 취득하게 하여 보험회사에 재산상의 손해를 입힌 경우에는 10년 이하의 징역 또는 5천만 원 이하의 벌금에 처한다.

② 상호회사의 청산인 또는 제73조에서 준용하는 「상법」 제386조제2항 및 제407조제1항에 따른 직무대행자가 제1항에 열거된 행위를 한 경우에도 제1항과 같다. [전문개정 2010.7.23]

제198조(벌칙) 제25조제1항 또는 제54조제1항의 기관을 구성하는 자가 그 임무를 위반하여 재산상의 이익을 취득하거나 제3자로 하여금 취득하게 하여 보험계약자나 사원에게 손해를 입힌 경우에는 7년 이하의 징역 또는 4천만 원 이하의 벌금에 처한다. [전

문개정 2010.7.23]

　제199조(벌칙) 제197조제1항에 열거된 자 또는 상호회사의 검사인이 다음 각 호의 어느 하나에 해당하는 행위를 한 경우에는 7년 이하의 징역 또는 4천만 원 이하의 벌금에 처한다.

　1. 상호회사를 설립하면서 사원의 수, 기금총액의 인수, 기금의 납입 또는 제34조제4호부터 제6호까지 및 제9호와 제38조제2항제3호 및 제5호에 열거된 사항에 관하여 법원 또는 총회에 보고를 부실하게 하거나 사실을 숨긴 경우

　2. 명의에 관계없이 보험회사의 계산으로 부정하게 그 주식을 취득하거나 질권의 목적으로 받은 경우

　3. 법령 또는 정관을 위반하여 기금의 상각, 기금이자의 지급 또는 이익이나 잉여금의 배당을 한 경우

　4. 보험업을 하기 위한 목적 이외의 투기거래를 위하여 보험회사의 자산을 처분한 경우 [전문개정 2010.7.23]

　제200조(벌칙) 다음 각 호의 어느 하나에 해당하는 자는 5년 이하의 징역 또는 3천만 원 이하의 벌금에 처한다.

　1. 제4조제1항을 위반한 자

　2. 제106조제1항제4호 및 제5호를 위반하여 신용공여를 한 자

　3. 제106조제1항제6호를 위반하여 채권 및 주식을 소유한 자

　4. 제111조제1항을 위반하여 같은 항 각 호의 어느 하나에 해당하는 행위를 한 자

　5. 제111조제5항을 위반하여 같은 항 각 호의 어느 하나에 해당하는 행위를 한 대주주 또는 그의 특수관계인 [전문개정 2010.7.23]

　제201조(벌칙) ① 제197조 및 제198조에 열거된 자 또는 상호회사의 검사인이 그 직무에 관하여 부정한 청탁을 받고 재산상의 이익을 수수·요구 또는 약속한 경우에는 5년 이하의 징역 또는 3천만 원 이하의 벌금에 처한다.

　② 제1항의 이익을 약속 또는 공여(供與)하거나 공여 의사를 표시한 자도 제1항과 같다. [전문개정 2010.7.23]

　제202조(벌칙) 다음 각 호의 어느 하나에 해당하는 자는 3년 이하의 징역 또는 2천만 원 이하의 벌금에 처한다.

　1. 제75조를 위반한 자

　2. 제98조에서 규정한 금품 등을 제공(같은 조 제3호의 경우에는 보험금액 지급의 약속을 말한다)한 자 또는 이를 요구하여 수수(收受)한 보험계약자 또는 피보험자

　3. 제106조제1항제1호부터 제3호까지의 규정을 위반한 자

4. 제177조를 위반한 자

5. 제183조제1항 또는 제187조제1항에 따른 등록을 하지 아니하고 보험계리업 또는 손해사정업을 한 자

6. 거짓이나 그 밖의 부정한 방법으로 제183조제1항 또는 제187조제1항에 따른 등록을 한 자 [전문개정 2010.7.23]

제203조(벌칙) ① 다음 각 호의 사항에 관하여 부정한 청탁을 받고 재산상의 이익을 수수·요구 또는 약속한 자는 1년 이하의 징역 또는 1천만 원 이하의 벌금에 처한다.

1. 보험계약자총회, 상호회사의 창립총회 또는 사원총회에서의 발언이나 의결권 행사

2. 제3장제2절·제3절 및 제8장제2절에서 규정하는 소(訴)의 제기 또는 자본금의 100분의 5 이상에 상당하는 주주 또는 100분의 5 이상의 사원의 권리의 행사

② 제1항의 이익을 약속 또는 공여하거나 공여 의사를 표시한 자도 제1항과 같다. [전문개정 2010.7.23]

제204조(벌칙) ① 다음 각 호의 어느 하나에 해당하는 자는 1년 이하의 징역 또는 1천만 원 이하의 벌금에 처한다.

1. 제8조제2항을 위반한 자

2. 제83조제1항을 위반하여 모집을 한 자

3. 거짓이나 그 밖의 부정한 방법으로 보험설계사·보험대리점 또는 보험중개사의 등록을 한 자

4. 제86조제2항, 제88조제2항, 제90조제2항에 따른 업무정지의 명령을 위반하여 모집을 한 자

5. 제120조제1항을 위반하여 고의로 책임준비금이나 비상위험준비금을 과소 또는 과다하게 계상한 자

6. 제150조를 위반한 자

7. 제181조제1항 및 제184조제1항을 위반하여 정당한 사유 없이 확인을 하지 아니하거나 부정한 확인을 한 보험계리사 및 선임계리사

8. 제184조제3항제1호를 위반한 선임계리사 및 보험계리사

9. 제189조제3항제1호를 위반한 손해사정사

② 보험계리사나 손해사정사에게 제1항제7호부터 제9호까지의 규정에 따른 행위를 하게 하거나 이를 방조한 자는 정범에 준하여 처벌한다. [전문개정 2010.7.23]

제205조(미수범) 제197조 및 제198조의 미수범은 처벌한다. [전문개정 2010.7.23]

제206조(병과) 제197조부터 제205조까지에 규정된 죄를 범한 자에게는 정상에 따라

징역과 벌금을 병과할 수 있다. [전문개정 2010.7.23]

제207조(몰수) 제201조 및 제203조의 경우 범인이 수수하였거나 공여하려 한 이익은 몰수한다. 그 전부 또는 일부를 몰수할 수 없는 경우에는 그 가액(價額)을 추징한다.
[전문개정 2010.7.23]

제208조(양벌규정) ① 법인(법인이 아닌 사단 또는 재단으로서 대표자 또는 관리인이 있는 것을 포함한다. 이하 이 항에서 같다)의 대표자나 법인 또는 개인의 대리인, 사용인, 그 밖의 종업원이 그 법인 또는 개인의 업무에 관하여 제200조, 제202조 또는 제204조의 어느 하나에 해당하는 위반행위를 하면 그 행위자를 벌하는 외에 그 법인 또는 개인에게도 해당 조문의 벌금형을 과(科)한다. 다만, 법인 또는 개인이 그 위반행위를 방지하기 위하여 해당 업무에 관하여 상당한 주의와 감독을 게을리하지 아니한 경우에는 그러하지 아니하다.

② 제1항에 따라 법인이 아닌 사단 또는 재단에 대하여 벌금형을 과하는 경우에는 그 대표자 또는 관리인이 그 소송행위에 관하여 그 사단 또는 재단을 대표하는 법인을 피고인으로 하는 경우의 형사소송에 관한 법률을 준용한다. [전문개정 2010.7.23]

제209조(과태료) ① 보험회사가 다음 각 호의 어느 하나에 해당하는 경우에는 5천만 원 이하의 과태료를 부과한다.
1. 제10조 또는 제11조를 위반하여 다른 업무 등을 겸영한 경우
2. 제95조를 위반한 경우
3. 제96조를 위반한 경우
4. 보험회사 소속 임직원 또는 보험설계사가 제99조제2항을 위반한 경우 해당 보험회사. 다만, 보험회사가 그 위반행위를 방지하기 위하여 해당 업무에 관하여 상당한 주의와 감독을 게을리하지 아니한 경우는 제외한다.
5. 제106조제1항제7호부터 제10호까지의 규정을 위반한 경우
6. 제109조를 위반하여 다른 회사의 주식을 소유한 경우
7. 제110조를 위반한 경우
7의2. 제110조의2제1항을 위반한 경우
7의3. 제111조제4항을 위반하여 금융위원회에 보고하지 아니하거나 공시하지 아니한 경우
8. 제113조를 위반한 경우
9. 제116조를 위반한 경우
10. 제118조를 위반하여 재무제표 등을 기한까지 제출하지 아니하거나 사실과 다르게 작성된 재무제표 등을 제출한 경우
11. 제124조제1항을 위반하여 공시하지 아니한 경우
12. 제124조제4항을 위반하여 정보를 제공하지 아니하거나 부실한 정보를 제공한 경우

13. 제128조의2를 위반한 경우

14. 제131조제1항·제2항 및 제4항에 따른 명령을 위반한 경우

15. 제133조에 따른 검사를 거부·방해 또는 기피한 경우

② 보험회사의 발기인·설립위원·이사·감사·검사인·청산인, 「상법」 제386조제2항 및 제407조제1항에 따른 직무대행자(제59조 및 제73조에서 준용하는 경우를 포함한다) 또는 지배인이 다음 각 호의 어느 하나에 해당하는 행위를 한 경우에는 2천만 원 이하의 과태료를 부과한다.

1. 보험회사가 제10조 또는 제11조를 위반하여 다른 업무 등을 겸영한 경우

2. 제14조를 위반하여 다른 영리법인의 상무에 종사한 경우

3. 제18조를 위반하여 자본감소의 절차를 밟은 경우

4. 관청·총회 또는 제25조제1항 및 제54조제1항의 기관에 보고를 부실하게 하거나 진실을 숨긴 경우

5. 제38조제2항을 위반하여 입사청약서를 작성하지 아니하거나 입사청약서에 적을 사항을 적지 아니하거나 부실하게 적은 경우

6. 정관·사원명부·의사록·자산목록·대차대조표·사업계획서·사무보고서·결산보고서, 제44조에서 준용하는 「상법」 제29조제1항의 장부에 적을 사항을 적지 아니하거나 부실하게 적은 경우

7. 제57조제1항(제73조에서 준용하는 경우를 포함한다)이나 제64조 및 제73조에서 준용하는 「상법」 제448조제1항을 위반하여 서류를 비치하지 아니한 경우

8. 사원총회 또는 제54조제1항의 기관을 제59조에서 준용하는 「상법」 제364조를 위반하여 소집하거나 정관으로 정한 지역 이외의 지역에서 소집하거나 제59조에서 준용하는 「상법」 제365조제1항을 위반하여 소집하지 아니한 경우

9. 제60조 또는 제62조를 위반하여 준비금을 적립하지 아니하거나 준비금을 사용한 경우

10. 제69조를 위반하여 해산절차를 밟은 경우

11. 제72조 또는 정관을 위반하여 보험회사의 자산을 처분하거나 그 남은 자산을 배분한 경우

12. 제73조에서 준용하는 「상법」 제254조를 위반하여 파산선고의 신청을 게을리한 경우

13. 청산의 종결을 지연시킬 목적으로 제73조에서 준용하는 「상법」 제535조제1항의 기간을 부당하게 정한 경우

14. 제73조에서 준용하는 「상법」 제536조를 위반하여 채무를 변제한 경우

15. 제79조제2항에서 준용하는 「상법」 제619조 또는 제620조를 위반한 경우

16. 제85조제1항을 위반한 경우

17. 보험회사가 제95조를 위반한 경우

18. 보험회사의 임직원이 제95조의2·제95조의4·제97조를 위반한 경우

19. 보험회사가 제96조를 위반한 경우

20. 제106조제1항제4호 또는 제7호부터 제10호까지의 규정을 위반하여 자산운용을 한 경우

21. 제109조를 위반하여 다른 회사의 주식을 소유한 경우

22. 제110조를 위반한 경우

23. 제113조를 위반한 경우

24. 제116조를 위반한 경우

25. 제118조를 위반하여 재무제표 등의 제출기한을 지키지 아니하거나 사실과 다르게 작성된 재무제표 등을 제출한 경우

26. 제119조를 위반하여 서류의 비치나 열람의 제공을 하지 아니한 경우

27. 제120조제1항을 위반하여 책임준비금 또는 비상위험준비금을 계상하지 아니하거나 장부에 기재하지 아니한 경우

28. 제124조제1항을 위반하여 공시하지 아니한 경우

29. 제124조제4항을 위반하여 정보를 제공하지 아니하거나 부실한 정보를 제공한 경우

30. 제125조를 위반한 경우

31. 제126조를 위반하여 정관변경을 보고하지 아니한 경우

32. 제127조를 위반한 경우

33. 보험회사가 제127조의3을 위반한 경우

34. 보험회사가 제128조의2를 위반한 경우

35. 보험회사가 제128조의3을 위반하여 기초서류를 작성·변경한 경우

36. 제130조를 위반하여 보고하지 아니한 경우

37. 제131조에 따른 명령을 위반한 경우

38. 제133조에 따른 검사를 거부·방해 또는 기피한 경우

39. 금융위원회가 선임한 청산인 또는 법원이 선임한 관리인이나 청산인에게 사무를 인계하지 아니한 경우

40. 제141조를 위반하여 보험계약의 이전절차를 밟은 경우

41. 제142조를 위반하여 보험계약을 하거나 제144조(제152조제2항에서 준용하는 경우를 포함한다)를 위반하여 자산을 처분하거나 채무를 부담할 행위를 한 경우

42. 제151조제1항·제2항, 제153조제3항 또는 제70조제1항에서 준용하는 「상법」 제232조를 위반하여 합병절차를 밟은 경우

43. 이 법에 따른 등기를 게을리한 경우

44. 이 법 또는 정관에서 정한 이사·감사 또는 보험계리사에 결원이 생긴 경우에 그 선임절차를 게을리한 경우

③ 다음 각 호의 어느 하나에 해당하는 자에게는 1천만 원 이하의 과태료를 부과한다.

1. 제3조를 위반한 자

2. 제85조제2항을 위반한 자

3. 제92조를 위반한 자

4. 제93조에 따른 신고를 게을리한 자

5. 제95조를 위반한 자

6. 제95조의2를 위반한 자

7. 보험대리점·보험중개사 소속 보험설계사가 제95조의2·제95조의4·제96조제1항·제97조제1항·제99조제2항 및 제3항을 위반한 경우 해당 보험대리점·보험중개사. 다만, 보험대리점·보험중개사가 그 위반행위를 방지하기 위하여 해당 업무에 관하여 상당한 주의와 감독을 게을리하지 아니한 경우는 제외한다.

8. 제95조의4를 위반한 자

9. 제96조제1항을 위반한 자

10. 제97조제1항을 위반한 자

11. 제99조제2항 및 제3항을 위반한 자

12. 제112조에 따른 자료 제출을 거부한 자

13. 제124조제5항을 위반하여 비교·공시한 자

14. 제131조제1항을 준용하는 제132조·제179조·제192조제2항, 제133조제1항을 준용하는 제136조·제179조·제192조제2항 및 제192조제1항에 따른 명령을 위반한 자

15. 제133조제3항을 준용하는 제136조·제179조 및 제192조제2항에 따른 검사를 거부·방해 또는 기피한 자

16. 제133조제3항을 준용하는 제136조·제179조·제192조제2항에 따른 요구에 응하지 아니한 자

17. 제162조제2항에 따른 요구를 정당한 사유 없이 거부·방해 또는 기피한 자

④ 제91조제1항에 따른 금융기관보험대리점등 또는 금융기관보험대리점등이 되려는 자가 제83조제2항 또는 제100조를 위반한 경우에는 5천만 원 이하의 과태료를 부과한다.

⑤ 제1항부터 제4항까지의 과태료는 대통령령으로 정하는 바에 따라 금융위원회가 부과·징수한다. [전문개정 2010.7.23]

제210조 삭제 <2010.7.23>

부칙 〈법률 제6891호, 2003.5.29〉

제1조 (시행일) 이 법은 공포 후 3월이 경과한 날부터 시행한다. 다만, 제85조제3항 및 제4항의 개정규정은 이 법 시행일부터 5년이 경과한 날부터 시행한다. <개정 2006.8.29>

제2조 (임원자격에 관한 적용례) 제13조제1항 및 제14조의 개정규정은 이 법 시행 후 최초로 선임되는 보험회사의 임원부터 적용한다.

제3조 (준법감시인에 관한 적용례) 제17조제3항 및 제4항의 개정규정은 이 법 시행 후 최초로 선임되는 보험회사의 준법감시인부터 적용한다.

제4조 (제3보험업에 관한 특례) 제2조제4호 및 제10조의 개정규정에 불구하고 생명보험회사는 이 법 시행 후 2년까지는 질병·상해 또는 이로 인한 간병에 관하여 손해의 보상을 약속하고 금전을 수수할 수 없다. 다만, 보험계약자로 될 자가 대통령령이 정하는 단체인 경우에는 그러하지 아니하다.

제5조 (자본금 또는 기금에 관한 특례) 이 법 시행 전에 이미 외국정부와의 협정 등으로 자본금 또는 기금에 관하여 제9조의 개정규정과 다르게 정한 것이 있는 경우에는 그에 의한다.

제6조 (사외이사 선임에 관한 특례) 이 법 시행 후 최초로 사외이사를 선임하여야 하는 보험회사는 이 법 시행 후 최초로 소집되는 정기주주총회 등에서 이를 선임하여야 한다. 이 경우 당해 정기주주총회에서 사외이사로 선임된 자는 제15조제2항의 개정규정에 의하여 사외이사후보추천위원회의 추천을 받은 것으로 본다.

제7조 (감사위원회 설치에 관한 특례) 이 법 시행 후 최초로 감사위원회를 설치하여야 하는 보험회사는 이 법 시행 후 최초로 소집되는 정기주주총회 등에서 이를 설치하여야 한다.

제8조 (대주주가 발행한 채권 또는 주식 소유에 관한 특례) 제106조제1항제6호의 개정규정을 적용함에 있어서 이 법 시행일부터 1년이 경과하는 날까지는 동 개정규정 중 "자기자본의 100분의 60(자기자본의 100분의 60에 해당하는 금액이 총 자산의 100분의 3에 해당하는 금액보다 클 경우 총 자산의 100분의 3)"은 이를 "총 자산의 100분의 3"으로 본다.

제9조 (비상장주식에 관한 특례 등) ① 제106조제1항제9호의 개정규정을 적용함에 있어서 이 법 시행일부터 2005년 3월 31일까지는 동 개정규정 중 "총 자산의 100분의 10"은 이를 "총 자산의 100분의 5"로 본다.

② 제1항의 규정에 불구하고 2002년 3월 25일 현재 총 자산의 100분의 5를 초과하여 비상장주식을 소유하고 있는 보험회사에 대하여는 2005년 3월 31일까지 종전의 규정을 적용한다. 이 경우 당해 보험회사는 그가 소유하는 비상장주식이 총 자산의 100분의 5 이하가 될 때까지 추가로 비상장주식을 취득할 수 없다.

제10조 (보험계약자보호예탁금에 대한 경과조치) 금융감독원은 이 법 시행 당시 종전

의 규정에 의한 보험계약자보호예탁금을 이 법 시행일부터 1월 이내에 보험회사에 반환하여야 한다.

제11조 (보험사업에 대한 경과조치) 이 법 시행 당시 인보험사업 또는 손해보험사업의 영위에 관하여 금융감독위원회의 허가를 받은 자(인보험사업 또는 손해보험사업에 해당하는 보험종목 중 일부만의 영위에 관하여 허가를 받은 자를 제외한다)는 이 법에 의한 제3보험업에 해당하는 보험종목에 관하여 제4조제1항의 규정에 의한 허가를 받은 것으로 본다.

제12조 (보험사업자에 대한 경과조치) 이 법 시행 당시의 보험사업자(보험사업자로 보는 경우를 포함한다)는 이 법에 의한 보험회사로 본다.

제13조 (외국보험사업자에 대한 경과조치) 이 법 시행 당시의 외국보험사업자는 이 법에 의한 외국보험회사로 본다.

제14조 (외국보험사업자등의 국내사무소에 관한 경과조치) 이 법 시행 당시의 외국보험사업자등의 국내사무소는 이 법에 의한 외국보험회사 등의 국내사무소로 본다.

제15조 (임원에 대한 경과조치) 이 법 시행 당시 보험사업자의 임원은 이 법에 의한 보험회사의 임원으로 본다.

제16조 (사외이사에 대한 경과조치) 이 법 시행 당시 보험사업자의 사외이사는 이 법에 의한 보험회사의 사외이사로 본다.

제17조 (임원의 임기에 관한 경과조치) 이 법 시행 당시 재임 중에 있는 보험회사의 이사와 감사의 임기는 그 임기가 종료되는 날까지는 종전의 규정에 의한다.

제18조 (감사위원회 설치에 따른 상근감사에 관한 경과조치) 이 법 시행 후 최초로 부칙 제7조의 규정에 의하여 감사위원회를 설치하여야 하는 보험회사의 상근감사로 재임하는 자(상근감사가 2인 이상인 경우에는 당해 보험회사의 이사회에서 지명한 상근감사를 말한다)는 부칙 제7조의 규정에 의하여 감사위원회를 설치하여야 하는 정기주주총회 등의 소집일까지 그 임기가 만료되지 아니하고 당해 주주총회 등에서 해임되지 아니하는 경우 그 임기가 만료될 때까지 당해 보험회사의 감사위원회 위원 중 사외이사가 아닌 위원으로 본다. 이 경우 당해 상근감사는 그 임기의 종료 시까지 상법 제382조제1항의 규정에 따라 주주총회 등에서 선임된 이사로 본다.

제19조 (준법감시인에 대한 경과조치) 이 법 시행 당시 보험사업자의 준법감시인은 이 법에 의한 보험회사의 준법감시인으로 본다.

제20조 (보험모집인에 대한 경과조치) 이 법 시행 당시의 보험모집인은 이 법에 의한 보험설계사로 본다.

제21조 (보험대리점에 대한 경과조치) 이 법 시행 당시 보험대리점은 이 법에 의한 보험대리점으로 본다.

제22조 (보험중개인에 대한 경과조치) 이 법 시행 당시의 보험중개인은 이 법에 의한 보험중개사로 본다.

제23조 (자회사에 대한 경과조치) 이 법 시행 당시 종전의 규정에 의하여 승인을 얻은 보험회사의 자회사는 이 법에 의하여 승인을 얻은 자회사로 본다.

제24조 (신용공여 등에 대한 경과조치) ①이 법 시행 당시 제106조제1항제1호 내지 제3호의 개정규정에 의한 한도를 초과하여 신용공여하거나 채권 및 주식을 소유하고 있는 보험회사는 이 법 시행일부터 3년이 경과하는 날까지 동 개정규정에 적합하도록 하여야 하며, 이를 이행하기 위한 세부계획서를 이 법 시행일부터 1월이 경과하는 날까지 금융감독위원회에 제출하여 승인을 얻어야 한다.

② 이 법 시행 당시 제106조제1항제5호의 개정규정에 의한 한도를 초과하여 신용공여하고 있는 보험회사는 이 법 시행일부터 3년이 경과하는 날까지 동 개정규정에 적합하도록 하여야 하며, 이를 이행하기 위한 세부계획서를 이 법 시행일부터 1월이 경과하는 날까지 금융감독위원회에 제출하여 승인을 얻어야 한다.

③ 이 법 시행 당시 제106조제1항제6호의 개정규정에 의한 한도를 초과하여 채권 및 주식을 소유하고 있는 보험회사는 이 법 시행일부터 3년이 경과하는 날까지 동 개정규정에 적합하도록 하여야 하며, 이를 이행하기 위한 세부계획서를 이 법 시행일부터 1년이 경과하는 날까지 금융감독위원회에 제출하여 승인을 얻어야 한다.

④ 제2항 및 제3항의 규정에 불구하고 이 법 시행일이 속하는 사업연도의 직전사업연도 말 총 자산 규모가 대통령령이 정하는 규모에 미달하는 보험회사는 금융감독위원회의 승인을 얻어 이 법 시행일부터 5년이 경과하는 날까지 동 개정규정에 적합하도록 하여야 한다.

제25조 (자금지원관련 금지행위에 대한 경과조치) 보험회사가 이 법 시행 전의 행위로 인하여 제110조의 개정규정에 위반하게 된 때에는 이 법 시행 후 6월 이내에 당해 주식을 처분하거나 공여한 신용을 회수하여야 한다.

제26조 (보험계리인에 대한 경과조치) ①이 법 시행 당시의 보험계리인은 이 법에 의한 보험계리사로 본다.

② 종전의 규정에 의한 확인업무를 담당하는 보험계리인은 제181조제2항의 개정규정에 의한 선임계리사로 보고, 제184조제3항의 개정규정은 2002년 3월 25일 이후 최초로 선임되는 선임계리사부터 적용한다.

제27조 (보험계리업자에 대한 경과조치) 이 법 시행 당시 보험계리업자는 이 법에 의한 보험계리업자로 본다.

제28조 (손해사정인에 대한 경과조치) 이 법 시행 당시의 손해사정인은 이 법에 의한 손해사정사로 본다.

제29조 (손해사정업자에 대한 경) 이 법 시행 당시 손해사정업자는 이 법에 의한 손해사정업자로 본다.

제30조 (보험관계단체에 관한 경과조치) 이 법 시행 전에 종전의 규정 또는 민법 제32조의 규정에 의하여 설립된 보험에 관한 단체 또는 사단법인은 이 법에 의하여 설립

된 것으로 본다.

제31조 (벌칙에 관한 경과조치) 이 법 시행 전의 행위에 대한 벌칙의 적용에 있어서는 종전의 규정에 의한다.

제32조 (일반적 경과조치) ① 이 법 시행 전에 종전의 규정에 의하여 재정경제부장관·금융감독위원회 또는 금융감독원이 행한 허가·인가·승인·명령·처분 그 밖의 행위는 이 법에 의하여 재정경제부장관·금융감독위원회 또는 금융감독원이 행한 행위로 본다.

② 이 법 시행 전에 종전의 규정에 의하여 재정경제부장관·금융감독위원회 또는 금융감독원에 대하여 행한 신고·보고 그 밖의 행위는 이 법에 의하여 재정경제부장관·금융감독위원회 또는 금융감독원에 대하여 행한 행위로 본다.

제33조 (다른 법률의 개정) ① 「교통사고처리특례법」 중 다음과 같이 개정한다.

제4조제1항 본문 중 "보험업법 제5조·제7조"를 "보험업법 제4조 및 제126조 내지 제128조"로 한다.

② 「금융산업의 구조개선에 관한 법률」 중 다음과 같이 개정한다.

제11조제5항 중 "보험업법 제19조"를 "보험업법 제106조, 제108조 및 제109조"로 하고, 제14조제8항 중 "보험업법 제116조"를 "보험업법 제139조"로 한다.

③ 「기업구조조정촉진법」 중 다음과 같이 개정한다.

제34조제1항제2호 중 "보험업법 제19조"를 "보험업법 제106조, 제108조 및 제109조"로 한다.

④ 「기업구조조정투자회사법」 중 다음과 같이 개정한다.

제22조제1항제2호 중 "보험업법 제19조"를 "보험업법 제106조, 제108조 및 제109조"로 한다.

⑤ 「벤처기업육성에관한특별조치법」 중 다음과 같이 개정한다.

제4조제4항중 "보험업법 제2조제1항"을 "보험업법 제2조제5호"로, "동법 제19조"를 "동법 제106조, 제108조 및 제109조"로 한다.

⑥ 「예금자보호법」 중 다음과 같이 개정한다.

제2조제1호카목 중 "보험업법 제5조제1항"을 "보험업법 제4조제1항"으로 하고, 제30조제1항 전단 중 "보험업법 제98조"를 "보험업법 제120조"로 하며, 제30조의3제1항 중 "보험업법 제98조"를 "보험업법 제120조"로 한다.

⑦ 「우체국예금·보험에 관한 법률」 중 다음과 같이 개정한다.

제10조제2항 단서 중 "보험업법 제22조"를 "보험업법 제127조제2항"으로 한다.

⑧ 「화재로 인한 재해보상과 보험가입에 관한 법률」 중 다음과 같이 개정한다.

제2조제1호중 "보험업법 제5조"를 "보험업법 제4조"로 하고, 제20조제1항 중 "보험업법 제12조"를 "보험업법 제13조"로 한다.

제34조 (다른 법령과의 관계) 이 법 시행 당시 다른 법령에서 종전의 보험업법의 규

정을 인용한 경우에 이 법 중 그에 해당하는 규정이 있는 때에는 종전의 규정에 갈음하여 이 법의 해당 조항을 인용한 것으로 본다.

부칙 〈법률 제7379호, 2005.1.27〉 (근로자퇴직급여보장법)

제1조 (시행일) 이 법은 2005년 12월 1일부터 시행한다. <단서 생략>

제2조 내지 제5조 생략

제6조 (다른 법률의 개정) ① 및 ②생략

③ 보험업법 중 다음과 같이 개정한다.

제108조제1항제2호를 다음과 같이한다.

2. 근로자퇴직급여보장법 부칙 제2조제1항의 규정에 의한 퇴직보험계약 및 제16조제2항의 규정에 의한 보험계약

제7조 생략

부칙 〈법률 제7428호, 2005.3.31〉 (채무자 회생 및 파산에 관한 법률)

제1조 (시행일) 이 법은 공포 후 1년이 경과한 날부터 시행한다.

제2조 내지 제4조 생략

제5조 (다른 법률의 개정) ① 내지 <45>생략

<46>보험업법 일부를 다음과 같이 개정한다.

제13조제1항제2호 및 제84조제2항제2호 중 "파산자"를 각각 "파산선고를 받은 자"로 한다.

제14조제2호 중 "회사정리법"을 "「채무자 회생 및 파산에 관한 법률」"로 한다.

<47> 내지 <145>생략

제6조 생략

부칙 〈법률 제7971호, 2006.8.29〉

이 법은 공포한 날부터 시행한다.

부칙 〈법률 제8386호, 2007.4.27〉

이 법은 공포한 날부터 시행한다.

부칙 〈법률 제8520호, 2007.7.19〉

① (시행일) 이 법은 공포 후 6개월이 경과한 날부터 시행한다.
② (감사위원회의 위원에 대한 경과조치) 제16조제2항의 개정규정에 따라 감사위원
회의 위원을 선임하여야 하는 보험회사는 이 법 시행 후 최초로 소집되는 정기주주총회
일까지는 같은 개정규정에 적합하도록 감사위원회의 위원을 선임하여야 한다.

부칙 〈법률 제8572호, 2007.8.3〉 (기업구조조정 촉진법)

제1조 (시행일) 이 법은 공포 후 3개월이 경과한 날부터 시행한다.
제2조부터 제4조까지 생략
제5조 (다른 법률의 개정) ① 생략
② 보험업법 일부를 다음과 같이 개정한다.
제107조제2호나목 중 "기업구조조정촉진법"을 "「기업구조조정 촉진법」"으로 한다.
③ 생략

부칙 〈법률 제8635호, 2007.8.3〉 (자본시장과 금융투자업에 관한 법률)

제1조 (시행일) 이 법은 공포 후 1년 6개월이 경과한 날부터 시행한다. <단서 생략>
제2조부터 제41조까지 생략
제42조 (다른 법률의 개정) ①부터 ⑦까지 생략
⑧ 보험업법 일부를 다음과 같이 개정한다.
제15조제4항 중 "증권거래법 제54조의5제4항 각 호의 1"을 "「자본시장과 금융투자
업에 관한 법률」 제25조제5항 각 호의 어느 하나"로 한다.
제91조제1항제2호를 다음과 같이한다.
2. 「자본시장과 금융투자업에 관한 법률」에 따른 투자매매업자 또는 투자중개업자
제105조제2항 중 "선물거래법에 의한 선물거래"를 "「자본시장과 금융투자업에 관한
법률」에 따른 파생상품시장에서의 거래"로 한다.
제106조제1항제9호 중 "증권거래법에 의한 한국증권거래소 및 한국증권업협회 또는
이와 유사한 시장으로서 외국에 있는 시장에 상장 또는 등록"을 "「자본시장과 금융투자
업에 관한 법률」에 따른 한국거래소 또는 이와 유사한 시장으로서 해외에 있는 시장에
상장"으로 하고, 같은 항 제11호 중 "해외선물거래"를 "해외 파생상품거래"로 한다.
⑨부터 <67>까지 생략
제43조 및 제44조 생략

부칙 〈법률 제8852호, 2008.2.29〉 (정부조직법)

제1조(시행일) 이 법은 공포한 날부터 시행한다. 다만, …… <생략> ……, 부칙 제6조에 따라 개정되는 법률 중 이 법의 시행 전에 공포되었으나 시행일이 도래하지 아니한 법률을 개정한 부분은 각각 해당 법률의 시행일부터 시행한다.

제2조부터 제5조까지 생략

제6조(다른 법률의 개정) ①부터 <32>까지 생략

<33> 보험업법 일부를 다음과 같이 개정한다.

제17조제4항제1호라목 중 "재정경제부"를 "기획재정부"로 한다.

<34>부터 <760>까지 생략

제7조 생략

부칙 〈법률 제8863호, 2008.2.29〉 (금융위원회의 설치 등에 관한 법률)

제1조(시행일) 이 법은 공포한 날부터 시행한다.

제2조부터 제4조까지 생략

제5조(다른 법률의 개정) ①부터 ⑬까지 생략

⑭ 보험업법 일부를 다음과 같이 개정한다.

제2조제12호, 제4조제1항·제4항, 제5조, 제6조제3항부터 제5항까지, 제7조제1항부터 제4항까지, 제11조제1항제2호, 제12조제4항, 제13조제1항제7호, 제17조제4항제1호·제3호·제8항, 제20조제3항, 제33조제1항, 제74조제1항·제2항, 제77조제1항, 제84조제1항, 제86조제1항부터 제4항까지, 제87조제1항·제3항, 제88조제1항, 제89조제1항·제3항, 제90조제1항, 제93조제1항·제3항, 제95조제2항·제3항, 제99조제1항제1호, 제100조제4항, 제105조제1항제6호, 제107조 단서·제2호, 제108조제1항제4호, 제109조 단서, 제110조제3항, 제111조제3항·제4항 및 제6항, 제112조, 제115조제1항, 제116조제3호, 제117조제1항·제2항, 제118조제1항·제2항, 제119조, 제120조제3항, 제122조, 제123조제2항, 제124조제1항·제2항·제5항 및 제6항, 제125조제1항부터 제3항까지, 제126조, 제127조제1항·제2항, 제128조, 제130조, 제131조의 제목·제1항부터 제4항까지, 제133조제1항·제5항, 제134조제1항·제2항, 제135조제1항, 제137조제2항, 제139조, 제140조제2항 단서, 제144조제1항 단서·제3항 단서, 제150조, 제155조, 제156조제1항·제2항·제4항 및 제6항, 제157조, 제159조, 제160조, 제161조제1항, 제162조제1항·제2항 및 제4항, 제163조제1항, 제164조, 제169조제1항, 제171조제1항, 제176조제1항·제4항 및 제6항, 제182조제1항, 제183조제1항, 제184조제1항·제3항제4호·제5항, 제185조, 제186조제1항, 제187조제1항, 제191조, 제192조제1항, 제193조제1항, 제194조제3항·제4항, 제195조제1항·제2항, 제196조제1항, 제209조제1항제7호의2·제15호 및 제2항제35호, 제

210조제1항부터 제3항까지 중 "금융감독위원회"를 각각 "금융위원회"로 한다.

제7조제2항 단서, 제94조, 제183조제3항 및 제187조제3항 중 "재정경제부령"을 각각 "총리령"으로 한다.

제7조제5항, 제120조제2항, 제181조제3항, 제182조제2항 및 제186조제2항 중 "재정경제부령"을 각각 "총리령"으로 한다.

제17조제4항제1호가목 중 "「금융감독기구의 설치 등에 관한 법률」 제38조"를 "「금융위원회의 설치 등에 관한 법률」 제38조"로 하고, 같은 호 라목 중 "「금융감독기구의 설치 등에 관한 법률」"을 "「금융위원회의 설치 등에 관한 법률」로 한다.

⑮부터 <85>까지 생략

부칙 〈법률 제8902호, 2008.3.14〉

① (시행일) 이 법은 공포 후 3개월이 경과한 날부터 시행한다.

② (보험계약에 대한 구분계리에 관한 적용례) 제121조의2의 개정규정은 금융위원회의 승인을 받은 이후 체결된 보험계약 및 그 신규자산에 한하여 적용한다.

부칙 〈법률 제9617호, 2009.4.1〉 (신용정보의 이용 및 보호에 관한 법률)

제1조(시행일) 이 법은 공포 후 6개월이 경과한 날부터 시행한다.

제2조부터 제11조까지 생략

제12조(다른 법률의 개정) ①부터 ⑫까지 생략

⑬ 보험업법 일부를 다음과 같이 개정한다.

제115조제1항제2호 중 "동법 제2조제11호에 의한 신용평가업무를"을 "같은 법 제2조제12호에 따른 신용평가업무는"으로 한다.

제176조제11항제2호를 다음과 같이한다.

2. 「신용정보의 이용 및 보호에 관한 법률」 제33조 각 호에서 정하는 사유에 따른 경우

⑭부터 <24>까지 생략

제13조 생략

부칙 〈법률 제10303호, 2010.5.17〉 (은행법)

제1조(시행일) 이 법은 공포 후 6개월이 경과한 날부터 시행한다. <단서 생략>

제2조부터 제8조까지 생략

제9조(다른 법률의 개정) ①부터 <36>까지 생략

<37> 보험업법 일부를 다음과 같이 개정한다.

제91조제1항제1호 및 제115조제2항 중 "금융기관"을 각각 "은행"으로 한다.

<38>부터 <86>까지 생략

제10조 생략

부칙 〈법률 제10394호, 2010.7.23〉

제1조(시행일) 이 법은 공포 후 6개월이 경과한 날부터 시행한다.

제2조(외국보험회사 등의 국내사무소 설치에 관한 적용례) 이 법 시행 당시 국내사무소를 설치한 외국보험회사 등은 이 법 시행 후 3개월 이내에 제12조제2항의 개정규정에 따라 금융위원회에 신고하여야 한다.

제3조(사외이사 및 감사위원회의 사외이사가 아닌 위원의 선임에 관한 적용례) 제15조제4항 및 제16조제3항의 개정규정은 이 법 시행 후 최초로 선임하는 사외이사 및 감사위원회의 사외이사가 아닌 위원부터 적용한다.

제4조(보험설계사의 결격사유 등에 관한 적용례) 제84조제2항제4호부터 제7호까지의 개정규정(제86조제1항제1호·제2호, 제87조제2항제1호, 제87조의2제1항제2호, 제88조제1항제1호·제2호, 제89조제2항제1호, 제90조제1항제1호·제2호 및 제93조제1항제2호에서 인용하는 경우에도 또한 같다)은 이 법 시행 후 최초로 위반행위를 한 자부터 적용한다.

제5조(보험대리점의 결격사유에 관한 적용례) 제87조제2항제3호의 개정규정 중 보험회사에 관한 부분은 이 법 시행 후 최초로 보험회사의 임직원이 된 자부터 적용한다.

제6조(법인보험대리점 등의 임원의 자격에 관한 적용례) 제87조의2 및 제89조의2의 개정규정은 이 법 시행 후 최초로 위반행위를 한 자부터 적용한다.

제7조(모집사용인에 관한 경과조치) 이 법 시행 당시 종전의 규정에 따라 보험대리점 또는 보험중개사의 임원 또는 사용인으로서 모집종사자로 신고된 자는 제84조제1항의 개정규정에 따라 보험설계사로 등록된 것으로 본다.

제8조(법인보험대리점 및 법인보험중개사의 업무범위 등에 관한 경과조치) 이 법 시행 당시 종전의 규정에 따라 등록된 법인보험대리점 및 법인보험중개사의 업무는 이 법 시행일부터 1년 이내에 제87조의3제1항 및 제89조의3제1항의 개정규정에 적합하도록 하여야 한다.

제9조(벌칙 등에 관한 경과조치) ① 이 법 시행 전의 행위에 대한 벌칙 및 과태료 규정의 적용에 있어서는 종전의 규정에 따른다. ② 이 법 시행 전의 행위로서 이 법 시행 전에 종료되거나 이 법 시행 후에도 그 상태가 지속되는 행위에 대한 과징금의 부과처분, 그 밖의 행정처분의 적용에 있어서는 종전의 규정에 따른다.

부칙 〈법률 제10688호, 2011.5.19〉

이 법은 공포 후 3개월이 경과한 날부터 시행한다.

부칙 〈법률 제10866호, 2011.7.21〉 (고등교육법)

제1조(시행일) 이 법은 공포한 날부터 시행한다. 다만, …… <생략> …… 부칙 제3조는 공포 후 1년이 경과한 날부터 각각 시행한다.

제2조 생략

제3조(다른 법률의 개정) ①부터 ⑫까지 생략

⑬ 보험업법 일부를 다음과 같이 개정한다.

제17조제4항제1호나목 중 "전임강사"를 "조교수"로 한다.

⑭부터 <27>까지 생략

제4조 생략

교통사고처리특례법

[시행 2011.12.9] [법률 제10790호, 2011.6.8, 타법개정]

제1조(목적) 이 법은 업무상과실(業務上過失) 또는 중대한 과실로 교통사고를 일으킨 운전자에 관한 형사처벌 등의 특례를 정함으로써 교통사고로 인한 피해의 신속한 회복을 촉진하고 국민생활의 편익을 증진함을 목적으로 한다. [전문개정 2011.4.12]

제2조(정의) 이 법에서 사용하는 용어의 뜻은 다음과 같다. <개정 2011.6.8>
1. "차"란 「도로교통법」 제2조제17호가목에 따른 차(車)와 「건설기계관리법」 제2조제1항제1호에 따른 건설기계를 말한다.
2. "교통사고"란 차의 교통으로 인하여 사람을 사상(死傷)하거나 물건을 손괴(損壞)하는 것을 말한다. [전문개정 2011.4.12]

제3조(처벌의 특례) ① 차의 운전자가 교통사고로 인하여 「형법」 제268조의 죄를 범한 경우에는 5년 이하의 금고 또는 2천만 원 이하의 벌금에 처한다.
② 차의 교통으로 제1항의 죄 중 업무상과실치상죄(業務上過失致傷罪) 또는 중과실치상죄(重過失致傷罪)와 「도로교통법」 제151조의 죄를 범한 운전자에 대하여는 피해자의 명시적인 의사에 반하여 공소(公訴)를 제기할 수 없다. 다만, 차의 운전자가 제1항의 죄 중 업무상과실치상죄 또는 중과실치상죄를 범하고도 피해자를 구호(救護)하는 등 「도로교통법」 제54조제1항에 따른 조치를 하지 아니하고 도주하거나 피해자를 사고 장소로부터 옮겨 유기(遺棄)하고 도주한 경우, 같은 죄를 범하고 「도로교통법」 제44조제2항을 위반하여 음주측정 요구에 따르지 아니한 경우(운전자가 채혈 측정을 요청하거나 동의한 경우는 제외한다)와 다음 각 호의 어느 하나에 해당하는 행위로 인하여 같은 죄를 범한 경우에는 그러하지 아니하다.
1. 「도로교통법」 제5조에 따른 신호기가 표시하는 신호 또는 교통정리를 하는 경찰공무원등의 신호를 위반하거나 통행금지 또는 일시정지를 내용으로 하는 안전표지가 표시하는 지시를 위반하여 운전한 경우
2. 「도로교통법」 제13조제3항을 위반하여 중앙선을 침범하거나 같은 법 제62조를 위반하여 횡단, 유턴 또는 후진한 경우
3. 「도로교통법」 제17조제1항 또는 제2항에 따른 제한속도를 시속 20킬로미터 초과하여 운전한 경우
4. 「도로교통법」 제21조제1항, 제22조, 제23조에 따른 앞지르기의 방법·금지시기·금지장소 또는 끼어들기의 금지를 위반하거나 같은 법 제60조제2항에 따른 고속도로에서

의 앞지르기 방법을 위반하여 운전한 경우

5. 「도로교통법」 제24조에 따른 철길건널목 통과방법을 위반하여 운전한 경우

6. 「도로교통법」 제27조제1항에 따른 횡단보도에서의 보행자 보호의무를 위반하여 운전한 경우

7. 「도로교통법」 제43조, 「건설기계관리법」 제26조 또는 「도로교통법」 제96조를 위반하여 운전면허 또는 건설기계조종사면허를 받지 아니하거나 국제운전면허증을 소지하지 아니하고 운전한 경우. 이 경우 운전면허 또는 건설기계조종사면허의 효력이 정지 중이거나 운전의 금지 중인 때에는 운전면허 또는 건설기계조종사면허를 받지 아니하거나 국제운전면허증을 소지하지 아니한 것으로 본다.

8. 「도로교통법」 제44조제1항을 위반하여 술에 취한 상태에서 운전을 하거나 같은 법 제45조를 위반하여 약물의 영향으로 정상적으로 운전하지 못할 우려가 있는 상태에서 운전한 경우

9. 「도로교통법」 제13조제1항을 위반하여 보도(步道)가 설치된 도로의 보도를 침범하거나 같은 법 제13조제2항에 따른 보도 횡단방법을 위반하여 운전한 경우

10. 「도로교통법」 제39조제2항에 따른 승객의 추락 방지의무를 위반하여 운전한 경우

11. 「도로교통법」 제12조제3항에 따른 어린이 보호구역에서 같은 조 제1항에 따른 조치를 준수하고 어린이의 안전에 유의하면서 운전하여야 할 의무를 위반하여 어린이의 신체를 상해(傷害)에 이르게 한 경우 [전문개정 2011.4.12]

제4조(보험 등에 가입된 경우의 특례) ① 교통사고를 일으킨 차가 「보험업법」 제4조, 제126조, 제127조 및 제128조, 「여객자동차 운수사업법」 제60조, 제61조 또는 「화물자동차 운수사업법」 제51조에 따른 보험 또는 공제에 가입된 경우에는 제3조제2항 본문에 규정된 죄를 범한 차의 운전자에 대하여 공소를 제기할 수 없다. 다만, 다음 각 호의 어느 하나에 해당하는 경우에는 그러하지 아니하다.

1. 제3조제2항 단서에 해당하는 경우

2. 피해자가 신체의 상해로 인하여 생명에 대한 위험이 발생하거나 불구(不具)가 되거나 불치(不治) 또는 난치(難治)의 질병이 생긴 경우

3. 보험계약 또는 공제계약이 무효로 되거나 해지되거나 계약상의 면책 규정 등으로 인하여 보험회사, 공제조합 또는 공제사업자의 보험금 또는 공제금 지급의무가 없어진 경우

② 제1항에서 "보험 또는 공제"란 교통사고의 경우 「보험업법」에 따른 보험회사나 「여객자동차 운수사업법」 또는 「화물자동차 운수사업법」에 따른 공제조합 또는 공제사업자가 인가된 보험약관 또는 승인된 공제약관에 따라 피보험자와 피해자 간 또는 공제조합원과 피해자 간의 손해배상에 관한 합의 여부와 상관없이 피보험자나 공제조합원을 갈음하여 피해자의 치료비에 관하여는 통상비용의 전액을, 그 밖의 손해에 관하여는 보

험약관이나 공제약관으로 정한 지급기준금액을 대통령령으로 정하는 바에 따라 우선 지급하되, 종국적으로는 확정판결이나 그 밖에 이에 준하는 집행권원(執行權原)상 피보험자 또는 공제조합원의 교통사고로 인한 손해배상금 전액을 보상하는 보험 또는 공제를 말한다.

③ 제1항의 보험 또는 공제에 가입된 사실은 보험회사, 공제조합 또는 공제사업자가 제2항의 취지를 적은 서면에 의하여 증명되어야 한다. [전문개정 2011.4.12]

제5조(벌칙) ① 보험회사, 공제조합 또는 공제사업자의 사무를 처리하는 사람이 제4조제3항의 서면을 거짓으로 작성한 경우에는 3년 이하의 징역 또는 1천만 원 이하의 벌금에 처한다.

② 제1항의 거짓으로 작성된 문서를 그 정황을 알고 행사한 사람도 제1항의 형과 같은 형에 처한다.

③ 보험회사, 공제조합 또는 공제사업자가 정당한 사유 없이 제4조제3항의 서면을 발급하지 아니한 경우에는 1년 이하의 징역 또는 300만 원 이하의 벌금에 처한다. [전문개정 2011.4.12]

제6조(양벌규정) 법인의 대표자, 대리인, 사용인, 그 밖의 종업원이 그 법인의 업무에 관하여 제5조의 위반행위를 하면 그 행위자를 벌하는 외에 그 법인에도 해당 조문의 벌금형을 과(科)한다. 다만, 법인이 그 위반행위를 방지하기 위하여 해당 업무에 관하여 상당한 주의와 감독을 게을리하지 아니한 경우에는 그러하지 아니하다. [전문개정 2010.1.25]

부칙 〈법률 제3490호, 1981.12.31〉

① (시행일) 이 법은 1982년 1월 1일부터 시행한다. 다만, 제4조 내지 제6조의 규정은 이 법 공포일로부터 6월 이내의 범위 안에서 대통령령으로 정하는 날로부터 시행한다.

② (적용례) 이 법 시행 전에 형법 제268조의 죄를 범한 제차의 운전자에 대하여는 종전의 규정에 의한다.

부칙 〈법률 제3744호, 1984.8.4〉 (도로교통법)

제1조 (시행일) 이 법은 공포 후 6월이 경과한 날로부터 시행한다. <단서 생략>
제2조 내지 제3조 생략
제4조 (다른 법률의 개정 등) ① 교통사고처리특례법 중 다음과 같이 개정한다.
1. 제2조제1호 및 제2호·제3조제1항 및 제2항 및 제4조제1항 중 "제차"를 "차"로 한다.
2. 제2조제1호 중 "제2조제9호"를 "제2조제13호"로 한다.

3. 제3조제2항 본문 중 "제74조"를 "제108조"로, "제45조"를 "제50조"로 한다.

4. 제3조제2항제2호 중 "제11조의2"를 "제13조"로, "제47조의7"을 "제57조"로 한다.

5. 제3조제2항제3호 중 "제13조제1항·제2항 또는 제47조의6의 규정에"를 "제15조 제1항 또는 제2항의 규정에"로 한다.

6. 제3조제2항제4호 중 "제17조"를 "제19조"로, "제18조"를 "제20조"로, "제47조의5"를 "제56조"로 한다.

7. 제3조제2항제5호 중 "제20조"를 "제21조"로 한다.

8. 제3조제2항제6호 중 "제44조"를 "제48조"로 한다.

9. 제3조제2항제7호 중 "제38조"를 "제40조"로, "제66조의2"를 "제80조"로 한다.

10. 제3조제2항제8호 중 "제39조"를 "제41조"로, "제40조"를 "제42조"로 한다.

② 내지 ④생략

부칙 〈법률 제4548호, 1993.6.11〉

이 법은 1993년 7월 1일부터 시행한다.

부칙 〈법률 제4872호, 1995.1.5〉 (도로교통법)

제1조 (시행일) 이 법은 1995년 7월 1일부터 시행한다. <단서 생략>

제2조 생략

제3조 (다른 법률의 개정) ① 교통사고처리특례법 중 다음과 같이 개정한다.

제3조제2항제2호 중 "도로교통법 제13조제2항의 규정에 위반하여 차선이 설치된 도로의 중앙선을 침범하거나"를 "도로교통법 제12조제3항의 규정에 위반하여 중앙선을 침범하거나"로, "회전"을 "유턴"으로 한다.

제3조제2항제4호 중 "제19조제1항·제20조 또는 제56조제2항의 규정에 의한 앞지르기의 방법 또는 금지에 위반하여"를 "제19조제1항·제20조 내지 제20조의3 또는 제56조제2항의 규정에 의한 앞지르기의 방법·금지시기·금지장소 또는 끼어들기의 금지에 위반하여"로 한다.

제3조제2항제6호 중 "제48조제3호"를 "제24조제1항"으로 한다.

제3조제2항제7호 중 "제40조"를 "제40조제1항"으로 한다.

제3조제2항제10호 중 "제48조제5호"를 "제35조제2항"으로 한다.

② 및 ③생략

부칙 〈법률 제5157호, 1996.8.14〉

이 법은 공포한 날부터 시행한다.

부칙 〈법률 제5408호, 1997.8.30〉 (화물자동차운수사업법)

제1조 (시행일) 이 법은 1998년 1월 1일부터 시행한다.

제2조 내지 제7조 생략

제8조 (다른 법률의 개정) ① 교통사고처리특례법 중 다음과 같이 개정한다.

제4조제1항 중 "보험업법 제5조·제7조 또는 육운진흥법 제8조"를 "보험업법 제5조·제7조, 육운진흥법 제8조 또는 화물자동차운수사업법 제36조"로 하고, 동 조 제2항 중 "보험업법에 의한 보험사업자 또는 육운진흥법에 의한 공제사업자"를 "보험업법에 의한 보험사업자나 육운진흥법 또는 화물자동차운수사업법에 의한 공제사업자"로 한다.

② 내지 ⑤생략

제9조 생략

부칙 〈법률 제6891호, 2003.5.29〉 (보험업법)

제1조 (시행일) 이 법은 공포 후 3월이 경과한 날부터 시행한다. <단서 생략>

제2조 내지 제32조 생략

제33조 (다른 법률의 개정) ① 교통사고처리특례법 중 다음과 같이 개정한다.

제4조제1항 본문 중 "보험업법 제5조·제7조"를 "보험업법 제4조 및 제126조 내지 제128조"로 한다.

② 내지 ⑧생략

제34조 생략

부칙 〈법률 제7545호, 2005.5.31〉 (도로교통법)

제1조 (시행일) 이 법은 공포 후 1년이 경과한 날부터 시행한다.

제2조 내지 제7조 생략

제8조 (다른 법률의 개정) ①생략

② 교통사고처리특례법 중 다음과 같이 개정한다.

제2조제1호 중 "제2조제13호"를 "제2조제16호"로 한다.

제3조제2항 본문 중 "제108조"를 "제151조"로, "제50조제1항"을 "제54조제1항"으로 한다.

제3조제2항제2호 중 "제12조제3항"을 "제13조제3항"으로, "제57조"를 "제62조"로 한다.

제3조제2항제3호 중 "제15조제1항 또는 제2항"을 "제17조제1항 또는 제2항"으로 한다.

제3조제2항제4호 중 "제19조제1항·제20조 내지 제20조의3 또는 제56조제2항"을 "제21조제1항, 제22조, 제23조 또는 제60조제2항"으로 한다.

제3조제2항제5호 중 "제21조"를 "제24조"로 한다.

제3조제2항제6호 중 "제24조제1항"을 "제27조제1항"으로 한다.

제3조제2항제7호 중 "제40조제1항"을 "제43조제1항"으로, "제80조"를 "제96조"로 한다.

제3조제2항제8호 중 "제41조제1항"을 "제44조제1항"으로, "제42조"를 "제45조"로 한다.

제3조제2항제9호 중 "제12조제1항"을 "제13조제1항"으로, "제12조제2항"을 "제13조제2항"으로 한다.

제3조제2항제10호 중 "제35조제2항"을 "제39조제2항"으로 한다.

③ 내지 ⑦ 생략

부칙 〈법률 제8718호, 2007.12.21〉

이 법은 공포 후 2년이 경과한 날부터 시행한다.

부칙 〈법률 제8979호, 2008.3.21〉 (화물자동차 운수사업법)

제1조 (시행일) 이 법은 공포한 날부터 시행한다.

제2조부터 제4조까지 생략

제5조 (다른 법률의 개정) ① 교통사고처리특례법 일부를 다음과 같이 개정한다.

제4조제1항 본문 중 "화물자동차운수사업법 제36조"를 "「화물자동차 운수사업법」 제51조"로 한다.

②부터 ⑪까지 생략

제6조 생략

부칙 〈법률 제9941호, 2010.1.25〉

① (시행일) 이 법은 공포한 날부터 시행한다.

② (적용례) 제3조제2항의 개정규정은 이 법 시행 후 최초로 발생한 교통사고부터 적용한다.

부칙 〈법률 제10575호, 2011.4.12〉

이 법은 공포한 날부터 시행한다.

부칙 〈법률 제10790호, 2011.6.8〉 (도로교통법)

제1조(시행일) 이 법은 공포 후 6개월이 경과한 날부터 시행한다.

제2조부터 제5조까지 생략

제6조(다른 법률의 개정) ① 교통사고처리 특례법 일부를 다음과 같이 개정한다.

제2조제1호 중 "「도로교통법」 제2조제16호가목"을 "「도로교통법」 제2조제17호가목"으로 한다.

② 생략

박영수 ──

pys1922@hanmail.net
한성대학교 대학원 행정학과(행정학박사)
서울용산경찰서 · 방배경찰서 수사과 근무
현) 중앙경찰학교 수사학과 교수
　　한성대학교 겸임교수
　　한양대학교 사회교육원 외래교수
　　한국범죄방지사협회 운영위원
　　서울시노인보호전문기관 자문위원

박주석 ──

ju310@hanmail.net
서울시립대학교 대학원 법학과(법학박사)
서울시립대 · 안양대 · 한국방송통신대학교 강사
현) 한국경찰법학회
　　한국경찰연구학회
　　한국안보통상학회
　　국제에너지법연구회(국제거래법산하)
　　행정법이론실무학회 회원

황귀연 ──

rnl1028@hanmail.net
동신대학교 대학원 컴퓨터학과(박사과정수료)
연세대학교 행정대학원 경찰 · 사법행정전공(행정학석사)
경찰청 교통안전과 전국교통사고이의조사반
경찰교육원 교통학과 교수
현) 도로교통공단 강남운전면허시험장 근무
　　삼육대학교 · 한양대학교 사회교육원 외래교수
　　(사)한국교통사고조사학회 상임고문
　　강남구청 다문화센터 및 온드림 다문화센터 면허시험지원 출강

**보험범죄
감소방안에
관한 고찰**

초 판 인 쇄 | 2012년 9월 24일
초 판 발 행 | 2012년 9월 24일

지 은 이 | 박영수 · 박주석 · 황귀연
펴 낸 이 | 채종준
펴 낸 곳 | 한국학술정보㈜
주　　　소 | 경기도 파주시 문발동 파주출판문화정보산업단지 513-5
전　　　화 | 031) 908-3181(대표)
팩　　　스 | 031) 908-3189
홈 페 이 지 | http://ebook.kstudy.com
E - m a i l | 출판사업부　publish@kstudy.com
등　　　록 | 제일산-115호(2000. 6. 19)

ISBN　　　978-89-268-3807-5 93360 (Paper Book)
　　　　　978-89-268-3808-2 95360 (e-Book)